探究力

本質に迫る問いを生み出す
カリキュラム・マネジメント

「自立」と「共生」を目指す
教育課程の創造

文部科学大臣指定研究開発学校
新潟県上越市立大手町小学校／著

JN027669

ぎょうせい

はじめに

　新型ウイルスの感染拡大は，私たちのライフスタイルや働き方等，社会全体に劇的な変化をもたらしました。全国一斉休校，感染リスクを避けた学校行事の見直し，GIGAスクールの前倒し…。学校は，今，様々な課題に直面しています。

　しかし，見方を変えれば，このようなときだからこそ，教育の本質を見極め，新しい学校の在り方を問い直すことができるともいえるのではないでしょうか。

　「本当にそうかな」「一番大切なことは何かな」「私たちはどうあるべきかな」…。唯一絶対の解がない問題に対して，粘り強く向き合うとき，子供は対象の本質に迫る問いを生み出し，矛盾や対立を乗り越えようとします。このような，物事の本質を探る「探究力」こそ，変化の激しい社会において，これまでの常識や慣習にとらわれず，新たな価値を創造する人間に必要な資質・能力だと考えます。

　本校は，文部科学省研究開発学校の指定に伴い，「探究力」の発揮，育成を目指す探究領域を中核とした新たな教育課程を編成しました。そして，4年間の研究を通して，「探究」「論理」「創造」「ことば」「自律」の5領域と「学びの時間」の理論と実践の充実を図ってきました。それは，目の前の子供の事実をもとにした，教師のカリキュラム・マネジメントによる，教育課程の不断の問い直しの成果といえます。

　「いま子供が見つめているものは何か」「いつこの対象と出会わせるか」「そもそも探究力とは何か」…。子供の資質・能力を信じ，明日の活動を思い描くとき，学びの本質を捉える教師の「探究力」が問われます。このような子供と教師の「探究」の営みを，本書を通じて皆様に感じていただければ幸いです。

　最後になりましたが，本校の研究に対してご指導をいただくと共に，本書にご寄稿いただきました國學院大學教授 田村学先生，関西大学教授 黒上晴夫先生，慶應義塾大学教授 鹿毛雅治先生，上越教育大学学長 林泰成先生，上越市教育委員会指導主事 加納雅義先生，上越教育大学教授 松本健義先生に，心から厚く御礼申し上げます。

2022年2月

上越市立大手町小学校

校長　　塚田　賢

探究力～本質に迫る問いを生み出すカリキュラム・マネジメント～

■目次

はじめに

あとがき
研究同人

「自立」と「共生」を目指す教育課程の創造

●「自立」と「共生」

　社会的な変化が激しく予測困難な時代において必要なのは，周りの変化に受動的に対応するだけでなく，自らが能動的に変化し，他者と共に社会をよりよく創り変えていく人間である。「自立」する個が互いを尊重し合い，力を合わせて問題を解決することが，よりよい社会を創りながら「共生」することにつながるのである。このような社会の現況を鑑み，私たちは，「『自立』と『共生』」を，「自分の実感と納得を基に自らよりよい行動・判断をつくること，それと共に，他者と協働しながらよりよい生活，環境，社会を創ること」と捉えた。そして，このような「自立」と「共生」を支える資質・能力を見いだし，整理することで，新たな教育課程を創造しようと考えた。

● 6つの資質・能力

　協働的な問題解決を通して，自分の実感と納得を得るには，「本当にそうかな？」と物事の本質を見極め，粘り強く問題と向き合うような探究力が必要である。探究力を発揮するためには，他の資質・能力が統合的に発揮される必要がある。例えば，自分なりの仮説を立て，知識や情報を整理・分析しながら検証していくような論理的な思考力。あるいは，感性や直観による人間らしい表現力や判断力。さらには，他者と適切に対話する力や，他者との関係の中で，自己を調整していく力が必要である。そして，これらの能力を自分自身が自覚し，自分の未来を自分で決めていく力も必要である。そこで，私たちは，「自立」と「共生」に向かう子供に必要な資質・能力を，「探究力」「論理的思考力」「創造力」「コミュニケーション力」「自律性」「内省的思考」の6つの資質・能力に整理した。

　大手町小学校には，子供を「本来的に学びたい，できるようになりたいと願う存在である」とみる「子供観」がある。この「子供観」は，子供の思いや願いの実現を通して，本来もっている子供の資質・能力を引き出し，育むことを重視する「教育観」につながっている。

　つまり，6つの資質・能力は，これからの社会を生きる上で育成が必要な力であると同時に，子供の思いや願いが具現される時に発揮される力でもある。

「本当の意味や価値，自分たちの在り方を探りたい」…「探究力」
「自分の予想が本当か，正しさを確かめたい」…「論理的思考力」
「自分らしい発想を大切に新しいものを生み出したい」…「創造力」
「仲間と楽しく，深く，対話したい」…「コミュニケーション力」
「仲間とのかかわりの中で，自分を磨きたい」…「自律性」
「自分のよさを見つめて，自信をもって活動したい」…「内省的思考」

● **探究力**	
協働的な問題解決を通して，本質に迫る問いを見いだしながら，対象の意味や価値，在り方を探って明らかにする力	
● **論理的思考力**	
知識や情報を生かしながら，対象の「しくみ」や「きまり」を発見したり，いくつかの根拠を示して物事の正しさを証明したりする力	
● **創造力**	
感性や創造的思考をはたらかせながら，創造的に表現したり，独創的なアイデアを発想したりする力	
● **コミュニケーション力**	
適切に情報を伝え合ったり，共に考えや言語文化をつくり出したりしながら対話し，自己理解・他者理解する力	
● **自律性**	
他者との関係の中で，よりよさを追求し，自分で行動する力	
● **内省的思考**	
自分の考えや行動を振り返り，対象の意味や学びの文脈を自覚しながら，これからの自分の在り方を考える力	

●大手町小学校の教育課程の構成原理

　学習指導要領（平成29年告示）では，「知識及び技能」の習得と「思考力，判断力，表現力等」の育成，「学びに向かう力，人間性等」の涵養という，育成を目指す資質・能力の3つの柱について記されている。そして，各教科等の目標，及び内容はこの3つの柱に沿って再整理されている。

　また，学習の基盤となる資質・能力として，言語能力，情報活用能力，問題解決・発見能力等が挙げられ，教科横断的な視点から教育課程の編成を図るように明記されている。下図のように，学習指導要領は，従来の教科の内容を，資質・能力の3つの柱で整理して教育課程を編成し，教科横断的に資質・能力の育成を目指す構造となっている。

　一方で，本校は，協働的に問題解決に向かう子供の姿から，「自立」と「共生」を支える6つの資質・能力を設定している。これは，学習指導要領における学習の基盤となる資質・能力と捉えることができる。この6つの資質・能力を育成するという視点から，探究力を育成する「探究」領域，論理的思考力を育成する「論理」領域，コミュニケーション力を育成する「ことば」領域，創造力を育成する「創造」領域，自律性を育成する「自律」領域，内省的思考を育成する「学びの時間」を設定している。

　右図のように，6つの資質・能力は，学習指導要領の3つの柱で構成されるものと捉え，4年間の研究活動を通して，資質・能力の構成要素を，領域固有の活動のプロセスに照らして再整理している。（詳しくは各領域の理論を参照）

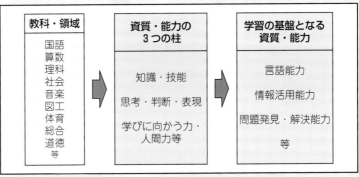

学習指導要領（平成29年告示）の教育課程の構成原理

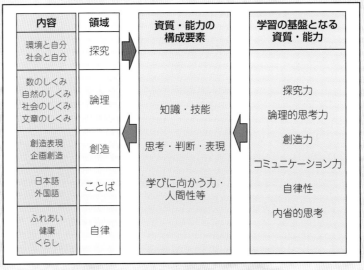

大手町小学校の教育課程の構成原理

領域の構造

　6つの資質・能力は，対象の本質に迫る学習プロセスによって発揮・育成される度合いが異なる。そこで，発揮・育成を目指す資質・能力の視点から，既存の教科・領域等の内容を，配置，結合，分解したり，新たな内容を新設したりし，領域を編成している。

●領域の内容一覧

	「探究」 主に探究力の 発揮・育成を目指す	「論理」 主に論理的思考力の 発揮・育成を目指す	「創造」 主に創造力の 発揮・育成を目指す	「ことば」 主にコミュニケーション力の 発揮・育成を目指す	「自律」 主に自律性の 発揮・育成を目指す
内容A	環境と自分❶	数のしくみ❶	創造表現❷❸	日本語❸	ふれあい❷
内容B	社会と自分❶	自然のしくみ❶	企画創造❹	外国語❷	健　康❸
内容C		社会のしくみ❶			くらし❶
内容D		文章のしくみ❸			

※❶～❹は各領域の内容の設定方法（❶配置,❷結合,❸分解,❹新設）を示す。

●各領域の内容の設定方法

❶配置；従来の教科等の内容をそのまま領域の内容として設定する。（一部削除）

> ○生活科→探究（環境と自分）　○総合的な学習の時間→探究（社会と自分）
> ○算数→論理（数のしくみ）　○理科→論理（自然のしくみ）　○社会科→論理（社会のしくみ）
> ○家庭科→自律（くらし）

❷結合；従来の教科等の内容の全て，あるいは一部を組み合わせて一つの内容として設定する。

> ○外国語活動・外国語科→ことば（外国語）
> ○音楽・図工・国語・体育→創造（創造表現）
> ○特別活動・道徳→自律（ふれあい）

❸分解；従来の教科の内容を解体して，より資質・能力の発揮・育成に適した領域に再配分する。

> ○体育──（身体表現に関する内容）→創造（創造表現）
> 　　　　＼（その他の内容）→自律（健康）
> ○国語──（文章の構造を読み解く内容，書くことに関する内容）→論理（文章のしくみ）
> 　　　　＼（話すこと・聞くことに関する内容）→ことば（日本語）
> 　　　　＼（物語文，詩に関する内容）→創造（創造表現）

❹新設；領域で育成する資質・能力を鑑み，内容を新たに設定する。

> ○　（ニーズに応じて新しいアイデアを発想する内容）→創造（企画創造）

●「探究」が中核，「自律」が基盤の教育課程

　「探究力」の発揮・育成を目指すためには，各教科・領域で育まれた資質・能力を統合的に発揮することが大切である。また，「自立」と「共生」に向かうためには，他者とのかかわりの中でよりよい行動・判断を生み出す「自律性」の発揮が，すべての資質・能力のベースとなる。そこで，図のように，当校の教育課程は，探究領域が中核，自律領域が基盤となっている。

探究

　「探究」では，自分たちで場を創造したり，社会問題にふれたりしながら，協働的な問題解決に取り組む。年間を貫くテーマをもとに，息長く対象とかかわりながら，対象が内包する問題を自分事とし粘り強く考える。問題解決の過程で，対象の本質に迫る問いを生み出し，矛盾・対立を乗り越えながら，人・自然・文化についての認識をひろげる。生活科を配置した「環境と自分」，総合を配置した「社会と自分」で構成される。

論理

　「論理」では，情報の収集や分析をもとに，「しくみ」や「きまり」を発見したり，発見した「しくみ」や「きまり」の確かさを証明したりする。算数科を配置した「数のしくみ」，理科を配置した「自然のしくみ」，社会科を配置した「社会のしくみ」，国語科を分解した「文章のしくみ」で構成される。

創造

　「創造」では，感性や創造的思考をはたらかせながら，創造的に表現したり，独創的なアイデアを生み出したりする。音楽科，図画工作科，体育科の身体表現，国語科の物語文や詩の創作を結合した「創造表現」と，発想することに特化した新設内容「企画創造」で構成される。

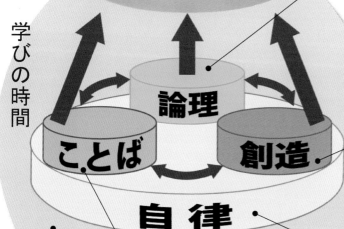

学びの時間

　「学びの時間」では，過去の自分を振り返り，自分の体験を意味付けながら，子供自身が5つの領域での学びをつなぐ。日記や学びのシートによる日々の学びの蓄積と，「思い出すごろく」「学びのネットワークシート」等による学びの再構成を行う。無自覚的な自分の成長を自覚し，よりよい未来の自分を思い描く。

ことば

　「ことば」では，適切に情報を伝え合ったり，共に考えや言語文化をつくり出したりする。国語科を分解して「話すこと・聞くこと」に特化した「日本語」と，外国語活動，外国語科を結合し，1年生から6年生まで全学年で取り組む「外国語」で構成される。

自律

　「自律」では，目標や理想に向けて課題を設定し，課題を解決するために挑戦したり，よりよい人間関係を追求したりしながら，自己の生き方を見つめる。道徳と特別活動を結合した「ふれあい」と，体育科を分解した「健康」，家庭科を配置した「くらし」の3つの内容で構成される。

探究力を支える資質・能力の構造

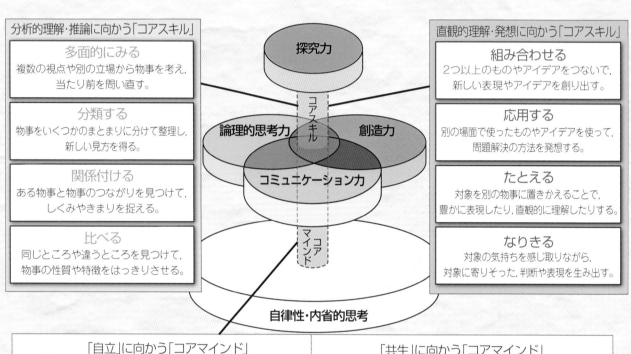

分析的理解・推論に向かう「コアスキル」

多面的にみる
複数の視点や別の立場から物事を考え,
当たり前を問い直す。

分類する
物事をいくつのまとまりに分けて整理し,
新しい見方を得る。

関係付ける
ある物事と物事のつながりを見つけて,
しくみやきまりを捉える。

比べる
同じところや違うところを見つけて,
物事の性質や特徴をはっきりさせる。

直観的理解・発想に向かう「コアスキル」

組み合わせる
2つ以上のものやアイデアをつないで,
新しい表現やアイデアを創り出す。

応用する
別の場面で使ったものやアイデアを使って,
問題解決の方法を発想する。

たとえる
対象を別の物事に置きかえることで,
豊かに表現したり,直観的に理解したりする。

なりきる
対象の気持ちを感じ取りながら,
対象に寄りそった,判断や表現を生み出す。

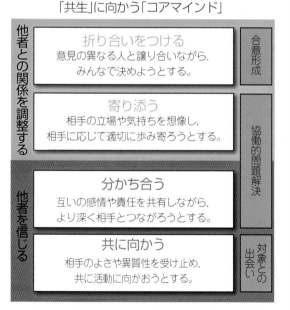

「自立」に向かう「コアマインド」

長期的問題解決
貫く
問題解決に向けて見通しをもち,
ねばり強く課題と向き合い続けようとする。

自力解決
納得する
人の考えを価値あるものとして受け止め,
自分の考えをつくろうとする。

目標の設定
思いや願いをもつ
対象に関心をもち,理想を思い描きながら,
その実現に向けて進んで挑戦しようとする。

自己理解
自分を認める
自分の長所や短所,自分の学びに気付き,
自信をもって,活動に向かおうとする。

自分を調整する / 自分を信じる

「共生」に向かう「コアマインド」

他者との関係を調整する
折り合いをつける
意見の異なる人と譲り合いながら,
みんなで決めようとする。

寄り添う
相手の立場や気持ちを想像し,
相手に応じて適切に歩み寄ろうとする。

他者を信じる
分かち合う
互いの感情や責任を共有しながら,
より深く相手とつながろうとする。

共に向かう
相手のよさや異質性を受け止め,
共に活動に向かおうとする。

合意形成 / 協働的問題解決 / 対象との出会い

　私たちは,教科横断的に発揮される6つの資質・能力を,子供の姿から捉えることを大切にしている。しかし,6つの資質・能力は相互に複雑に連関するため,各領域の単元設計を行う際,すべての資質・能力の発揮を思い描くことは難しい。そこで,6つの資質・能力を整理・分類し,共通事項を探ることとした。
　まず,探究力を支える資質・能力の構造を,認知的能力の側面が強いもの(論理的思考力,創造力,コミュニケーション力)と,非認知的能力の側面が強いもの(自律性,内省的思考)で整理した。そして,その三層の資質・能力をつらぬく中軸をイメージし,全ての資質・能力の発揮・育成に重要な思考の様式を「コアスキル」,心のはたらきを「コアマインド」とした。「コアスキル」「コアマインド」は,キーワード化して整理・分類した。
　「コアスキル」「コアマインド」は,各領域の単元設計の際,子供の姿を思い描くヒントになると共に,目の前の子供の学びをみとる際の手がかりとなる。

● 「探究」ではたらく「コアスキル」

「コアスキル」は，主に分析的理解・推論に向かうものと，主に直観的理解・発想に向かうものがある。この2タイプの「コアスキル」を意識することで，「探究」において資質・能力を統合的に発揮しながら対象への認識をひろげる子供の姿をみとることができる。

2年探究「青空ひまわりレストラン」の子供の姿

「おいしい野菜を育てたい」と願う2年生の子供は，観察記録をもとに日々の野菜の成長を時間軸で【比べたり】，様々な種類の野菜の成長と【関連付けたり】するなど，野菜の成長を科学的に分析することで，より確かな栽培方法を探究した。他方で，毎日のお世話を通してお野菜さんと心を通わせ，お野菜さんに【なりきる】ことで，野菜をいのちあるものとして認識し，「お野菜さんはおいしく食べられることが幸せだと思う」といったように，対象に自分を入り込ませて思考することができた。これらの思考を通して，「僕たちの頑張りが野菜の中につまっている。だから，レストランを開いてお客さんに食べてもらいたい」と語る子供の姿が見られた。対象への認識の変化が，新たな思いや願いにつながり，協働的な問題解決の原動力となったのである。

このように，「コアスキル」を視点に「探究」における子供をみると，対象の分析的な理解と直感的な認識が織り成すことで，対象と深くつながりながら新たな思いや願いをふくらませるような探究のプロセスを捉えることができる。

● 「探究」ではたらく「コアマインド」

「コアマインド」は，「自立」に向かうものと「共生」に向かうものがある。また，「信頼」と「調整」の視点から整理することができる。「コアマインド」相互の連関を捉えることで，「探究」において，他者と共に粘り強く問題解決に取り組む子供の心の動きをみとることができる。

3年探究「高田のときめきめぐり」の子供の姿

「高田の四季の魅力を伝える商品を作って，自分たちも朝市にお店を開きたい」という【思いをもった】3年生の子供は，オリジナルの絵葉書や絵本，しおり等を製作し，朝市で販売した。当日は，多くのお客さんとふれあうことができ，その喜びを学年全体で【分かち合った】。売上は，学年全体で約2万円。「売上金をどうするか」が新たな課題となった。議論を重ね，「一人500円ずつに分けて，朝市で買い物する」A案と「次の出店に向けた材料費に使う」B案の2つの案に絞られた。「材料費に自分たちのお金を使うことで，完全な『ときめき屋さん』になる」というB案の理由に多くの子供が【納得していく】中，美紀さんは一人になってもA案の主張を【貫いた】。多数決で決めようという雰囲気になる中，武志さんは「みんなが納得しないと本当の『ときめき屋さん』にならない」と発言した。「売上金を朝市で使って朝市の人とのコミュニケーションをもっと深めたい」という美紀さんの考えに【寄り添い】，多数決で決めてはいけないと主張した。そして，「売上金を半分にして，使い道を分ける」というA案もB案も叶える新しい案を生み出した。この武志さんの新しい案は，結果的に多くの子供に受け入れられた。対立する両者の意見を，共に価値あるものとして受け入れ，【折り合いをつけ】ながら，よりよい判断を粘り強く検討したのである。

このように，「コアマインド」を視点に「探究」における子供の姿をみると，「自立」と「共生」は「矛盾・対立を内包しつつも共存調和する」という認識を確かにすると共に，対象の本質に迫りながら矛盾・対立を他者との対話によって乗り越えていくような探究のプロセスを捉えることができる。

「探究」の単元設計の在り方を探る4年間の研究の歩み

「探究」を中核とした教育課程を実現させる上で，他領域で育成された資質・能力を統合的に発揮する「探究力」の思い描きが大切である。探究力の構成要素を捉え直し，探究領域ならではの単元設計の在り方を問い続けた4年間。その歩みは，6つの資質・能力の構造をより鮮明に描き出し，指導案に反映させることを可能とした。

◉ 統合してはたらく他の資質・能力を思い描く

1年次研究では，各領域で育成する資質・能力を3つの柱で設定し，「探究」の単元設計を行った。しかし，「他領域で育成した資質・能力を意図的に発揮させる展開を構想できない」ということが課題として見えてきた。

そこで，2年次研究では，探究力の資質・能力の構成要素を捉え直すことにした。「探究課題」「知識・技能」「思考・判断・表現」「学びに向かう力・人間性等」に加えて，他領域で育成された資質・能力を発揮する子供の姿を思い描くようにした（右図）。つまり，探究力と他の資質・能力を包含関係と捉えることで「探究」を中核とした教育課程の実現を図ろうと考えたのである。これにより教師は，論理的思考力を発揮しながら「探究」における問題を解決する子供の姿を思い描き，思考ツールの活用方法を吟味するなど，他領域で育成された資質・能力を「探究」で統合的に発揮されるよう，単元設計を工夫するようになった。

1年次		
探究課題		
知識・技能	思考・判断・表現	学びに向かう力・人間性等

⬇

2年次		
探究課題		
知識・技能		
思考・判断・表現		
論理的思考力	コミュニケーション力	創造力
自律性		
内省的思考		
学びに向かう力・人間性等		

◉ 「思考力・判断力・表現力」を問い直す

資質・能力の「3つの柱」は，相互につながりがあることが見えてきた。とりわけ，「思考・判断・表現」は，領域固有の活動のプロセスを思い描く上で重要な要素だと考えた。

そこで，2年次研究では，探究力の構成要素の1つである「思考力・判断力・表現力」を「問題を解決する力」と「本質に迫る力」に置き換えることにした。これまで「思考・判断・表現」には「課題設定」「情報収集」「整理・分析」「まとめ・表現」といった問題解決の過程を記述していた。しかし，問題解決の過程でふと立ち止まり，対象の意味や真相，存在や理想などについての問いを生み出し，その問いを多面的に考えて対象の本質に迫る子供の姿を多くみてきた。そこで，「探究」領域固有の活動のプロセスを「問題を解決する過程」と「本質に迫る過程」に分けて単元設計することにした。これにより教師は，どのように問題解決が連続・発展していくかを思い描くと共に，対象の本質に迫る問いを構想するようになった。それと共に，他領域においても領域固有の「思考力・判断力・表現力」を問い直して単元設計しようとする研究活動につながった。

2年次		
探究課題		
知識・技能		
問題を解決する力		本質に迫る力
論理的思考力	コミュニケーション力	創造力
自律性		
内省的思考		
学びに向かう力・人間性等		

◉ 「学びに向かう力・人間性等」を問い直す

3年次研究では，自律性，内省的思考は非認知的な能力の側面が強い資質・能力として整理された。当校で大切にしたい非認知能力は，目標の達成に向かってやり抜く姿，他者との関係を調整して協働する姿，自

分をよさや可能性をみつめる姿であり，このような子供の姿は，「自律」「学びの時間」で多く見られる。これまで「探究」の単元設計の際，これらの非認知的な能力の思い描きは「学びに向かう力・人間性等」に記述していた。しかし，「自律性」「内省的思考」に記述することと重複することが見えてきた。そこで，「学びに向かう力・人間性等」を「自律性・内省的思考」に置き換えて単

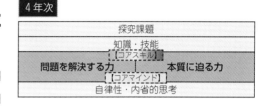

元設計することにした。これにより，「探究」の単元設計がよりシンプルに構想できるようになった。それと共に，「自律性・内省的思考」を全ての資質・能力の構成要素として位置付けることが可能となり，「自律」を基盤とした教育課程の構造を理解しやすくなった。

●「コアスキル」「コアマインド」を単元設計に生かす

「自律」と「学びの時間」が，「学びに向かう力・人間性等」の育成に特化した領域であると同時に，「論理」「創造」「ことば」は，「思考力・判断力・表現力」の育成に特化した領域であることがみえてきた。つまり，探究の「思考力・判断力・表現力」として設定した「問題を解決する力」「本質に迫る力」が発揮される過程で，論理的思考力，創造力，コミュニケーション力は統合的に発揮されていると考えることができる。

4年次研究では，統合的に発揮される資質・能力をより詳細に思い描く手がかりとして，「コアスキル」「コアマインド」を整理した。

●資質・能力の構造を捉え直し，指導案に反映させる

6つの資質・能力を「認知的機能」「非認知的機能」に分けると，それらを中軸として貫く探究力の存在がみえてきた。「コアスキル・コアマインド」は，探究力の構成要素の中に認知・非認知のグラデーションとして位置付くものとして捉え，右図のような構造図をイメージした。

認知的機能を「①知識の取り出し」「②知識の理解」「③知識の再構成」「④知識の活用」と捉えた。非認知的機能を「⑤知識の自覚化」と「『自立』と『共生』に向かう態度」と捉えた。

このような捉えのもと，「コアスキル」は主に，「③知識の再構成」の際にはたらくものと考え，指導案の「知識・技能」に記述することとした。「コアマインド」は，「自律性・内省的思考」の欄に記述することとした。これにより，問題解決を通した対象の認識をひろげる過程の思い描きを指導案に反映させることができるようになった。それと同時に，「コアスキル・コアマインド」を他領域の指導案にも記述が可能となった。それは，他領域の学びが「探究」に生かされるという考えだけでなく，他領域でも探究力が発揮されるという教師の意識を高めることにつながった。

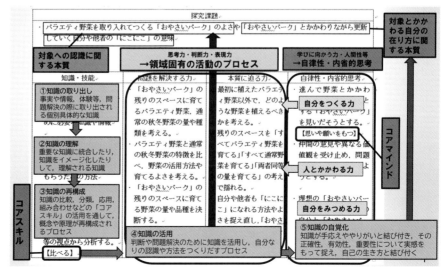

本質に迫る問いを生み出す「探究」の構想

　4月，年間を通して発揮・育成する資質・能力【探究力】の設定や，視覚的カリキュラム表及び「探究」のデザインマップの作成を行う。そうすることで，本質に迫る問いを生み出す「探究」の構想につなげている。第1学年　探究（環境と自分）「みんなのわくわく」を例に説明する。

●年間を通して発揮・育成する資質・能力【探究力】の設定

探究課題			
・「みんなのわくわくランド」（ヤギやヒツジ，友達とかかわりながら創り出す遊び場）の問題を解決しようとする自分の在り方			
知識・技能	問題を解決する力	本質に迫る力	自律性・内省的思考
●動物の飼育に関する知識 ●遊び場をつくるための道具の使い方や約束 ●自分の考えをまとめる方法 ●他者と自分の考えを整理し比較する方法 ●様々な他者の立場から捉える「わくわく」 ●動物や遊び場になりきって捉える自分の成長	●自分たちも，ヤギやヒツジも楽しめる遊び場をグラウンドにつくる。（1学期） ●「みんなのわくわくランド」で，自分たちで協力してイベントをつくり出す。（2学期） ●動物とお別れした後の「みんなのわくわくランド」で楽しみをつくる。（3学期）	● ヤギやヒツジにリードを付けるかどうか話し合う。（1学期） ●「誰の『わくわく』を大切にするのか」など，「みんなのわくわくイベント」の在り方を考える。（2学期） ●「みんなのわくわくランド」と自分とのつながりを見つめ直す。（3学期）	●ヤギやヒツジ，友達，遊び場との出会いに心踊らせ，思いや願いをもつ。（1学期） ●異なる考えをもつ友達と折り合いをつけながら，協働するよさに気付く。（2学期） ●1年間の活動を振り返りながら，自分ができるようになったことを捉え，自信をもつ。（3学期）

　「探究課題」に「『みんなのわくわくランド』における問題を解決しようとする自分の在り方」を位置付けることで，子供が対象とのかかわりから何を探究していくかを明確にしている。また，「問題を解決する力」と「本質に迫る力」を設定することで，対象のもつ意味や価値，自分自身の在り方について，子供がどのような問題解決を行って本質に迫っていくかを思い描いている。「知識・技能」や「自律性・内省的思考」は，整理された「コアスキル」や「コアマインド」を用いながら具体的な子供の姿を記述している。

●視覚的カリキュラム表の作成

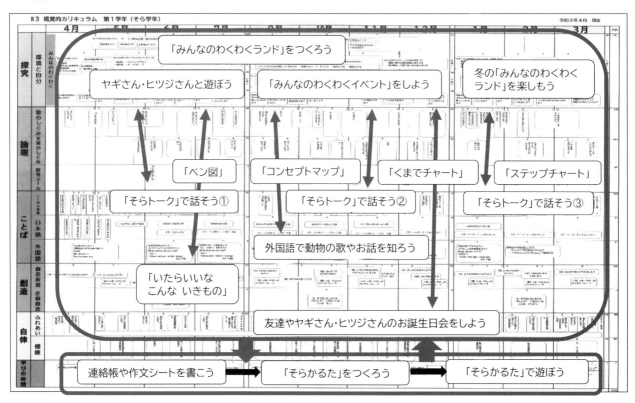

視覚的カリキュラム表を作成する際には，まず，年間を通して発揮・育成する資質・能力【探究力】をもとに，「探究」領域の活動を整理する。そして，「探究」領域との関連を意識して，各領域の学びをつなげたり，配列を工夫したりして構想を進める。例えば，「探究」の「ヤギさん・ヒツジさんと遊ぼう」や「『みんなのわくわくイベント』をしよう」の活動と「ことば」の「『そらトーク』で話そう」の活動を関連付けることで，活動を通して子供が感じたことや考えたことを友達に伝える時間や場を十分に確保する。また，「論理」の「思考ツール」や「創造」の「いたらいいな こんな いきもの」，「自律」の「友達やヤギさん・ヒツジさんのお誕生日会をしよう」などの活動との関連も視覚的カリキュラム表の作成を通して思い描く。

● 「探究」のデザインマップの作成

　「探究」のデザインマップは，本校の「探究課題と３つの対象」の構造図と思考ツール「Ｘチャート」を組み合わせて作成したものである。「探究」のデザインマップについては，各学年の担任と級外職員がグループをつくって共同設計を行う。第１学年の「探究」における「探究課題と３つの対象」では，ヤギやヒツジ，遊具など子供がかかわりたいという思いや願いをもつ「親和的な対象」が設定されている。そして，「創造的な対象」である遊び場「みんなのわくわくランド」を媒介として仲間と協働的な活動に取り組み，学校生活や集団づくりといった「社会的・文化的な対象」に迫っていく。

　そして，動物との出会いやかかわり，遊び場づくりなどの「心が揺れ動く活動」，牧場主や獣医師などの「協働する人や団体」，作文シートや「そらかるた」などの「まとめ・表現　他者（もの・こと・人）からのフィードバック」を記述していく。これらの項目から，「わくわく」というキーワードが生まれ，「リードはいる？いらない？」，「動物さんの名前どうする？」，「わくわくしているのはだれ？」などの本質に迫る問いが出てきている。

　「探究」のデザインマップを共同設計することで，本質に迫る問いがどのような意味をもっているか，より深く考えることができる。例えば，「作文だけでなく，自分たちが創り出す遊び場も『表現』になるのではないか」という担任の発言によって，「まとめ・表現」に新たな記述が加わり，ヤギやヒツジからの『フィードバック』を視点とした「わくわく」を重視する教師の見方をひろげた。共同設計することによって，本質に迫る問いが様々な活動とつながりをもって生まれているという背景を理解することが可能となり，「探究」の構想について新たな見方を促すきっかけとなっている。

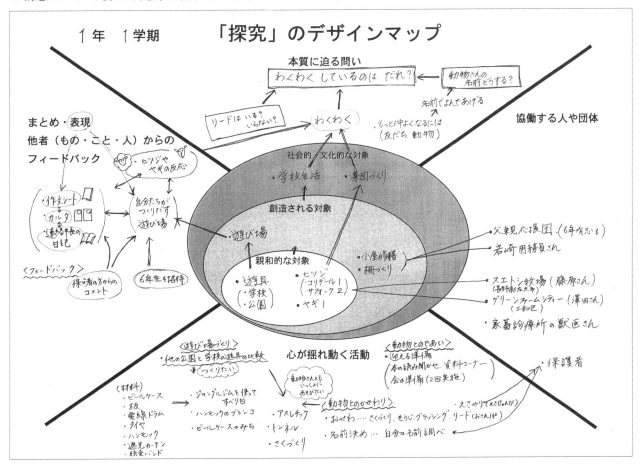

資質・能力の構造をもとにした カリキュラム・マネジメント

　教育課程の枠組だけでは，子供の資質・能力は育成されない。教師が，目の前の子供の実態を捉えた上で計画を改善し実践していくことが必要である。本校では，PDCAサイクル等のマネジメントサイクルの長所と短所を踏まえ，独自のマネジメントサイクルとしてOOTEDサイクル（Observe；みとり→Organize；整理→Talk；対話→Envision；思い描き→Do；行動）を意識している（詳しくは研究のまとめp.164を参照）。そして，意図的にOOTEDを回すために，学年部（学級担任２名と担当の級外で構成）で取り組む２か月ごとの教育活動の振り返りの場を大切にしている。①子供のみとり（Observe）を，資質・能力の視点から整理・分析し（Organize），②その分析をもとに探究のデザインマップをもちいて対話して次の活動の方向性を見いだし（Talk），③子供の姿を思い描きながら（Envision），次の期の視覚的カリキュラム表を修正する。

模造紙にあらかじめ視覚的カリキュラム表を貼っておく。改善点がある場合は，次の期の単元を新たに構想したり，全体をみて単元を組み替えたりしながら，年間構造を修正する。（Envision）

対話によって見いだした方向性を記述する。Ⅱ期，Ⅳ期は，次学期の「探究」の構想について対話し，「探究」のデザインマップを貼る。（Talk）

領域固有の活動のプロセスを意識して振り返る。どのような文脈で本質に迫る問いが生まれたか，また，どのような議論が生まれたかを振り返る。（Organize）

子供の姿を，資質・能力の構造をもとに，整理してまとめる。その上で，領域を横断してはたらく「コアスキル」「コアマインド」が色濃くみられた場合，赤で囲み，矢印でつなぐ。（Organize）

みとった子供の姿について，個人名を挙げて報告する。（Observe）資質・能力を発揮した子供の姿をもとに，どのような手立てが領域固有の活動のプロセスをもたらしたか整理する（Organize）

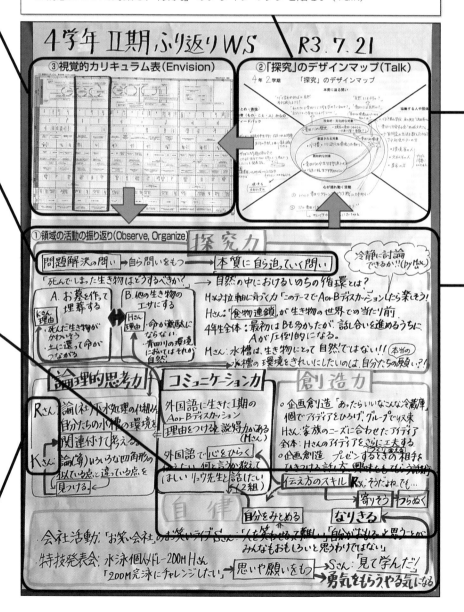

Ⅴ期制に基づく教育活動の構想と改善

本校では，1年間を5つの期に分けた「Ⅴ期制」の教育課程を編成している。Ⅰ期は，学年・学級の集団づくりを重視した「ふれあい」の充実期，Ⅱ期は，各学年の体験的な活動の時間や場を保障した「探究」充実期，Ⅲ期は，「スポーツフェスティバル」，Ⅳ期は「大手子どもまつり」といった行事と関連した領域の充実期，Ⅴ期は1年間の学びをつなぐ「学びの時間」の充実期となっている。このⅤ期に基づいて，各領域における年間の活動を構想していく。それと共に，各期の最終週には，学年部ごとに教育活動を振り返り，次の期に向けて教育活動を改善していく。

Ⅰ期（4月〜5月末）
○学年・学級の集団づくりを重視した「ふれあい」充実期

Ⅱ期（5月末〜7月末）
○体験的な活動の時間や場を保障した「探究」充実期

Ⅲ期（8月末〜10月末）
○「スポーツフェスティバル」に向けた「ふれあい」，「健康」充実期

Ⅳ期（10月末〜12月末）
○「大手子どもまつり」に向けた「創造」，「ことば」，「論理」充実期

Ⅴ期（1月〜3月末）
○年間をまとめる「学びの時間」充実期

「探究」のデザインマップの「創造される対象」では，水槽を「川に近づける環境」と記述した。そして，既存の水槽だけでなく，もっと大きな水槽を自分たちでつくる活動を構想した。また，その経験を通して，青田川の環境をみつめ，「青田川の環境をよくしたいのは，魚のためか，人間のためか」「青田川は自然か」「自然とは何か」という本質に迫る問いを構想した。

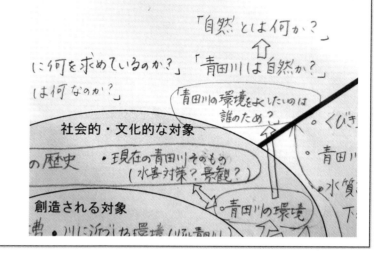

本質に迫る問い

「青田川のいのち」を探究している4年生。Ⅰ期では，「死んでしまった水槽の魚をどうするか」を議論した。お墓をつくって丁寧に弔いたいという願いをもつ一方，他の生き物のエサにした方がよいという考えも出された。青田川では，魚は食べたり，食べられたりしていることから，その方が死んだ生き物の命が無駄にならないと主張する広志さん。青田川の環境ではそれが「自然」と主張する広志さんに対し，納得がいかない和夫さんは，「お墓に埋めても，生き物は土に還る。それは命がつながることだから，『自然』だ」と主張した。
この話合いについて振り返った4学年部の教師は，「子供は，自然の中における命の循環とは何かという問いを探究しているのではないか」と捉えた。そして，「水槽は自然ではない」と考えている子供もいる実態も踏まえ，Ⅲ期の構想を改善しようと考えた。

資質・能力を発揮した子供の姿を整理・分析し，チームで対話しながら年間構想や単元設計を修正し，次の構想・展開に向かうOOTED（オーテッド）サイクルは，明日からの授業を変えるだけでなく，編成した教育課程の枠組そのものを疑い，改善していくことにもつながる。教師は，「本質に迫る問いとは何か」「子供は対象をどのような存在として認識していくか」など，教師自身が探究力を発揮し，よりよい教育活動の在り方を探る。このような，子供の姿をもとに教育活動をつくり変えていく不断の営みの中で，「カリキュラム」は，「子供を中心に据えた学びの総体」となるのである。

●大手町小学校　領域編成表●

領域等	発揮・育成を目指す資質・能力 （☆は構成要素）		領域固有の活
探究	**探究力** 協働的な問題解決を通して，本質に迫る問いを見いだしながら，対象の意味や価値，在り方を探って明らかにする力	☆知識・技能 ☆問題を解決する力 ☆本質に迫る力 ☆自律性・内省的思考	○課題設定，情報収集，表現しながら，協働的 ○本質に迫る問いを見い捉えながら，自分なり
論理	**論理的思考力** 知識や情報を生かしながら，対象の「しくみ」や「きまり」を発見したり，いくつかの根拠を示して物事の正しさを証明したりする力	☆知識・技能 ☆発見する力 ☆証明する力 ☆自律性・内省的思考	○情報の収集や分析をもくみ」や「きまり」を ○発見した「しくみ」や正しさを証明する過程
創造	**創造力** 感性や創造的思考をはたらかせながら，創造的に表現したり，独創的なアイデアを発想したりする力	☆知識・技能 ☆発想・表現する力 ☆自律性・内省的思考	○感性や創造的思考をはすること」「つくり出すこと」が連関しながら，
ことば	**コミュニケーション力** 適切に情報を伝え合ったり，共に考えや言語文化をつくり出したりしながら対話し，自己理解・他者理解する力	☆知識・技能 ☆対話する力 ☆自律性・内省的思考	○情報の伝達，要約，共し，新たな考えや言語話する過程
自律	**自律性** 他者との関係の中で，よりよさを追求し，自分で行動する力	☆知識・技能 ☆自分をつくる力 ☆人とかかわる力 ☆自分をみつめる力	○目標や理想の実現に向題を解決するために実方について考えを深め ○人とのかかわりの中で見いだした役割の中で人間関係を形成する過 ○目標と照らして自分のり，自分や自分たちのこれからの在り方を見
学びの時間	**内省的思考** 自分の考えや行動を振り返り，対象の意味や学びの文脈を自覚しながら，これからの自分の在り方を考える力	☆知識・技能 ☆自分の過去を振り返る力 ☆自分の未来を思い描く力	○過去の自分の思考や行て認識する過程 ○自分自身の状態の的確の実現に向かおうとす

動のプロセス	内容構成		単元設計の留意点
	内容	内容構成の方法	
整理・分析，まとめ・ に問題を解決する過程 だし，対象を多角的に の考えを形成する過程	A環境と自分	現行学習指導要領の「生活科」を配置する。	・年間を貫くテーマを基に，大単元を設定する。 ・探究課題を設定する際は，対象の本質や本質に迫る自分の在り方を思い描く。 ・親和的な対象とのかかわりが，創造的活動を通して深まっていくような展開を構想する。 ・創造される対象の理想を問い直すことで，人・自然・文化・社会への認識がひろがるような展開を構想する。
	B社会と自分	現行学習指導要領の「総合的な学習の時間」を配置する。	
とに，自分なりの「し 発見する過程 「きまり」の確かさや	A数のしくみ	現行学習指導要領の「算数科」を配置する。	・課題を解決する過程で問いが生まれるような展開を構想する。 ・問いと向き合う上で，自分なりの仮説を立てたり，検証の方法を考えたりするような単元設計を行う。 ・どのような知識を活用して，何を明らかにするかを明確に設計し，仮説の検証を行う。
	B自然のしくみ	現行学習指導要領の「理科」を配置する。	
	C社会のしくみ	現行学習指導要領の「社会科」を配置する。	
	D文章のしくみ	現行学習指導要領の「国語科」の【説明文】【書くこと】の内容を扱う。	
たらかせ，「イメージ こと」「つくりかえる 発想・表現する過程	A創造表現	現行学習指導要領の「音楽科」「図画工作科」「体育科」の【身体表現】「国語科」の【物語文】【詩作】の内容を結合する。	・【音楽表現】【造形表現】【身体表現】【文学表現】を組み合わせた単元開発を行い，既存の教科の枠を越えた表現活動を構想・展開する。 ・「探究」「自律」の体験を基にした，思いの表出と再現の場を大切にする。 ・全学年で【あったらいいなこんなもの】を実施し，学年の発達特性に応じて発想の質を高める。
	B企画創造	ニーズに応じて新しいアイデアを発想することに特化した内容として新設する。 ※全学年で実施	
感を通して情報を共有 文化を創造しながら対	A日本語	現行学習指導要領の「国語科」の【話すこと・聞くこと】の内容を扱う。	・【スピーチ】【インタビュー】【トーク】【ディスカッション】の4つの対話の形態に基づく【コミュニケーションタイム】を，学年の発達特性に応じて実施する。 ・対話を通して語彙が獲得されるよう，やり取りを重視したテーマや状況設定を行う。 ・留学生との交流会等，身に付けた外国語を活用できる場面を設定する。
	B外国語	現行学習指導要領の「外国語活動」「外国語科」の内容を結合する。 ※全学年で実施	
けた課題を設定し，課 践しながら自己の生き る過程 共通の課題を設定し， 実践しながらよりよい 程 考えや行動を振り返 よさを実感しながら， つめる過程	Aふれあい	現行学習指導要領の「特別活動」「道徳」の内容を結合する。	・「ふれあい」は，【なかま（同学年交流）】【なかよし（異学年交流）】【こころ（体験の振り返り）】で構成される。 ・体験の前後の言語活動を重視し，目標に照らした現状の把握を行う。 ・健康教育や食育についても，自律性の定義を鑑み，他者とのかかわりを重視した構想・展開を図る。
	B健康	現行学習指導要領の「体育科（身体表現を除く）」を配置する。	
	Cくらし	現行学習指導要領の「家庭科」を配置する。	
動そのものを対象化し な把握をもとに，理想 る過程	【下学年】 ・日々の日記 ・日記の再構成 【上学年】 ・学びのシート ・学びのネットワークシート	自分の学びを自分でつなぎ，自分の在り方をみつめる時間として新設する。 ※全学年で実施	・「学びの時間」では，日記や学びのシートに蓄積してきた自分の学びを意味付けられるよう，再構成の方法を工夫する。（1年【思い出カルタ】，2年【思い出すごろく】，3年【私の学びランキング】，4～6年【学びのネットワークシート】） ・新たな学びに気付いたり，意味付けたりできるよう，担任や友達との対話を重視する。

Column 大手のリソース 01 家庭・地域の連携

　大手町小学校には，学校・家庭・地域が子供を支え，共に歩む「同軸化」という理念が息づいています。子供は，そんな力強い「同軸化」の推進力に後押しされながら，安心して学んでいます。

> 学校・家庭・地域の「同軸化」とは，学校，家庭，地域社会が共通の教育理念を回転軸に，それぞれの教育力を発揮したり，教育的な役割を果たしたりしていくこと
>
> 大手町小学校著『子どもは大きなステージで』（1995年）より

✌ 「安心スタートプラン」を支える「お母さん先生」

　毎年4月，大手町小学校では，全校児童の新しい学年・学級への適応を考慮し，新1年生の不安解消や幼保小のスムーズな接続を目指す「安心スタートプラン」に取り組んでいます。特に，新1年生には「お母さん先生（地域・保護者ボランティア）」の存在が不可欠です。学級担任とは違った視点で，子供に寄り添い，優しく声をかけてくれます。「学校って楽しいところだ！！」と実感し，自信をもって活動に向かう子供を支えています。

✌ 子供の学びを支える「学び・ささえ隊」「父親応援団」

　令和3年の冬は，記録的な豪雪に見舞われ，大手町小学校の教育環境に大きな影響を及ぼしました。グラウンドの一角にある「動物小屋」も，雪の重さで多くの塀や柵，屋根の部分が破損してしまいました。そんな状況を見かねて動き出したのが「父親応援団」でした。ゴールデンウィーク明けには，動物小屋の修復が終わり，子供と動物たちとのふれあいがいつも通り始まりました。「学校の中で父親だからできることをしたい！」「子供たちのためにできることはないかな？」大手町小学校は，そんな親の思いや願いが実現する学校でもあるのです。

✌ 保護者・保護者OB，OG・地域の方が先生になる「大手ゆめ空間」

　「できるときに，できる人が，できることを！」を合い言葉に，自身の得意なことや趣味を生かした活動を設定しています。「日本舞踊」や「囲碁・将棋」「茶道」や「詩吟」，「合唱」や「和太鼓」など，活動は多彩です。また，掲示物を作成することが得意な方々が集い，入学式を心待ちにする1年生のために教室の背面掲示を担当してくださったり，大手子どもまつりの学年掲示物を華やかに彩ってくださったりするなど，私たち職員の縁の下の力持ちの役も担っていただいています。

TANKYU

探究領域

探究領域では，他領域で育成された資質・能力を統合的に発揮しながら，探究力の育成，発揮を目指す。

A「環境と自分」では，校地内に自分たちの場や活動を創造しようとする中で生まれる問題を協働的に解決する活動に取り組み，自分の成長を見つめる。

B「社会と自分」では，地域の魅力や社会の現況にふれながら，協働的に問題解決する活動に取り組み，自分の生き方や人間としての在り方を見つめる。

●探究力

協働的な問題解決を通して，本質に迫る問いを見いだしながら，対象の意味や価値，在り方を探って明らかにする力

探究領域固有の
活動のプロセス

〇課題設定，情報収集，整理・分析，まとめ・表現しながら，協働的に問題を解決する過程
〇本質に迫る問いを見いだし，対象を多角的に捉えながら，自分なりの考えを形成する過程

　探究領域固有の活動のプロセスは，協働的な問題解決を通して，対象の本質（意味や真相，存在や理想）などについての問いを生み出し，その問いを多面的に考えて対象の本質に迫ることで，更なる問題解決の連続・発展をもたらす一連の過程として思い描くことができる。

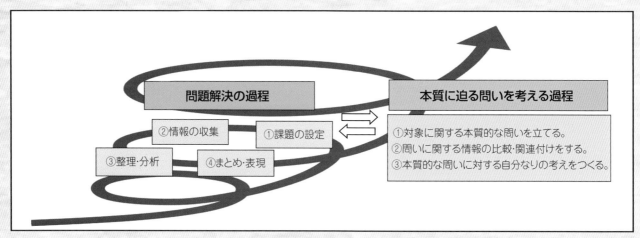

問題解決の過程
②情報の収集　①課題の設定
③整理・分析　④まとめ・表現

本質に迫る問いを考える過程
①対象に関する本質的な問いを立てる。
②問いに関する情報の比較・関連付けをする。
③本質的な問いに対する自分なりの考えをつくる。

　例えば，3年生探究「お宝フォトブックin高田」では，朝市のにぎわいを写真におさめたいと願い，何度も撮影と鑑賞を繰り返すうちに，「そもそも『朝市のにぎわい』とは何か」という問いが生まれた。思うように朝市のにぎわいを撮影できないという問題を解決するために，その問いと向き合うことで，「朝市のにぎわいとは，単に人の多さだけではなく，人の笑顔や優しさ，人と人とのつながりが含まれるもの」という考えが生まれた。再度，朝市に向かった子供は，これまではっきり自覚していなかった写真には写らない朝市のよさがみえるようになったのである。

　このように，「対象」が内包する矛盾や対立を子供自身が自覚し，乗り越えようとするとき，本質に迫る問いは生まれ，対話をもたらす。対話を経て，子供は，対象についての認識をひろげ，新たな課題を生み出していくのである。教師は，問題を解決する過程で生まれる本質に迫る問いを想定し，意図的に活動構想に生かしていくことが大切である。

● 「探究」における対象の3層構造

　子供は，「自分でやってみたい」「仲良くなりたい」「もっと知りたい」と思える【親和的な対象】と一体となることから自分事の探究を始める。それは，動物，植物，遊び場，作品，川，海，山，朝市，商店街…等，子供が直接かかわる，個別具体的な「もの」である。

　【親和的な対象】とかかわりを深める子供は，自分や自分たちの理想を実現させるために【創造的な対象】を協働的に生み出していく。それは，「動物も自分たちも楽しい遊び場」「自分たちで育てた野菜をふるまう

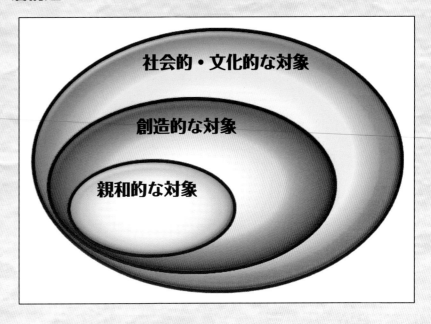

イベント」「多くの魚が幸せに暮らせる水辺」「商店街を盛り上げるエコバッグ」「高田のPR動画」等である。

　【創造的な対象】を生み出す過程で，「動物は本当に楽しんでいるか」「買ってきた野菜をイベントに使ってよいか」「食べられる魚だけ保護してよいのか」「百年看板のデザインをバッグに入れるのは不公平ではないか」「そもそも高田の魅力とは何か」など，様々な問いが生まれる。それは，「理想と現実」「目的と方法」「理性と欲望」など，自分たちの理想を実現させる過程で様々な対立が生まれるからである。これらの問いを多面的に検討する過程で，子供が認識し，向き合うものが【社会的・文化的な対象】である。【社会的・文化的な対象】と向き合う子供は，「人・自然・文化」についての深い知識・技能を構成し，自分の成長や自分の生き方，人間としての在り方を見つめていくのである。

　このように，本質に迫る問いを生み出す「探究」を構想するためには，子供の意識が，【親和的対象】【創造的な対象】【社会・文化的対象】へとひろがるプロセスとして思い描くことが大切である。

★ 「探究力」の構成要素

探究課題			
・身近に創造する環境の在り方や，他者（もの・こと・人）とかかわりながら生活する自分の成長（1，2年） ・身近な地域にある対象の魅力や，様々な自然・人・文化とつながりながら生きる自分の生き方（3，4年） ・現代社会の問題を内包する対象の本質や，本質を捉え直しながら社会生活を営む自分の在り方（5，6年）			
知識・技能	問題を解決する力	本質に迫る力	自律性・内省的思考
●探究課題に関わる具体的な知識・技能 ●探究的活動を通して形成される概念的な知識 ●探究の方法に関する技能（活動の計画立案方法，情報の収集・分析方法，情報機器・資料の活用，結果のまとめ・伝達方法） ●「コアスキル」の活用を通した，知識・技能の再構成	●体験や活動をもとに対象とのかかわりから問題を見いだしたり，自ら課題を立てたりする。 ●課題解決のための計画を立案し，情報を適切に収集したり，意図に応じて収集した情報を整理・分析したりする。 ●各領域で育成された資質・能力を状況に応じて活用しながら，自分の考えを明らかにしたり，課題を更新したりする。	●問題解決の過程で，対象の本質（存在，理想，意味，真相など）に迫る問いを見いだす。 ●問いを解決するために，体験や知識，情報を関連付けたり，矛盾点を見つけたりして，対象の在り方を多角的にみる。 ●対象を多角的に捉え，自分なりの考えをつくる。	●探究課題が自分事となり，問題の解決に向けて自発的に行動しようとする。 ●問題の解決が困難な課題や唯一の正解が存在しない課題などに対して，粘り強く考え抜く。 ●他者の価値観を受け入れながら，協働的に課題の解決に取り組む。 ●対象が自分や地域，社会とのつながりの中でどのような意味や価値があるかを自覚する。

探究領域の内容

A　環境と自分（1，2年）

探究課題			
・身近に創造する環境の在り方や，他者（もの・こと・人）とかかわりながら生活する自分の成長			
知識・技能	問題を解決する力	本質に迫る力	自律性・内省的思考
●探究課題にかかわる具体的・個別的な知識や技能 ●探究の方法に関する技能（活動の計画立案方法，情報の収集・分析方法，情報機器・資料の活用，結果のまとめ・伝達方法） ●体験を通して，気付いたことやできるようになったこと	●生活を共にする仲間と共に「やってみたい」と思うことを見付け，共通の課題として設定する。 ●体験を通じた気付きの中から，課題の解決に必要な事柄を見いだす。 ●体験を基に，自分や自分の生活について考え，表現する。	●問題解決の過程で，創造される対象の在り方について疑問をもつ。 ●創造される対象の在り方を，体験に基づく気付きをつないで，多角的に捉える。 ●創造される対象の在り方について，自分なりの考えをつくる。	●主体的に行動・判断しながら問題解決に取り組もうとする。 ●他者の価値観を受け入れながら，協働的に課題の解決に取り組む。 ●問題解決の仕方や物事の見方・考え方の変化・成長を自覚し，自分らしい生き方を大切にする。

　「A　環境と自分」は，校地内に自分たちの場や活動を創造しようとする中で生まれる問題を協働的に解決する活動を通して，資質・能力の育成を目指すものである。年間を貫くテーマをもとに大単元を設定し，飼育・栽培，遊び，製作，表現，イベント等の小単元が，有機的につながるように年間指導計画を作成する。また，朝活動や休み時間等も活用して活動を日常化させるなどし，学校生活の中核となるように支援する。

　子供は，対象（動物，植物，食べ物，材料，遊び場等）との出会いを起点に，思いや願いをふくらませながら，自分たちで身近な環境（遊び場，広場，ランド，畑，レストラン等）を創造する。その際は，仲間と理想や目的を共有したり，よりよい場や活動となるように合意形成したりするなど，協働的に問題解決に挑む。子供は，対象と繰り返しかかわり，対象への思いを深めていく。そして，自分だけでなく，仲間にとっても対象が大切な存在であることを実感していく。このような子供が，問題の解決にあたるとき，個人の思いや願いだけでなく，対象や対象と共にかかわる仲間の視点から，どのように環境を創造すべきかを考える。これまでの体験に基づく気付きをつなぎ，問題を多角的に捉えながら，よりよい環境の在り方を見つめ直すのである。それは，他者の価値観を受け入れながら，粘り強く問題の解決に取り組もうとする態度を育む。

　このように，子供は，協働的に創造した環境の中で，様々な他者とかかわりながら，よりよい学校生活をつくる。息長くかかわることで心を通わせてきた対象や，仲間と共につくり出してきた環境を鏡として，自分を見つめることで，子供は自分の成長を実感する。活動で味わった喜び，達成感，有用感等は，自分を取り巻く環境との結びつきの中にあること，そして，その環境は自分自身で創造することができることを学ぶのが「A　環境と自分」である。

B　社会と自分（3〜6年）

探究課題
・身近な地域にある対象の魅力や，様々な自然・人・文化とつながりながら生きる自分の生き方（3，4年） ・現代社会の問題を内包する対象の本質や，本質を捉え直しながら社会生活を営む自分の在り方（5，6年）

知識・技能	問題を解決する力	本質に迫る力	自律性・内省的思考
●探究課題に関わる具体的・個別的な知識や技能 ●探究の方法に関する技能（活動の計画立案方法，情報の収集・分析方法，情報機器・資料の活用，結果のまとめ・伝達方法） ●探究の意義や価値に関する知識 ●探究的活動を通して形成される概念的な知識	●地域社会の目指す姿に向けて，解決すべき課題を設定し，予想や仮説を立てる。 ●体験を通して必要な情報を集め，問題解決の方法を見いだす。 ●体験して得た情報を整理・分析しながら，自分の考えをもつ。 ●課題についての自分の考えを，根拠を明確にして伝える。	●問題解決の過程において見えた，対象の在り方について問いを立てる。 ●問いを解決するために，体験や知識，情報を関連付けたり，矛盾点を見つけたりして，対象の在り方を多角的にみる。 ●対象を多角的に捉え，自分なりの考えを創る。	●主体的に行動・判断しながら粘り強く問題の解決に取り組もうとする。 ●多様な価値観を受け入れながら，仲間と共によりよい問題の解決の方法を探る。 ●本質を見極めることでよりよい行動・判断ができることを自覚し，人・自然・文化とつながりながら生きる生き方・在り方を大切にする。

　「B　社会と自分」は，地域の魅力や社会の現況にふれながら，協働的に問題解決する活動を通して，資質・能力の育成を目指すものである。年間を貫くテーマをもとに大単元を設定し，学校の外にある地域・社会と息長くかかわり続けながら，探究的活動に取り組む。

　中学年は，身近な地域にある対象（朝市，商店街，川，森，公園等）と繰り返しかかわり，その魅力を存分に味わっていく。対象の魅力を探る過程では，自分と対象とのかかわりを深める創造的な媒介が必要である。（つくったものを対象に持ち込む，疑似的な対象をつくる，対象から得た素材でつくる，対象を描く等）対象の魅力を深く味わった子供は，対象が地域の人との結びつきの中に存在することや，対象がかかえる問題に気付く。そして，自分も対象を愛する一員として，更に多くの人とつながって対象がかかえる問題を解決しようとする。子供は，学校の外にひろがる人・自然・文化への認識をひろげ，それらとつながりながら生きる自分の生き方を探究する。

　高学年は，現代社会の問題（食，環境，経済，福祉，情報，伝統，健康，労働，人権等）を内包する対象とのかかわりを通して，自分たちで問題を見いだしていく。現代社会の問題を自分事にするためには，まず自分たちが目の前の対象と深くつながる必要がある。繰り返し対象とかかわるだけでなく，対象の存在や価値，在り方を見つめ直すような創造的な活動（ＰＲ制作，表現活動，イベント企画等）に取り組むことが大切である。体験や人との出会いを通して必要な情報を集めたり，自分なりの仮説をもって情報収集したりし，得た情報を整理・分析して自分の考えをつくることが必然的に行われるからである。子供は，解決が困難な問題や，唯一の正解が存在しない問題などに対して，仲間と共に粘り強く考え抜き，社会生活を営む自分の生き方を探究する。

「探究」の足跡を刻む
大手流大掲示

大手町小学校では，探究領域の大掲示物を作成している。この掲示物は，子供と共につくる更新型の掲示物である。単なる活動記録ではなく，教師が，「問題を解決する力」と「本質に迫る力」を思い描きながら，構造化したものである。子供は，活動の過程の振り返りや自己，学年全体の成長をみつめることができる。この掲示物を使って，各学年の探究の活動紹介，情報交換を行っている。

● 掲示物の紹介

子供の気付きから活動を展開する。

年間を通して貫く，探究のテーマ

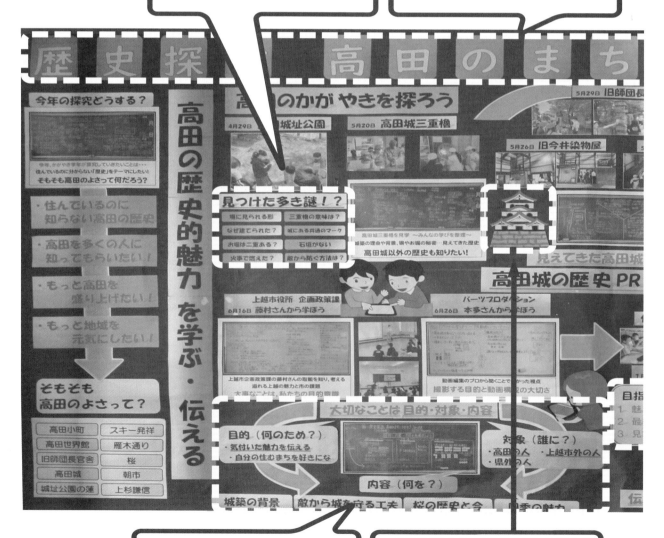

子供の思考の流れが活動のプロセスをつくる。

掲示物をより一層引き立たせてくれるイラストや小物は，保護者の方の手作り。

掲示物の大きさ

・生活室の背面の大きさ。（ジャンボロール紙（10m）1本分）横幅5m，2枚をつなげる。

・1年間分をこの大きさの中に入れる。活動内容によっては，1.5枚から2枚までとしている。

・1年間掲示するので，ロール紙の色は，色あせず，写真が映える色を選ぶ。

●対象を意識して

　大手町小学校の探究領域は，3つの対象（親和的な対象，創造的な対象，社会的・文化的な対象）によって構成される。その対象を意識しながら，教師も掲示物の構成を考える。どのような人とかかわり，活動を広げ深めたか，子供たちも随時更新される掲示をもとにこれまでの思考の変容をたどることができる。

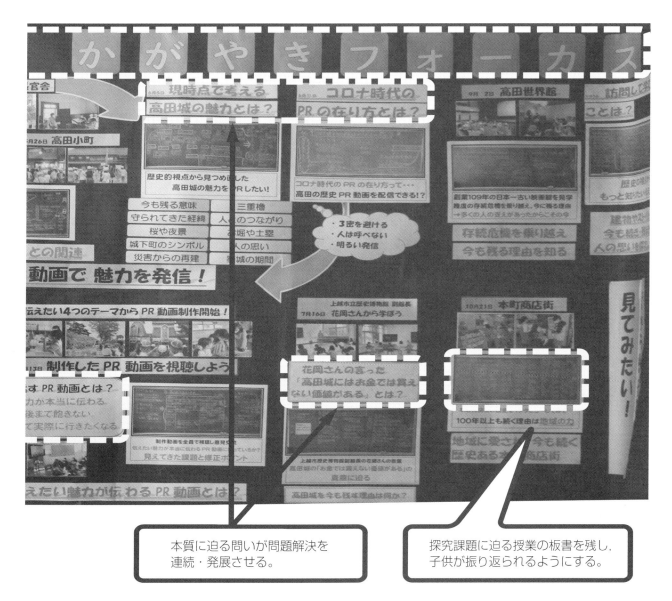

本質に迫る問いが問題解決を連続・発展させる。

探究課題に迫る授業の板書を残し，子供が振り返られるようにする。

たいよう学年の「探究」の歩み
──初日の板書でたどる3年間の探究課題設定の実際

　年度当初，1年生以外の学年では，「どうする今年の探究？」と子供に投げ掛けることから「探究」が始まる。もちろん教師は担任発表があったその日から，「探究」の緻密な年間構想を思い描き始めている。それでも，子供に問うのである。なぜなら，「探究課題」は，その問題の解決に向かおうとする集団の前向きな合意によって初めて成り立つものだからである。かといって「探究課題」を完全に子供に委ねてはならない。「探究課題」とは，単なる学習対象ではなく，一人の人間として子供と教師が共に考え抜く「人間にとっての問題」であり，教師の問題意識に基づく深い教材研究によって初めて成り立つものだからである。つまり，子供の思いや願いと，教師の問題意識を重ねながら「探究課題」を設定することが極めて重要なのである。

　「どうする今年の探究？」の45分間に，教師の覚悟と子供の期待感は一体となる。4年生から6年生まで，異なる学年主任が「探究」の構想を行った「たいよう学年」の3年間。どのような教師の問題意識が「探究」の構想を具現化していったのだろうか。

●2019年度　4年探究「比べて発見 私たちの水辺」

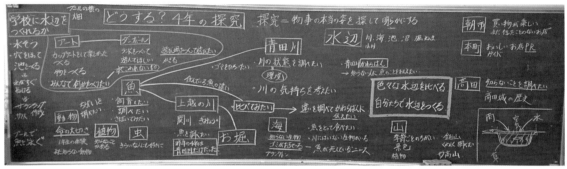

　例年地域の青田川を対象としている4年生。学年主任の黒岩教諭は，「自然保護の名の下に生まれる人間の身勝手さ」に問題意識をもち，「外来種の駆除は本当に正義なのか」を子供と探究したいと考えた。そして，青田川の外来種問題を自分事で探究するためには，自分たちで擬似的な「青田川」をつくる必要があると考えた。そして，学校の敷地内に自分たちの水辺をつくり，その理想を追求していく過程で，人間が生き物の命を管理することの是非を問う探究を思い描いた。

　「どうする今年の探究」では，多くの子供が先輩の活動に憧れていたこともあり，「青田川」を探究したいと述べた。中には，「昨年の4年生は青田川だけだったから，私たちは別の川やお堀にも行って比べてみたい」という意見もあった。少数派であったが，「アート」をテーマにみんなで協力して何かを作りたいという意見も出された。そこで黒岩教諭は，「多くの人が川を探究したいって思っているんだけど，みんなで何かつくりたいっていう意見もあるんだね…。川ってつくれないのかなぁ」と投げ掛けた。「川は無理でも，池ならつくれるかも」「でも，水はすぐ抜けるけど，どうするの？」「サランラップを敷けば大丈夫だよ」「プールの横の畑なら使えるかも」「青田川から魚を捕まえてきて入れればいいよ」…。

　この45分間で，「自分たちで水辺をつくること」が決まった。子供は，「多くの生き物が幸せに暮らせる水辺」を理想とし，青田川を手本に自分たちの水辺づくりに取り組んだ。その過程では，「青田川から捕まえた外来種のアメリカザリガニを自分たちの水辺に入れるか」が大きな問題となった。このような問いと向き合いながら，「多くの生き物の幸せとは何か」「人間は生態系ピラミッドの一部といえるか」「絶滅危惧種を守るのは生き物差別なのか」といった新たな問いが生まれた。詳しい実践はP30へ

●2020年度　5年探究「わたしのネイチャーライフ」

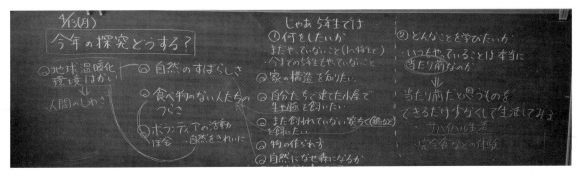

　例年稲作や豚の飼育を通して食を探究している5年生。学年主任の内藤教諭は，SDGsの視点から，人間と自然が共存していける世界の在り方に目を向け，様々な問題を子供と探究したいと考えた。

　「どうする今年の探究？」では，昨年までの学びを生かして，自然のすばらしさを探究したいという意見が出された。一方で，まだやったことのない活動にチャレンジしたい，小屋を建てて家畜を飼いたいという意見もあった。そこで，内藤教諭は「何をしたいかは分かったんだけど，それをしてどんなことを学びたいの」と問うた。すると，「いつもやっていることは本当に当たり前なのかを学びたい」という意見が出された。折しも，新型ウイルスの感染拡大による，全国一斉休校が明けた4月。今まで当たり前だった生活が一変することを多くの子供が実感していた。そこで，「身のまわりにある当たり前」を列挙し，それらを自分たちの手でつくり出す体験や，それらを使って宿泊する体験にチャレンジすることとなった。子供は，水，食料，燃料等をつくり出し，それらを大切に使う体験や，自然の恵みを大切に暮らす里山の人たちとの交流を通して，身

のまわりにある当たり前のものの尊さを実感しながら，SDGsの視点で世界的な課題を探究した。

詳しい実践はP34へ

●2021年度　6年探究「つくり出す！　エネルギー」

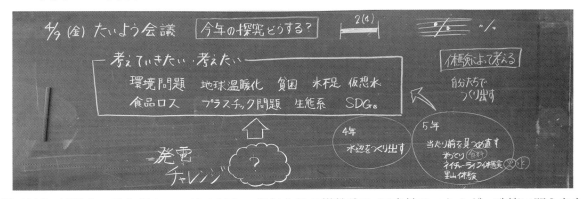

　例年地域の活性化に取り組んでいる6年生。学年主任の掛教諭は，国内外のエネルギー政策に関心をもち，電気をつくり，使う人間の在り方を子供と探究したいと考えた。

　「どうする今年の探究？」では，多くの子供が「今までの6年生とは違ったことを探究したい」「5年生の時に考えていた世界の問題をまだまだ考えたい」と発言した。考えたい問題はたくさん挙がった。しかし，どんな体験によって考えるかは構想できない子供。そこで，掛教諭は，「昨年，自分たちの手でまだつくり出せていないものは何？」と投げ掛けた。「電気はまだつくっていない」「自分たちで発電にチャレンジしたい」「でも発電なんて本当にできるの？」「4年生の社会科で風力発電の模型をつくったよ」「専門家に相談しよう」…。子供は，「自然にも人にも優しい発電所」を理想に，校地内に自分たちの理想の発電所をつくる活動に取り組むこととなった。

詳しい実践はP38へ

比べて発見 私たちの水辺

● ４年探究（社会と自分）

黒岩 昭伸／掛 健二

●本質に迫る問いが生まれる活動の構想●

　本活動は，子供と教師が全員で，校地内の空き地に穴を掘り，耐水シートを敷いたり，地域の川（青田川や関川）から石や草を持ち込んだりしながら，自分たちの理想の水辺を創造する活動である。子供は地域の様々な川や池に訪れ，魚を捕まえ水槽で飼育する。その魚の生態を十分に調査・観察した後，「私たちの水辺」に放流する。このような水辺を創造する過程で，次のような探究が生まれる。

　１つは，「上流の魚と下流の魚を一緒に水辺に入れてよいか」等，様々な地域の水辺の環境と「私たちの水辺」を比較することで問いが生まれ，その生き物が自力で生きている自然環境を捉え直しながら，生き物の気持ちになって生息環境を整えていく探究が生まれる。２つは，「外来種の魚を水辺に入れていいか」等，生態系に関する様々な問いが生まれ，食物連鎖で成り立つ命のつながりを意識すると共に，より多くの種類の生き物が共存できる水辺の在り方を探ることで現代社会の課題に迫る探究が生まれる。３つは，「そもそも，多くの生き物が幸せに暮らせる水辺とは何か」と，活動当初に掲げていた共通の理想の中に含まれる矛盾や対立を顕在化させながら，水辺や生き物の側の論理で理想を実現させようとする創造的な探究が生まれる。

　これらの探究が連続・発展するように，個々の探究（生き物の調査・観察）を進めると共に，「私たちの水辺」をつくり変える過程で生まれる全体で考えた方がよい問いや，全体の合意により判断した方がよいこと等を，教師が意図的に取り上げて話し合うようにする。

●年間を通して発揮，育成する資質・能力【探究力】

探究課題			
・水辺の生態系に関する問題や，水辺とかかわる自分や人間の在り方			
知識・技能	問題を解決する力	本質に迫る力	自律性・内省的思考
●青田川やお堀の環境に関する知識 ●生き物の生息環境を整えるために必要な知識・技能 ●友達と一緒に水辺を管理していくための方法 ●「多くの魚が幸せに暮らせる水辺」という理想 ●水辺の生態系の問題に関する知識	●身近な水辺とのかかわりを基に自分たちでつくり出す理想の水辺の姿を共有する。 ●理想の水辺の実現のために解決すべき問題を発見し，その解決の方法を考える。 ●問題を解決するための役割を創出し，チームで問題解決にあたる。	●理想の水辺を実現させる上で生まれる矛盾や対立に気付き，問いを生み出す。 ●外来種や在来種の視点，水辺の生態系の視点，水辺を守る人間の視点等，様々な視点から，人間と水辺の関係を見つめ直す。	●進んで水辺とかかわり，水辺の理想の姿を見いだそうとする。 ●異なる意見の友達を受け止めたり，折り合いをつけたりしながら，問題を乗り越えようとする。 ●理想の水辺の姿を捉え直しながら，自分と水辺とのかかわりを見つめる。

アメリカザリガニを「私たちの水辺」に入れる？

「多くの生き物が幸せに暮らせる水辺」を「私たちの水辺」の理想とし，水辺をつくり始めてから約

2か月間，地域の青田川を手本に，「私たちの水辺」は次々と姿を変えていった。

水辺に水を入れた頃，水槽では次のような生き物を飼育していた。

ウグイ4匹　　ヨシノボリ15匹　　カマツカ6匹
ヤリタナゴ4匹　モクズガニ5匹
アメリカザリガニ6匹　　カジカ11匹　ヤゴ多数

半分の生き物は今後担当を決め，引き続き水槽で飼育し，残り半分の生き物を「私たちの水辺」に放流することとした。しかし，「アメリカザリガニを水辺に入れてよいか」という問いが切迫した課題として立ち上がってきた。インターネットで調べたザリガニの生態や，水槽で調査・観察した事実等を基に，アメリカザリガニを「私たちの水辺」に入れるかどうかを話し合うことにした。

子供はアメリカザリガニが「日本の侵略的外来種ワースト100」に選ばれていることや，雑食で縄張りをつくって他の生き物を攻撃するという事実を知っている。また，水槽でザリガニがカマツカを食べている様子を観察している。その上で，「ザリガニの気持ちを考えると可哀そう」とザリガニに寄り添って判断しようとする子供もいる。第1回目の話合いでは，次のような発言が見られた。

＜入れる派＞
○ザリガニも他の魚と一緒に入れてあげたい。狭い水槽ではかわいそう。
○青田川に似せた水辺をつくっているのだから，青田川にいたザリガニを入れることが自然。
○青田川でもザリガニは魚を食べていると思う。
○天敵がいない環境に慣れてしまうと，いつか青田川に戻ったときに逃げられなくなってしまうから，天敵がいる水辺の方がいい。
○ザリガニを入れれば，魚の種類が増えるから理想の水辺に近づく。

ザリガニを入れる派は，「多くの魚が幸せに暮らせる水辺」を実現させるためには，青田川に近づけることが大切だと主張し，一方でザリガニを入れない派は，青田川のザリガニを入れると理想の水辺にはならないことを主張した。「理想が２つある？」とつぶやいた子供に象徴されるように，「多くの魚が幸せに暮らせる水辺」という理想の中にふくまれている矛盾が顕在化したのである。

話し合いの終盤，専門家の坂田さんの「ザリガニは死んだ魚を食べてくれる，池のお掃除屋さんになってくれるかも」という言葉を提示した。魚が死ぬことで水槽の水が濁り，水質が悪化することを経験している入れない派の子供は，「ザリガニにもいいところがあるかも」と揺さぶられた。更に，青田川を愛する会の方の，「できればザリガニは青田川にはかえさないでほしい」という言葉を提示した。「えええー」という大きな驚きの反応のあとに，「青田川を愛する会の人はザリガニを入れればどういうことになるか分かっているのかな」とつぶやく子供がいた。

第１回目の話し合いでは，入れると判断した子供は33人，入れないと判断した子供は25人であった。もっとよく考えたいという子供の思いのもと，外来種問題について学んだり，ザリガニは本当に魚を食べるのかを水槽で実験したりした。子供は，アメリカザリガニが日本に持ち込まれた経緯や，外来種のせいで絶滅した在来種がいること，外来種の繁殖を防ぐために，外来種を駆除していることなどの社会的事実を学んだ。また，小さな水槽では，カマツカやモツゴなどの魚が一晩で食べられてしまったけれど，大きな水槽では魚が食べられることがないことを知った。

第２回目の話合いを前に，桜耶さんは次のような意見文を書いた。

自分たちで掲げた水辺の理想とザリガニの生態を照らして，よりよい判断を生み出そうとしていた。２回目の話し合いでは，次のような意見が挙げられた。

桜耶さんのように，理想の水辺とは何かを改めて問い直し，社会的事実やザリガニの生態など，新たな情報をもとによりよく判断しようとする子供が多く見られた。多数決の結果，ザリガニは一旦，入れないと判断した。この判断が正しいかどうかをこの後も考え続けていくこととなった。

ドンコを「私たちの水辺」に入れる？

ドンコは在来種であるが，雑食で口に入るものは自分の体と同じ大きさのものでも食べてしまう生き物である。ドンコがザリガニを食べる動画を発見した子供は，「これ，みんなで話した方がいいよ」と教師に話した。そこで，「ドンコを『私たちの水辺』に入れるか」話し合った。

ベン図でザリガニとドンコを比較することで，外来種かどうかではなく，他の魚を食べてしまうという問題の本質が浮き彫りとなった。

話合い後の桜耶さんは次のように作文を書いた。

私は，最初，入れない派でした。魚を食べて，魚が少なくなってしまうからです。今までもこういう理由で，水辺にいろいろな生き物を入れない方がいいと考えてきました。でも，あとになって入れてもいいのかな・・・と思うようになりました。在来種だから入れてもいいという理由は違うと思います。多くの生き物の幸せを考えると，魚は食べられたり，食べたりという生き方をしています。例えば，人間が人を傷つけたり殺したりすることは，やらないと生きていけないことではないけれど，魚は生きていくために傷つけたり，食べたりしていて，そうしないと死んでしまいます。人間が，弱い魚だけを守ったら，本当に多くの魚は幸せ？と思います。

多数決をしたら，入れないことになってしまいました。でも，また変わるかもしれません。自分たちなりにドンコを幸せにしてあげたいと思います。　　　　（桜耶）

ザリガニの意見文では，第1に「多くの魚の幸せ」を理由に入れないと判断していた桜耶さんが，「多くの魚の幸せの方が大切」と述べ，入れるという判断をしたことは，桜耶さんの大切にしたい「多くの魚の幸せ」の意味が更新されたと言える。それは，生き物の「食べる—食べられる生き方」を誠実に受け止め，魚や水辺の気持ちになってよりよい判断や行為をつくり変えようとする姿なのである。

Matome

◆ 「水辺の理想」に内包される矛盾と向き合う

「多くの生き物が幸せに暮らせる水辺」という理想を掲げ，自分たちの水辺を創造する過程において，子供は問いを生み出し，判断してきた。よりよい判断を生み出すために，魚の気持ち，水辺の気持ち，それを管理する人間の気持ちといった様々な視点から吟味を重ねた。

12月，冬休みを前に，2学期に飼育した水槽の魚を水辺に放流するかどうかを話し合った。絶滅危惧種のホトケドジョウは，放流しない方がよいという意見が出される一方，ある魚だけを水槽で保護するのは，生き物差別ではないかという意見も出された。また，放流して種類を増やしたいと考える一方，すでに安定している水辺に新しい種類の魚を入れるのは外来種問題と同じで生態系を乱すのではという意見も出された。桜耶さんは，次のように作文シートに記述した。

私は，放流は必要ないと思います。入れた魚が食べられることは自然のことだから，放流してもしなくても，理想の実現ではありません。理想が実現されるときは，魚の気持ちが分かったり，魚を自由にさせてあげたり，問題が解決したりするときだからです。なるべく，今の環境を整える方がいいと思います。
　　　　（桜耶）

そもそも，魚を放流して水辺をつくることは，理想の実現につながらないと考えた桜耶さん。「生き物にとっての幸せを人間がつくり出す」という，「水辺の理想」に内包される矛盾と向き合い，協働的な判断を重ねることで，生態系に関する社会の問題を自分事にしていくのである。

わたしのネイチャーライフ

●5年探究（社会と自分）

内藤 寿一／横澤 玲奈

●本質に迫る問いが生まれる活動の構想●

　大単元「わたしのネイチャーライフ」は，普段の生活の中の「当たり前のもの」の必要性を「当たり前のものを除いた体験」や「当たり前のものを自分たちで作り出し，生活する体験」を行うことで実感する活動である。自然とともに生きるくらしを体験しながら，人間が暮らすことに関する問題や物の生産，大量廃棄の問題に触れ，人間が生きる上での「豊かさ」について考える過程で次のような探究が生まれる。

　1つは，「普段当たり前のように食べている食料は，本当に当たり前か」等，日常の生活と自分たちの体験的な活動とを比較することで問いが生まれ，自分自身のくらしを捉え直す探究が生まれる。2つは，「自分は里山で住むことができるのか」等，自分たちの日常的なくらしと自然と共に生きるくらしを比較することで，現代社会における様々な矛盾や社会的課題に迫る探究が生まれる。3つは，「人間も地球も豊かなくらし方とはどんな生活か」など，現代社会的な課題を鑑みながら，様々な矛盾を勘案し，バランスを取りながら自分にも実現可能なくらし方を模索する探究が生まれる。

　子供たちは，「望ましいくらし」という実体のないものを身近に感じることはできない。そこで本活動では普段の生活とは少し異なる「○○ライフ」を学習対象に据え，様々な「○○ライフ体験」を連続的に行う。これらの体験が連続・発展するように，全体での探究，チームでの探究，個々の探究をバランスよく組み合わせながら，自分たちのくらしを見つめていけるようにする。

●年間を通して発揮，育成する資質・能力【探究力】

探究課題			
・現代における物や食，資源，命の大量生産，大量廃棄に関する問題や，これらの問題と向かい合う自分の生き方や人間の在り方			
知識・技能	問題を解決する力	本質に迫る力	自律性・内省的思考
●ライフラインが生み出される過程や方法に関する知識 ●里山で生活する方のくらし方に関する知識 ●自分たちの力で食や火を生み出したり，利用可能な燃料，水などを確保したりするための方法 ●現代社会が内包する様々な社会的な問題に関する知識 ●「人間も地球も豊かなくらし方」という理想	●暮らすために必要な物やことをつくり出すために課題となる問題を共有し，問題解決の方法を想起する。 ●「○○ライフ」を実現する上で必要な情報を集める。 ●収集した情報から，理想とするくらしを実現する上で有効な情報を選び，実現に向けて方策を練る。 ●「○○ライフ」を行った実感を，体験や情報を整理し自分なりの考えを伝える。	●食料や水などを生み出したり，確保したりする過程で，使う側の立場，つくり出す側の立場，地球環境等，矛盾・対立する立場を勘案して人間の生活や在り方について自分の考えをもつ。 ●「経済性」と「持続可能性」などの対極する問題を踏まえた「豊かさ」が内包する矛盾と向き合い，自分なりの理想のくらしを考える。	●進んで食料，ライフライン，里山などの対象とかかわり，「○○ライフ」を実現しようとする。 ●異なる意見の友達を受け止めたり，折り合いを付けたりしながら，問題を乗り越えようとする。 ●「人間も地球も豊かなくらし」の理想の姿を捉え直しながら，自分のくらし方を見つめる。

田んぼの虫や貝，雑草などの駆除，どうする？

　春，「食のネイチャーライフ」として，校庭にある水田と畑を利用し，自分たちの手で米や野菜といった食料を作り出す活動をスタートさせた。自分たちが植えた稲が順調に育ち，たくさんの米を収穫することを願った子供は，必然的に田んぼに足繁く通うようになった。毎日観察することで，小さな貝や赤い虫がいつの間にか田んぼに生息していることに気付いた。「この貝や虫は稲を食べたり，稲に悪さをしたりしないだろうか。」と考え，子供はこれら生き物の種類を調べ，稲に害を及ぼさないことを突き止めた。ツバメやオタマジャクシ，ミミズなど稲に害のない生き物は田んぼから無理に移動させたり，追い払ったりしないことを確認していた子供たちであったので，この貝や虫もそのままにしておくことになった。

　ここで子供が，「去年，池を作った時にザリガニがいつの間にかやってきた。ザリガニは稲の根を切るなど田んぼにとっては害がある。今回も田んぼにザリガニがやってきたら駆除しなければならない」と発言した。

　ザリガニは，前年度の水辺づくりの探究で最も話題になった生き物である。年間を通して，外来種問題と向き合い，ザリガニの命を簡単に人間が奪ってはならないと考えた子供は，ザリガニの駆除に激しく抵抗した。昨年度はザリガニを駆除せず，飼育し続けることで自分たちの利益が失われることは無かった。しかし，今回は違う。ザリガニが自分たちの田んぼに棲み着けば，稲の収量が減ってしまうのである。秋に収穫した時には，自分たちで生産した食料だけで一食を作ることを決めていた子供たちにとっては死活問題である。ザリガニをきっかけに「田んぼの害虫や雑草を駆除するかどうか」という問題が切迫した課題となり，全体で話し合って決定することにした。

　話合いでは，次のような意見が挙がった。

<駆除する派>
○私たちの稲の取れる量が減ってしまうのは困るから，稲に害のある生き物は駆除する。
○稲は作物として育て始めた。害があるものを駆除しないのだとすれば，作物がとれず今度は人間が死んでしまう。
○今みんな雑草を抜いている。雑草を抜いていることだって，命を奪っているのだから，動物やザリガニはだめなんておかしい。
○人間は普段から豚や牛の命を奪って生きている。駆除をしないのなら，喜んで食べている牛や豚に失礼だ。

<駆除しない派>
○人間が自分たちの都合だけで他の生き物の命を奪うのは許されない。
○人間の命も雑草や害虫の命も同じ命だから対等。
○生き物が生きる最大の目的は，命をつなぐこと。駆除はその目的を奪ってしまう。これは一番許されないこと。

　駆除する派の子供は，「自分たちの命のために駆除する」と主張し，駆除しない派の子供は「他の生き物のために駆除しない」と主張した。普段自分たちが当たり前のように食べている食料に，「命」という側面があることが顕在化したのである。「命」という観点で食を見つめ直した時，生態系の原理である「生き物は命を奪い奪われ成り立っている」と自然界の摂理と，「人間は自分たちの命を維持するために他の生き物の命をコントロールしている」という人間界の常識という矛盾に子供たちは大きく悩んだ。しかし，前年のザリガニ問題のように，とりあえず水槽で飼育しておきながらじっくり時間をかけて考える，というのは不可能である。その間にもどんどんと稲は他の生き物に"食われ"ていく。数度の話合いの上，当初の「食料生産活動」としての目的を尊重し，「害のないものは駆除しない。害のあるものは，駆除するが，できる限り無駄に命を奪うことはしない」という決着となった。この話合いの後，友梨佳さんは次のような振り返り作文を書いた。

　私は，どうしても駆除しなければならない生き物の駆除はしかたないと思います。でも，「しかたない」という言葉は使いたくないです。「しかたない」は深いようで浅いような気がします。「しかたない」は何でも簡単に整える言葉だからあまり使いたくないです。
　でも，やっぱり迷っています。たくさんの命を犠牲にしてまで作った米を食べても，本当においしいのかと考えてしまうのです。　　　　　　　　（友梨佳）

　人間として生きていくことと，自然界の一部として生きていることの矛盾と向き合いながら，これからの自分の生き方につなげたり，一度判断したことについても考え続けたりしようとする意志が表れていた。

完全食は「ネイチャーライフ」と言える？

　自分たちで，身の回りに当たり前にある食料やライフラインを生み出す体験をした子供たちは，その大変さや普段の生活の贅沢さや無駄の多さを実感した。このような流れの中で，「現代の社会でも自給自足に近い生活を継続的にできるのだろうか」という問いから，里山を訪問し，そこに住む方と触れ合う中で実際に自給自足生活を送るための知恵や技術に触れた。また，里山で生きる方々の人となりに触れ，都市部で暮らす方々にはない「温かさ」を体験した。このように里山へのあこがれや尊敬をもった子供たちではあったが，「里山に住みますか？」と問うと，ほとんどの子が「住まない」と答えた。その理由は「自給自足生活の裏側にある不便さ」であった。便利な生活を変えられないというのである。そこで，逆に便利な生活の裏側にあるものを考えた。すると便利な生活の裏側には様々な現代社会的な問題があることに気付いた。

　そこで，「ネイチャーライフ」を「人間も地球も豊かなくらし方」と定義し，それぞれの子供が自分なりの「ネイチャーライフ」を描き，探究していくこととなった。そして，「ネイチャーライフ」を探究していく上で，人間の牛肉食が問題となった。人間が牛肉を畜産することで地球上に様々な問題があることを知り，これをやめることが様々な問題を解決する可能性に気付いた。

　これを一歩進め，牛肉食をやめるための代替案として完全食での生活はどうかと教師が投げかけ，話し合った。完全食とは，健康を維持するために必要な栄養をすべて含んだ食品のことである。話合いの前半は，「生き物の命を奪わない完全食での生活は，『ネイチャーライフ』だ」という意見が大半であった。しかし，「全ての問題が解決するわけではない」などの反対意見も挙がった。また，「以前食べたことがあるが，味がおいしくない」「おいしくないものを貧困で苦しんでいる人に配るのはどうか」という意見も挙がった。味が話題になっていることを受け，教師は実物を配付した。子供は，静かに考えながら完全食を味わった。

実食後，「意外とおいしい」「これなら」という意見も増える一方で，「アレルギーが心配」「チョコレート味のこの完全食をカカオ農園で働くあの子に食べさせるのはどうなのか」「味で考えが変わるというのはどうなのか」という新たな視点での反対意見も出てきた。そして，話合いの中で「完全食は，栄養は完璧かもしれない。でも，お母さんがいつも作る食事には，心の栄養も入っている」という意見も挙げられた。これには多くの仲間が賛同した。さらに，里山でふるまってもらった「鶏汁」に話が及び，「鶏汁があれだけおいしかったのは，私たちをふるまお

うとする里山の方のおもてなしの気持ちが入っているからだ」などと話す子供が現れた。

このような話合いの後，友梨佳さんは次のように作文を書いた。

> 私は，完全食での生活は，ネイチャーライフとは言えないと思いました。いつものほかほかご飯が食べられなくなるし，今日のメニューは何なのかな？というワクワクも無くなってしまいます。家族と一緒に作ったり，食べたりする楽しみも無くなってしまうからです。
> あと，私は完全食での生活は，昔の人のくらし方，生き方を間違いだと思っているような気がしてちょっと嫌です。昔の人たちの食のありがたみや価値観が薄れているから食品ロスが起こっているのだと思います。
>
> （友梨佳）

1学期には，人間の都合で他の生き物の命を奪ってできているという人間の食事について疑問をもっていた友梨佳さんであった。しかし，ここではそのような人間の食の在り方を受け入れている様子がうかがえる。まさに，自分なりの食への向き合い方や人間の在り方についての自分の考えを更新している姿であると言える。

Matome

◆情報と経験と感情を行き来しながら，社会と自分を結び付けて考える ○◦TE

「身の回りの当たり前って，本当に当たり前なのだろうか」という本質的な問いからスタートした子供たちが，「人間も地球も豊かなくらし方」という「ネイチャーライフ」を理想に掲げ，自分たちのくらしを見つめなおす探究が生まれた。様々な「○○ライフ」を体験する中で，人間の生活の知恵や技術などの進歩，便利さへの欲求，自然環境への負荷，地球に生きる他の生き物の立場といった様々な視点からよりよいくらし方について吟味を重ねた。

1月，ユニセフの方からユニセフの活動やSDGsについての話を聞いた際，友梨佳さんは，次のように作文シートに記述した。

> 私は，ユニセフの方が言っていた「誰一人取り残さない」というスローガンの中には，人間だけでなく，魚，動物，植物も含まれていると思います。だから人間の笑顔だけじゃなく，動物たちの命も守ってあげたいと思いました。特に，人間の笑顔のために犠牲になった動物たちを守って，できるだけ本来の姿に近づけた環境に返してあげたいと思いました。
>
> （友梨佳）

よりよい判断を下すためには，客観的な知的な情報だけでは不十分である。一見有益な情報を得たとしても，一旦立ち止まって思考し，経験を紐解き，感情を思い出す。様々な概念が複雑に絡み合う現代社会でのくらしを考えるためには，このような過程を経て，社会と自分を結び付け，自分なりに納得できる判断を下していくのである。

つくり出す！エネルギー

6年探究（社会と自分）

掛 健二／横澤 玲奈

●**本質に迫る問いが生まれる活動の構想**●

　本活動は，風力，水力，火力，人力等の様々な発電方法を比較しながら，自分たちが理想とする「自然にも人にもやさしい発電所」をつくり出す活動である。試行錯誤して電気がつくれた感動や喜びを味わったり，電気による生活の便利さを実感したりしながら，その裏側に潜む自然への影響やエネルギー問題に触れ，理想と現実を比べて考える中で，次のような探究が生まれる。

　1つは，「効率的に電気をつくり出すにはどうしたらよいか」「その発電方法は本当に安全といえるのか」等，いろいろな発電方法で電気をつくり出す中で，利便性や安全・安心という人間が求める理想の発電所の条件に迫る探究が生まれる。2つは，「火力発電はしてはいけないのか」「自然にも人にもやさしいとはどういうことか」等，自分たちの理想やつくり出す発電所と社会の現状とを比較することで，理想と現実との矛盾や社会的課題に向き合う探究が生まれる。3つは，「電気によって人間は豊かになったのか」「持続可能な未来のために自分には何ができるのか」等，理想の発電所を実現する中で，向き合った矛盾や社会的課題を乗り越えようとすることで，一人の人間としての在り方の探究が生まれる。

　これらの探究が連続・発展するように，「自然にも人にもやさしい発電所」という理想を協働的につくり出したり，問い直したりしながら，エネルギー政策にかかわる人との出会う機会や自らの考え，思いを発信する場を意図的に設定し，自分事としてエネルギー問題に向き合っていけるようにする。

●年間を通して発揮，育成する資質・能力【探究力】

探究課題			
・現代社会における電気の大量消費，エネルギー源の自給率の低さ，自然環境への影響等に関する問題や，電気に支えられて生きる自分の在り方			

知識・技能	問題を解決する力	本質に迫る力	自律性・内省的思考
●電気をつくる過程や方法に関する知識・技能 ●風や水，火など電気をつくり出すために必要なエネルギーを確保したり，生み出したりする方法 ●SDGsに関する知識 ●「自然にも人にもやさしい発電所」という理想 ●持続可能な未来を目指そうとする人の思いや願い	●理想とする発電所を共有し，発電方法を試行錯誤したり，比較検討したりする。 ●理想の発電所を実現するために解決すべき問題を発見し，SDGsと関係付けて解決の方法を考える。 ●自らの経験と社会的な課題を多面的に捉え，分析し，自分の考えを発信したり他者と対話したりする。	●自然と人間の調和の中で電気をつくり出そうとすることで生まれる矛盾や対立に気付き，理想を問い直す。 ●電気による生活の便利さの裏側を捉え，自分たちの豊かさや持続可能な未来を思い描く。 ●電気を大量消費することで引き起こされるエネルギー問題に向き合い，自然とともに生きる自分の在り方を考える。	●「自然にも人にもやさしい発電所」とは何かを考え続け，自然と人間との調和を目指そうとする。 ●理想の発電所を実現する過程で，異なる意見を受け止めたり，折り合いをつけたりしながら，問題を乗り越えようとする。 ●理想とする発電所と社会の現状を比較し，捉え直しながら，自らの生活や生き方を見つめる。

どこが風の力を一番もらえる場所なのか？

「5年生の時に考えていた世界の問題をまだまだ考えたい」と願った子供。昨年度，つくり出していなかった電気を自分たちの手でつくり出そうと今年の探究が始まった。自然と人間との共生を考え続けた子供は，CO₂を出さないこと，自然を壊さないこと，無駄を生み出さないこと等，自然のことを頭に入れつつ，いつでも発電できて自分たちにも便利である発電方法を考え，「自然にも人にもやさしい発電所」をつくり出そうと理想を掲げた。そこで，風力，水力，人力，バイオマス，水素発電のチームに分かれて，まずは模型づくりにチャレンジすることから始めた。

CO₂を出さずに，風が吹けばいつでも発電できることから，風力発電を選んだ里菜さんは，プロペラ型の風力発電模型を作り始めた。ペットボトルを加工してプロペラ型の風車にし，発電用モーターとLED電球をつなげた。うちわで風を起こしてプロペラに当ててみるが，プロペラが回らない。「どうして回らないの？」と羽の枚数や角度を変えながら，試行錯誤を続けていった。何度目かのチャレンジの中で風車が回り始め，LED電球が点灯した時には，歓声を挙げてチームの仲間と共に喜びを分かち合った。

模型づくりを成功させた里奈さんのチームに，「い

よいよ発電所づくりだね。どこに発電所つくるといいのか？」と聞いてみると，「発電所って外に作るよね。風の力を一番もらえる場所はどこだろう？」「グラウンドがいいんじゃない？ 周りに何もないから」「本当かな？ 調べないと分からないよ」と，今度は「どこが風の力を一番もらえる場所なのか」という課題を解決する活動へと移っていった。いくつかの候補地を考えて，試していく中で，プール脇の空き地が一番風通しよく，プロペラが回りやすいことが分かった。しかし，すぐ脇には地域の方の住宅がある。発電所を作るということは，模型よりも大きなプロペラ型の風車を作ることになる。騒音が出て迷惑はかからないだろうか，強風で倒れたり飛んだりする心配はないんだろうか…風の力は一番もらえるが，そこは人にもやさしい場所といえるのかという新たな解決しなければならない問題が生まれた。

風力発電は「自然にも人にもやさしい発電所」といえるのか?

6月末,自分たちが理想とする「自然にも人にもやさしい発電所」をつくっていくために,これまでのチーム活動の成果を発表し合い,情報を共有し合う場を設定した。里奈さんのチームは,場所の問題を解決できないまま,悩み続けていた。

里奈さんの風力発電チームと水力発電チームの2チームが発表する中で,どちらの発電方法でも場所の問題が共通していることが見えてきた。「川に設置したら川の生き物に害があるんじゃないか」「大きくしたら鳥に害はないのか」と生き物への影響は本当にないのかというのが論点となった。2年間にわたり,自然と人間の共生を考え続け,自然に寄り添ってきた子供だからこそ,どの発電方法においても「自然や生き物への害は本当にないのだろうか?」と自問したのである。「考え続けたい問題がある」と語っていた子供は,自分たちの経験や情報を意図的に関係付けて考えようとしていた。

話合いの後,里奈さんは次のような作文シートを書いた。

> 私が思っている問題は二つあります。一つ目は,場所によって生き物に害があることです。水力は川だと魚などに害があるし,風力だと空などにいる生き物に迷惑があると考えました。二つ目は,完璧な発電はないんじゃないかなと思ったことです。水力や風力など自然にやさしいと思ったけど,生き物に害を与えるのでやさしくありません。どうしても解決できない問題があるかもしれないけれど,できる限り自分たちが目指す発電所をつくり出すために問題を解決できるようにがんばりたいです。
> (里奈)

仲間からの一言から「CO$_2$を出さないことが自然にやさしい」と一面的な判断をしていた自分の考えを見直すことになり,改めて自分たちの理想とする「自然にやさしいってどういうこと? 人にやさしいってどういうこと?」と問い直すことへと思考を促した。問題が山積みしていることを自覚した上で,それでも自分たちの理想を実現したいという強い思いや願いが探究力の源である。

Matome

◆理想を実現したいという思いや願いから,新たな価値や意味の創造する ◎o亿

「5年生の時に考えていた世界の問題をまだまだ考えたい」という思いから,電気を自らの手でつくり出し,「自然にも人にもやさしい発電所」を目指して活動に取り組んできた。これまでの学びの履歴を振り返りながら,「自然にやさしいって?」「人にやさしいって?」と,自らに問い続けることで,理想に内包される矛盾や対立を乗り越えようとする強い意志を感じる。

1学期の終わりに,「もう一度,自然にも人にもやさしいってどういうことか考えたい」という発言から,改めて「自然にも人にもやさしい」とはどういうことかを捉え直した。

〈自然にやさしい〉
- ○再生可能エネルギーで,限りある資源を使わないこと
- ○長持ちすること
- ○CO$_2$を出さないこと
- ○ゴミを出さないこと
- ○環境破壊をせず,自然のままで大丈夫なこと
- ○生き物に害を与えないこと

〈人にやさしい〉
- ○生活を支えられること
- ○コストがかからないこと
- ○便利で楽であること
- ○安全・安心であること
- ○人に迷惑をかけない,嫌な思いをしないこと

子供は,「自然にも人にもやさしい」という理想に含まれる矛盾や対立を自覚し,それを乗り越えようと新たな価値や意味を創造していく。しかし,そう簡単に解決できる問題ではなく,新たな矛盾や対立が生まれてくる。理想を実現したいという強い思いや願いをもって,正解のない問いに向き合い,何度も矛盾や対立を乗り越えていくことで,よりよい人の営み,自分の在り方を創造するのである。

自分たちの理想の水辺をつくる過程で,「人間が自然をつくるとはどういうことか」を探究した4年生。身の回りにある当たり前を問い直し,自然と共に暮らす里山の暮らしから,「人間と自然との関係はどうあるべきか」を探究した5年生。便利さを追求しようとする人間が生み出した発電が,自然環境を破壊している事実と向き合い,「人間にも自然にもやさしい発電所とは何か」を探究した6年生。

　子供は5年生で里山と出会い,人間と自然との調和的な在り方を探ることで,「4年生の時の探究とつながった!!」と話した。6年生で発電をテーマにした時も,「昨年まで考えていたことを,もっと考え続けたい」という思いがあった。

　4年生から6年生の3年間の探究は,「自然と人間との関係を見つめる」という「探究課題」のつながりが見える。では,子供はどのように捉えているのだろう。

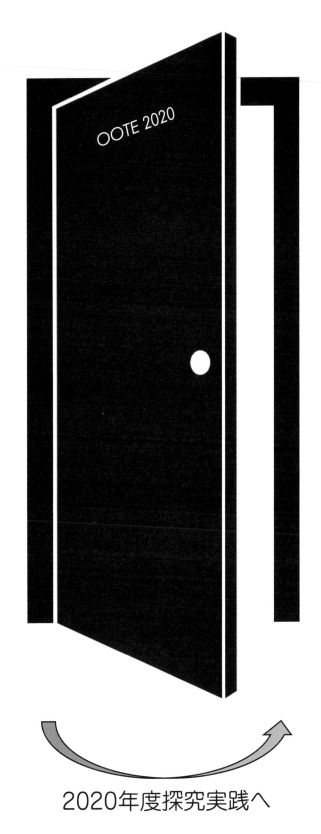

OOTE 2020

2020年度探究実践へ

ある日の給食の時間,6年生の康太さんに教師が話し掛けたときのこと。

教師：4年から6年生まで,3年間探究がつながっているなんてすごいね。

康太：違うよ先生,1年生からだよ。

教師：えっ,どういうこと?

康太：だって,1年生でヤギの命を守り抜いたから,4年生で魚の命について,あそこまで真剣に考えることができたんだよ。それに,2年生で野菜の育て方を学んでいたから,5年生で自分たちで稲を育てることができたんだよ。

教師：なるほど。3年生の朝市は?

康太：う〜ん。朝市に行って,初めて「社会」ってものを学んだ気がする。学校の外には素敵な場所や人がいるんだなぁって。だから,僕たちは,日本や世界がかかえている社会問題も,真剣に考えることができるんだよ!

　目の前の問題を解決しながら,しだいに社会の問題を自分事にしていく6年間の「探究」は,子供の中でしっかりとつながっているのである。

みんなで わくわ〜く

1年探究（環境と自分）

倉井 華子／金子 愛

●本質に迫る問いが生まれる活動の構想●

　本活動は，「わくわ〜く」が詰まった理想の広場を創造する活動である。羊の飼育やアサガオ，サツマイモの飼育・栽培の仕事（ワーク）や，それらから得られた物（羊の毛，アサガオの蔓など）でのモノづくり（ワーク）を行いながら「わくわ〜く広場」をつくる過程で，次のような探究が生まれる。

　1つは，学校探検をして発見したことにわくわくしたり，栽培飼育を行うことで対象の成長にわくわくしたりする中で，「自分がわくわくするものは何か」という問いが生まれる。それは「仕事」と「遊び」の関係を探究することにつながる。2つは，「羊にとってのわくわ〜くは何か」等，対象の立場からのわくわ〜くが何かといった問いが生まれる。それは，自分たちも，動植物も喜ぶ広場の在り方を探る探究につながる。3つは，広場に動植物がなくなった後，「対象のいない広場でわくわ〜くができるのか」という問いが生まれる。それは，対象と自分とのかかわりを見つめ直し，自分が対象から得た様々な「わくわ〜く」への気付きを深める。そして，学校という環境で「わくわ〜く」する自分の在り方について考える探究が生まれる。

　これらの探究が連続・発展するように，つくり出し，つくり変えていくことのできる環境の設定を行う。そして，「わくわ〜く広場」をつくり変える過程で，全体で考えた方がよい問いや，全体の合意により判断した方がよいこと等を，教師が意図的に取り上げて話し合うようにする。

●年間を通して発揮，育成する資質・能力【探究力】

探究課題			
・羊や友達と一緒に「わくわ〜く」する環境や「みんなでわくわ〜く」するための自分の在り方			
知識・技能	問題を解決する力	本質に迫る力	自律性・内省的思考
●遊びに必要な道具や道具の使い方についての知識 ●羊の飼育方法や，羊と一緒にできる活動についての知識 ●羊に関わる人の思い ●他者に自分の思いや成長を伝える方法	●これまでの体験や活動から，羊や羊にかかわる人に喜んでもらいたいという思いをもつ。 ●目の前の羊の様子や遊び場，学校生活の状況から，異変に気付いたり，疑問をもったりする。 ●活動の中で，自分なりの問いを見いだす。 ●羊の飼育や遊び場づくり，学校生活でおきた問題について自分の意見をもち，話合い等を通して解決しようとする。 ●話合いや相談を得て，解決する方法を見つけ，積極的に行動に移そうとする。	●羊や他者，環境とのかかわりから見えてきた。「羊さんがこわくてまだ触れないけれど，たくさん触って仲良くなりたいな」といった，自分の思いと現状との葛藤をしながら，願いをもって繰り返しかかわる。 ●目の前の問題を解決した後に，一度，「羊さんはどうだったか」「遊び場にとってどうだったか」を振り返る。 ●自分にとって遊び場とは，家とは，学校とは，どんな存在か，どんな場所であるか，自分の考えをもつ。	●羊の飼育や遊び場づくりにおいて，友達と力を合わせて行動する。 ●かかわり合い，意見を交流し合うことを通して，みんなで協働するよさを自覚する。 ●「わくわ〜く図鑑」に学校でのわくわくを記録する活動を通して，羊や遊び場の成長や変化から自分の成長や変化に気付く。

「一番わくわ〜くするものは何？」

　校庭の一角を「みんなでわくわくの詰まった広場にする」ことを理想に，どんなことやものがあればわくわ〜くすることができるのかを話し合い，活動がスタートした。「羊さんと一緒なら遊び場をつくって遊んだり，刈った毛で糸を紡いだりできてわくわくできそう」「サツマイモを試食しておいしかったから，サツマイモで料理をしてわくわくしたい」「アサガオさんでたくさん花を咲かせてわくわくしたい」と願った子供。それぞれのスペシャリストを講師としてお招きし，どんなわくわ〜くがきるかについての講演を経てから，子供たちのわくわ〜くが始まった。

広場でのわくわ〜くは次のものがあった。

> ・羊の小屋造り　　・羊のエサ確保　　・羊の散歩案内
> ・活動の資金調達　・アサガオの栽培
> ・サツマイモの栽培

　子供は同じ場を共有しながらも，各々の「わくわ〜く」に没頭していった。すると，自分一人では解決することのできない問題や，自分の見付けたわくわ〜くを仲間と共有したいという思いがふくらんだ。そこで，チームごと，掲示板に問題点やわくわ〜くしたことを書き出していった。その中で一人一人が見つけた自分なりのわくわ〜くの捉えが以下のものである。

> ＜自分にとってのわくわ〜く＞
> ○私にとってのわくわ〜くは，初めてのことです。初めてのことをするとき，ドキドキワクワクすることが分かりました。
> ○ぼくにとってのわくわ〜くは，育てることです。水やりを頑張ると，大きくなるサツマイモがもっと好きになるからです。
> ○私にとってのわくわ〜くは，協力することです。友達と一緒にやると，もっとたくさんできることが増えることが分かりました。

　子供たちは，自分にとってのわくわ〜くを自ら選択して活動していくことで，「今自分はわくわ〜くしているのか」「これは自分にとってわくわ〜くだったのか」「わくわ〜くは何なのか」を見つめ，更新していくことができた。

「毛刈りは羊さんにとってわくわ～く？」

雄太さんは，羊の変容を以下のように綴るようになった。

> **＜雄太さんの毎日メッセージ＞**
> ○６月８日（月）
> 　ひつじさんへ
> 　今日も暑いね。水をたくさん飲んでいて暑そうだね。大丈夫？元気にしてね。
> ○６月９日（火）
> 　ひつじさんへ
> 　なんか暑そうだよ。たくさんお水を飲んでね。心配だね。
> ○６月10日（水）
> 　ひつじさんへ
> 　ウンチが柔らかいね。今日の連絡で言うね。毛が暑そうだね。毛刈りはしたほうがいいかな？

羊のお世話を通して，自分のわくわ～くだけではなく，羊の立場に立ってわくわ～くを考える子供の姿が見られるようになった。そこで，わくわ～く会議を開き，羊の毛刈りをした方が良いか，しない方が良いかについて話し合いを行った。

> **＜した方が良い＞**
> ○僕は毛刈りをした方が良いと思います。なぜかと言うと，このままだと，羊さんが暑くて死んでしまうからです。
> ○私は毛刈りをした方が良いと思います。なぜかと言うと，羊さんは毛刈りをする生き物だと本で読んだからです。

> **＜しない方が良い＞**
> ○私は毛刈りをしない方が良いと思います。なぜかと言うと，毛刈りは痛いと思うからです。
> ○僕は，毛刈りをしない方が良いと思います。小屋にクーラーを付ければ，羊さんも毛刈りで痛い思いをしなくてもこれから過ごせるからです。

話し合いが平行線のままになったとき，蓮人さんが，「そもそも羊さんの気持ちは，羊さんにしかわからない」と話した。羊のわくわ～くを考える基準は羊さんの気持ちをもっと考えることだと考えた子

供は，専門家のスエトシ牧場の藤原さんに相談をした。そして，藤原さんからすぐにでも毛刈りをした方が良いことを聞いた子供たちは，毛刈りに向けて準備を行った。当日は，毛刈りのプロを呼んで子供たちの目の前で１頭から５キロほどの毛を収穫した。

その日，雄太さんの振り返りのシートである。

> **【雄太さんの振り返りシート】**
> ぼくは，わくわ～くメーターは，10のうち，10でした。なぜかというと，毛刈りをしたら，スッキリして涼しそうで羊さんも嬉しそうに走っていたからです。血が出ていたけれど，薬を塗ってもらったから大丈夫だと言っていました。
> 羊さんは頑張ったし，スッキリしたからわくわ～くしたと思います。がんばったね。羊さん。

雄太さんは，羊の反応から思いを推測し，「毛刈りはしたほうがいいかな？」と問題提起をしながら，羊のわくわ～くとは何かを考え続けた。雄太さんのように，自分本位のわくわ～くの捉えだけでなく，羊側の捉えを加え，わくわ～くを捉える視野をひろげる子供の姿が見られた。

「冬のわくわ～く広場をどうする？」

寒くなっていく中で，恵さんから，「雪が降る前に羊さんをスエトシ牧場に返した方が良いのではないか」と言う問題提起があり，みんなで話し合うことになった。恵さんのように羊のことを考えると，返した方が良いのではないかと言う意見と，羊ともっと一緒にいたいから，防寒の対策をして羊を何とか冬も広場に残したいという意見が出た。その中で，雄太さんは，次のように話をした。

> ぼくにとって，羊さんは，友達です。だから，一番大切なのは，そもそも羊さんは冬が好きかどうかという，羊さんの幸せを考えることじゃないかな。（雄太）

この意見を受けて，前回の毛刈り同様，羊のことをもっと調べよう，専門家の藤原さんに聞いてみようという結論になった。結果的に，羊を冬の広場にも残すことになったが，冬の広場でのわくわ～くについて考えるにあたって，子供は，自分と羊の双方向からわくわ～くを捉え，それに基づく問題解決の判断を行った。羊が冬の広場に残ることになり，冬の広場でのわくわ～くについても，羊と自分の両方の面から考え，雪の中，自分も羊も楽しめる遊びをつくり出していった。

く会議を開き，羊がいなくなった現状とこれからをどう捉えていった方がよいのかについて話し合うことになった。羊がいないとわくわ～くできないという友達に対して，雄太さんは以下のような意見を書いている。

> ぼくは，最初，羊さんがいないとわくわ～くできないと思いました。だって，羊さんや遊び場がなくなったりするのはさみしいからです。でも，みんなの話を聞いて，ぼくは，羊さんのことを思うことがわくわ～くだと分かりました。だから，今は，羊さんを思うことで，羊さんがそばにいなくてもわくわ～くできると思うようになりました。（雄太）

一年をかけてわくわ～くの活動とその意味を考えてきたことで，子供たちそれぞれが自分なりのわくわ～くの意味付けができるようになった。「みんなでわくわ～く」の意味を更新する過程で，学校という環境でよりよく生きようとする自分の在り方を探究したのである。

「羊さんがいなくてもわくわ～くはできる？」

羊との別れが終わった後も，休み時間になると広場へ駆けていく子供たちの姿が見られた。中には，「羊さんがいないとわくわ～くできないかもしれない」と不安を口にする子もいた。そこで，わくわ～

Matome

◆自分と対象の立場から問いを導き出す　◎oTE

「わくわ～くが詰まった広場づくり」という理想を掲げ，目の前の栽培飼育活動の問題を解決しながら，自分にとってのわくわ～くとは何かを問い続けた1年間であった。1年生には難しい問いに思えたが，「みんなでわくわ～く」という言葉が，合言葉のようになり，つねに「自分はわくわ～くしているか」「羊はわくわ～くしているか」が活動における自分なりの判断基準になっていた。自分と羊のわくわ～くに関する問題を考え続けることで，その背後にある，「わくわ～くとは何か」といった本質を問い続けることになり，ぶれない判断基準を獲得すると共に，探究に向き合う姿勢についても身に付けることができた。

3月，羊のいない広場での今後の活動について「羊がいなくてもわくわ～くすることはできるか」と問うた際，雄太さんは次のように振り返りシートに記述している。

> 僕は，とことん話し合って，とことん調べる大手町小学校の探究が大好きです。羊がいなくても，羊がいないことを話し合ったり，どうしたらわくわ～くできるかを調べたり考えたりすることが，そもそもわくわ～くだと思いました。だから，僕は，羊がいなくてもわくわ～くすることはできると思います。
> （雄太）

「羊の幸せ」「広場をどうするか」を思考することは，理想の「わくわく」が詰まった広場づくりにおいては欠かせないことである。また，それらを考えていくことで，同じ広場，学校という環境の中での，自分と羊との関係性を捉え，つくり出す意味や価値，そして環境の中での自分の在り方に気付くことができるきっかけとなる。自分や羊の立場での「わくわ～くかどうか」という問いを立ち上げ，向き合うことで，両方の立場を尊重する判断を重ねるよさを実感し，双方向的な問題解決と本質を問い続ける姿勢を身に付けていくのである。

青空ひまわりレストラン

2年探究（環境と自分）

丸山 悦子／掛 健二

●本質に迫る問いが生まれる活動の構想●

　本活動は，校地内の畑で野菜を栽培し，自分たちの手で夢のレストランをつくり出す活動である。野菜を栽培して収穫するまでに，適切な世話をしたり，様々な問題を解決したりしていき，野菜に寄り添い，心を通わせていく。そして，「あったらいいな」と思い描いた夢のレストランという空間をつくり出し，そこで育てた野菜を味わったり，お客さんを招待して味わってもらったりする。このような活動を繰り返す中で，次のような探究が生まれる。

　1つは，「野菜を育てるために虫の命を奪ってもよいか」「野菜とのお別れはいつか」等，野菜の栽培をする過程で生まれる野菜と他の生き物，野菜と季節との関係を考え，自分の思いと目の前の状況との葛藤を超えるための探究が生まれる。2つは，「足下が悪い中，外に招待してもよいか」「料理に使う野菜を買ってもよいか」等，レストランにお客さんを招待する上で，自分とお客さん等の視点を変えることで，おもてなしに迫る探究が生まれる。3つは，「青空ひまわりレストランとはどんな場所か」「レストランからもらったものは何か」等，活動を通して具現化してきた夢のレストランの姿を問い直したり，意味付けたりすることで，自分とレストランとの関係を捉える探究が生まれる。

　これらの探究が連続・発展するように，一人一人の野菜やレストランとのかかわりを深めたり，旬の野菜を味わったりすると共に，レストランを開く過程で生まれる全体で考えた方がよい問いや，全体の合意により判断した方がよいこと等を，教師が意図的に取り上げて話し合うようにする。

●年間を通して発揮，育成する資質・能力【探究力】

探究課題			
・自分たちの手でつくり出す「青空ひまわりレストラン」の在り方や，レストランにかかわる自分たちの在り方			
知識・技能	問題を解決する力	本質に迫る力	自律性・内省的思考
●野菜を栽培するための知識・技能 ●旬の野菜を使った料理の方法 ●旬の野菜を料理したり，味わったりした経験 ●レストランで果たすべき役割とその知識・技能 ●レストランや野菜，お客さんへの思いや願い	●自他の思いを実現するために，野菜栽培やレストラン作りで協働する。 ●自分たちが料理を味わってきた経験や思い描くレストランの姿から，招待する人のためにできることを考える。 ●レストランで必要な役割を分担し，招待した人のために協力してレストランを開く。	●夢のレストランを実現するために，自分やお客さんの視点で考えたり，野菜やレストラン等の対象になりきって考えたりする。 ●自分たちの理想を問い直したり，活動から意味付けたりする。	●進んで野菜やレストランとかかわり，自分たちのレストランの理想の姿を見いだそうとする。 ●異なる意見の友達を受け止めたり，折り合いをつけたりしながら，よりよい判断をしようとする。 ●理想のレストランの姿を捉え直しながら，自分とレストランとのかかわりを見つめる。

6年生を招待するのは外？ 中？

　食べている時にも野菜や畑が見られる，料理しているところが見られる夢のレストランを目指してきた。畑の周りにつくり出してきた「青空ひまわりレストラン」のかまどでホイル焼きを焼き上げたり，電線ドラムにペンキを塗ったテーブルで旬の野菜を味わったりしてきた。そして，その美味しさを味わってもらいたいと，9月にはお世話になったJAの方や先生方をお客さんとして招待することをした。自分たちのつくり出してきたレストランに招待できたこと，お客さんに料理を喜んでもらえたことなど，子供にとって心に残る体験となった。

　10月下旬，縦割り班の6年生を「青空ひまわりレストラン」に招待することを計画していた。これまでの体験を振り返り，もっとよいレストランを目指して，レストランを華やかにする花をプランターに植えたり，ダンボールで作ったオリジナルの座布団を作ったりするなど，チームに分かれて準備を進めていた。そして，収穫できていたカボチャとサツマイモを使った料理も試作することができ，準備は整っていた。

　しかし，天気に恵まれる日がなかなかない。招待する日が近付くに連れて，「6年生を招待する日に雨が降っていたらどうするの？」と不安の声が上がってきた。これまでの活動であれば，雨が降れば延期と考えてきたが，子供が「青空ひまわりレストラン」で大切にしたいものを意識するよい機会であると判断し，延期するという選択肢をなくし，「招待する場所は外なのか？ 中なのか？」を判断する話合いを行うことにした。次のような意見が挙げられた。

<外に招待したい>
○本当の青空ひまわりレストランは外にある。
○自分たちのつくったレストランや畑を見てもらいたい。
○青空の下で食べてもらいたい。

<中に招待したい>
○雨でよごれてしまったレストランは見せたくない。
○料理が濡れてしまったら，美味しく味わってもらえない。
○お客さんがよごれてしまって，しつれいになる。

　外に招待したいと考えている子は，自分たちでつくり出してきた「青空ひまわりレストラン」の場所へお客さんを招待することを大切にしたいと思い，中に招待したいと考えている子は，お客さんに育てた野菜やそれらを使った料理を味わってもらうことを大切にしたいと思っていることが分かった。自分たちのつくり出してきた場所への思いかお客さんへ

の思いか。どちらかを選ばなければならないことで、一人一人が「青空ひまわりレストラン」で大切にしたいものは何なのかを意識し、判断することになった。多数決の結果、中に招待することに決まった。

　6年生を招待した日。カボチャとサツマイモの料理を味わってもらった後、教室の窓からレストランを紹介する子供の姿があった。話合いを行ったことで、お客さんを大切にするから中で開くことには納得しているが、どうにかして自分たちがつくり出してきた「青空ひまわりレストラン」を見せたいという思いが子供たちを突き動かしていた。

　陽花子さんは、その日を振り返って次のような作文を書いた。

> 　茶巾しぼりとカップケーキを6年生の班長さんに食べてもらったときに、みんなで作ったサツマイモとカボチャを美味しいと言ってもらえて嬉しかったです。料理担当が頑張って作った料理だけじゃなくて、2年生みんなで作ったサツマイモやカボチャを美味しいって言ってもらっているから、お客さんを担当して見ているだけで、私も嬉しくなりました。
> 　次に開くときは、外でやりたいです。6年生は中に招待して、百点満点じゃないと思ったからです。外で野菜のことを紹介したり、もっと近くで野菜やレストランを見てもらったりしたいからです。
> （陽花子）

　お客さんからの「美味しい」という言葉に大きな喜びを感じながらも、中での「青空ひまわりレストラン」には何か足りないという思いが表れていた。

収穫した野菜だけで料理するか？　野菜を買って料理するか？

　11月中旬には、保護者を「青空ひまわりレストラン」へ招待することを決めていた。待ちに待った活動である。陽花子さんだけでなく、ほとんどの子供たちが外にある自分たちがつくり出してきた「青空ひまわりレストラン」に招待したいという思いを強くもっていた。天気の良い日が続いていたことで、

場所の不安はなくなっていたが、新たな問題にぶつかることになった。収穫した野菜が少なく、少しの量しか料理が作れないことが分かり、お客さんにお腹いっぱいに満足してもらうことは難しいことが見えてきた。そこで、「収穫した野菜だけで料理するか？　野菜を買って料理するか？」を話し合った。これまでの話合いの中にも「野菜の中に自分たちの頑張りが詰まっている」という言葉が繰り返し交わされていたこともあり、陽花子さんはお客さんに満足してもらうことを第一に考えて、「他の野菜を買ったとしても、料理は自分たちがするから、その頑張りは料理に入っている」と、料理にも頑張りが詰まっているから、他の野菜も買って料理しても大丈夫だと考えた。その後の話合いでは、次のような意見が挙げられた。

＜収穫した野菜だけで料理する＞
○少しだけでも自分たちの頑張りがしっかりと入っているから、頑張って作った野菜を食べてもらいたい。
○他の野菜とまぜちゃうと意味がなくなってしまう。
○買う野菜の方が多くなってしまうと、自分たちの思いが少なくなってしまう。

＜買ってきた野菜も使って料理する＞
○料理は作るから、それまでの頑張りは伝えられるはず。
○出せる料理が少ないとお客さんがさみしいと思うし、いろいろな料理を出してお腹いっぱいになってもらいたい。

　自分たちが頑張ってきたことを「野菜で伝えたい」という思い、「お客さんにたくさん食べて喜んでもらいたい」という思い、どちらの意見も大切にしたいという子供の思いや願いがあった。そのために、どちらを選ぶか判断するには、「そもそも自分たちがつくり出してきた青空ひまわりレストランとはどんなレストランなのか」「自分たちはどんなレストランを目指してきたのか」と理想を問い直すことが必要であった。

　ある子が「青空ひまわりレストランは頑張りを伝えるレストランだから…その頑張りはできるだけ大きい方がいい。迷っているけれど、畑の野菜だけで料理する方がいい」と発言した。この発言は、理想とするレストランの姿を考えた上で、目の前の問題を解決しようとすることで、自分が大切にしたいものとは何かを判断しようとした姿であった。その後、同じように理想とするレストランの姿を話し始めた。

<＜理想とするレストラン＞
○野菜の美味しさを伝えるレストラン
○野菜のことをたくさん知ってもらうレストラン
○美味しい料理を味わってもらうレストラン
○野菜を美味しく食べてもらうレストラン
○みんなが嬉しくなるレストラン
○気持ちを伝えるレストラン

これらの発言を基に，ただ単に他の野菜を買うか買わないかを判断するのではなく，どんなレストランが理想のレストランなのかを考えて，最終判断をするように促した。多数決の結果は，足りない分の野菜を買って料理することになった。子供は，理想のレストランの姿を問い直すことで，自分たちの頑張りを野菜で伝えることも大切だが，お客さんに満足してもらうことの方が大切だと判断したのである。そこには，対立する思いや同時に達成できない理想があり，悩みながら，よりよい判断をしようとする子供の姿があった。

陽花子さんは，話合いの終わった後にも，教師の所へ来て「もし，他の野菜を入れた料理にしたら，それは青空ひまわりレストランにならない。何とかできる方法があると思う」と訴えてきた。しかし，保護者を招待した「青空ひまわりレストラン」の後，次のような作文を書いた。

> 私は頑張ったことは野菜の説明です。難しかったけど，自分たちの野菜を知ってもらうために頑張って説明しました。
> ・・・（中略）
> 嬉しいこともありました。それは，食べてもらった時です。食べてもらった時に，「甘い」とか「美味しい」とか言って，お客さんが笑顔になっていたから嬉しかったです。みんなが笑顔な青空ひまわりレストランが開けて良かったです。
>
> （陽花子）

自分たちの野菜を知ってもらうだけでなく，お客さんに喜んでもらったことへの喜びが綴られていたのである。陽花子さんにとっての「青空ひまわりレストラン」の意味や理想が変わっていった瞬間であった。

Matome

◆目の前の問題解決をする過程で，その前提となる思いや願いを問い直す　　　○◦TE

「青空ひまわりレストラン」は，畑や野菜を見てもらいながら，自分たちの育てた野菜を味わいたい，味わってもらいたいという思いから活動を始めた。思いを実現するために，自分たちの手でかまどやテーブル，看板等のたくさんのものを創造的，協働的につくり出した。そんな場所に大切な人を招待する中で，目の前の問題解決をしていく。その度に，子供は「自分たちはどんなレストランを目指していたのか」と問い直した。

1月，記録的な豪雪に見舞われ，畑もレストランも雪の下に隠れてしまった。そんな中，レストランとの別れが近付き，さみしさを感じている子供に「レストランからもらったもの」というテーマで活動を振り返った。陽花子さんは次のように作文に書いた。

> お客さんを招待した時の笑顔です。青空ひまわりレストランでの笑顔は，いろいろあります。たとえば，招待されて嬉しかった時や料理を食べられて嬉しかった時，食べて美味しかった時の笑顔などいろいろな笑顔がありました。それは，青空ひまわりレストランや美味しい料理が生み出してくれた笑顔です。お客さんが笑顔でいてくれると，私たちひまわり学年みんなが笑顔になれます。
>
> （陽花子）

野菜やレストラン等の目の前の創造的な対象に寄り添い，思いや願いの実現を目指す過程で，他者との協働や合意形成を図ることで，自分と対象とのつながりを捉え直していくのである。

見つける！ 伝える！ 本町商店街

◉３年探究（社会と自分）

炭谷 倫子／牛腸 敏久

●本質に迫る問いが生まれる活動の構想●

　本活動は，校区内にある本町商店街を対象とし，本町商店街と自分とのかかわりを見つめる活動である。子供は，商店街のよさを見つめたり，新たに捉え直したりしながら，自分の思いを伝えていく。２学期は，本町商店街のオリジナルエコバッグのデザインの依頼を受けた子供たち。子供がお店の人とのかかわりの中から見付けた本町商店街に関する新たな知識や情報をもとに，本町バッグのデザインを考える過程で，次のような探究が生まれる。

　１つは，「自分たちが本当に伝えたいことは何であるのか」を考えるような，自分自身の学びを振り返る問いが生まれる。本町バッグは，商店街の宣伝にも活用されることから，今まで自分たちなりに発見してきた本町商店街のよさを改めて見つめ直し，発信しようとする探究が生まれる。

　２つは，「本町バッグのデザインを何にするか」を考えていく過程で，自分なりの本町商店街で見付けたよさに加えて，「本町商店街の名物は何か」といった本町商店街の人が大切にしたいものを吟味する問いが生まれる。本町商店街の人の気持ちも考えながら，バッグのデザインを繰り返し検討することを通して，本町商店街に対する自分たちの思いやお店の方々の思いを実現させようとする探究が生まれる。

　「本町バッグのデザイン」を検討していく過程で，新たに見えてきたことや，学年全体で考えた方がよいことを教師が意図的に取り上げて，焦点化しながら話し合う。

●年間を通して発揮，育成する資質・能力【探究力】

探究課題			
・本町商店街の魅力や，その魅力を発見・発信しようとする自分の在り方			
知識・技能	問題を解決する力	本質に迫る力	自律性・内省的思考
・本町商店街に関する知識や情報 ・本町商店街を守り続けている人々の思いや願い ・インタビューで聞き取った情報	・相手に伝えたいことを考えながら，プロジェクトや活動を作る。 ・今までの活動や集めた情報を整理・分析し，伝えたいことを選定する。 ・一番伝えたいことを明らかにして分かりやすく表現する。 ・伝えたい内容が伝わるように，友達と工夫してよりよい表現方法を生み出す。	・自分たちの地域にある本町商店街を改め見つめ直し，理想とする本町バックとは何か，自分なりの考えを創る。 ・本町商店街と関わる自分の姿に疑問を持ち，友達と自分の考えを比較しながら，自分の思いや考えを話す。 ・自分にとっての本町商店街とはどういうものなのかについて再考する。	・様々な活動の成功に向けて，さらによりよいものにしたいと進んで取材をしたり，商店街の人と関わったりしようとする。 ・学年で決めた目標達成に向けて，友達と協力して活動する。 ・これからの自分の姿に思いをめぐらせる。

▌本町バッグに何をデザインする？

本町商店街の応援隊として，1学期から繰り返し本町商店街めぐりを楽しみ，自分たちにできることを考え活動を展開してきた。お店の人のためになることをしたいという意欲が2学期はさらに高まった。

10月下旬，子供たちは，本町商店街の方から「本町商店街の宣伝になるようなエコバッグのデザインを考えてほしい」と依頼を受けた。1学期に制作したお気に入りの商品のポップ作りの時とは違い，自分たちの判断だけでは作れないことから，お店の人の思いを取材した。まず集めてきた情報と自分のこだわり，思いをデザインした。子供たちのデザインをカテゴリー分けすると以下の6つに分けることができた。

○絵看板　○本町ぽん太，町子（商店街キャラクター）
○商品　○文字　○オリジナルキャラクター
○その他（お店の方のリクエスト）

個々のデザインをみんなで見合い，どんなものをデザインに入れるか話し合うことにした。

その中で最初に，本町商店街のシンボルの一つでもある百年看板に焦点をあてた。本町商店街は，創業100年以上の老舗が30店以上も軒を連ねる歴史ある商店街である。江戸時代に多くの商店で掲げられていた絵看板を復活させ，商店街の活性化を目指す

取組が2年前から始まった。このことを知っている多くの子供たちは，「本町バッグのデザインに百年看板を入れるべき」と考えた。また，「本町のよさを絵看板で伝えたいから」と絵看板に関する意見が多くの子供たちから出された。しかし，このような発言が続く中，ひかりさんは，「百年看板だけを入れたら，そのお店はいいけれど，他のお店の人がつまらなくなってしまう」と発言した。実は，ひかりさんは，デザインを考える時から「絵看板だけデザインするのはどうなのか」と疑問を持ちながら，自分のデザインの構図を考えていたのだ。

思いがけないひかりさんの言葉で，教室の雰囲気が変わった。「百年看板のお店だけが本町商店街のよさなのか」という本質に迫る問いが生まれた瞬間である。教師は，ひかりさんの思いを知っていたので，この発言をあらかじめ想定していた。構造化して板書し，ひかりさんの発言に焦点を当てて議論を進めた。すると「たとえ百年看板のないお店の人も，そのデザインを見れば，自分のお店も100年続くよ

うに頑張ろうという気持ちになる」という意見が次々と出された。百年看板を出していないお店のことも考えた上で判断しようとする子供の姿が見られた。

> 今日のスマイル会ぎで，わたしは百年看板を入れた方がいいと思ったけど，他の物も入れた方がいいと思いました。百年たっていないお店の商品を入れたいです。
> （小百合）

ひかりさんの発言を受けて，百年看板だけをデザインしていた小百合さんは，自分の姿を見つめ直した。自分がポップをおいたお気に入りのお店は，百年たっていないことに気付き，本町商店街全体のことを考えた記述に変化した。

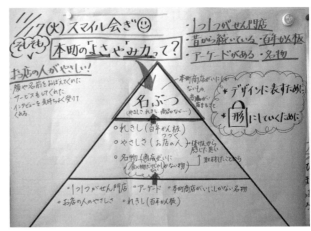

どのような思いでデザインする？

ひかりさんや他の子供たちの意見を黙って聞いていたつとむさんは，「自分たち3年生と本町商店街がつながることに意味がある。つながらないのなら，いくら百年看板をかいても意味がない」と発言した。つとむさんは，ひかりさんや他の友達の意見を聴きながら，そもそも，何をデザインに入れるかではなく，どのような思いでそのデザインを提案するかが大切だと考えた。このつとむさんの発言に込められている「つながる」という言葉は，1学期に取り組んだポップ作りからきている。お店の人から「ポップのおかげで，お客さんと会話が弾んだよ」と言われた言葉だったのだ。

その後，他のカテゴリーについても同じように検討を繰り返した。検討を重ねていくうちに，以前，つとむさんが発言した「つながる」という意味が，他の子供たちにも理解できるようになっていった。この様子が，小百合さんのシートからもうかがえる。

> つとむさんが言っていたことが，何となくわかってきたような気がする。自分たちが考える本町バッグがポップの時と同じようにお店の人とお客さんのコミュニケーションになってくれたらうれしいです。
> （小百合）

その後，ピラミッドチャートを用い，自分たちが伝えたい本町商店街の魅力を整理していった。それをもとに，描くべきデザインの重要度の検討を進めていった。

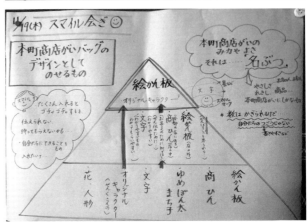

検討を重ね，自分たちが考えたデザインと，本町バッグに込めた自分たちの思いを本町商店街の方に伝えた。商店街の方も，3年生の子供たちが考えた思いをしっかり受け止めてくださった。その後，商店街の方々でもデザインを検討していただき，最終的に，本町バッグには百年看板と3年生考案オリジナルマークが描かれることに決定した。

●自分たちの思いが形になる！

本町バッグのデザイン画が出来上がり，子供たちの手元に届いた。そのデザインを見た子供たちは，歓声を上げ喜んだ。「何度も何度もスマイル会議をして話し合いをしたから，こんなすてきなバッグになった」「スマイル会議は，本当に大変だった。考えるのが難しかった。でも，今は，みんなで考えることが楽しい」「このバッグを持って，早く本町商店街へお買い物に行きたい」とますます意欲を高めた子供たちである。

・わたしは，宮越さんからバッグをもらって，とてもうれしくなりました。デザインを考え始めた時は，3年生全員がなっとくできるバッグなんて作れるのかなと不安だったけど，完成して作ってよかったなと思いました。本町に買い物に行ったり，調べたりするときに使いたいです。このバッグを持ったお客さんにもいろいろな場所で使ってほしいです。

（小百合）

小百合さんのシートからも，みんなで何回も話し合いとことん考え抜いたからこそ達成できたという満足感がうかがえる。みんなで一つのことに向かう協働性が高まった。

Matome

◆ 「本町バッグ」のデザインを考えながら，対象とのかかわりを見つめ直す　○●TE

　本町商店街の応援隊という意識の子供たちは，「本町バッグ」のデザインを考える過程を通して，「自分にとって本町商店街はどんな存在なのか」「商店街のよさ，魅力とは何か」を再び見つめ直し，考えてきた。学期を追うごとに，自分たちの思いだけでなく，お店の人，本町バッグを持つお客さんに視点を広げ検討を重ねた。

　2月に自分たちの思いが形になった本町バッグを手にした子供たちは，より一層本町商店街への思いを高めた。そして，最後の発信活動の場となる探究発表会は，学校ではなく本町商店街で行いたいと願った。当日は，商店街を舞台に，本町バッグを使って百年看板巡りを行い，商店街の名品を使って参加者の方々におもてなしを行った。また，百年看板のないお店に看板を作ったり，新たな商品を提案したりした。

　その後，最後の探究の時間に，「探究が終わっても商店街とつながり続けられるのか」という問いを投げかけた。「つながる」という言葉は，本町商店街の探究をする上で欠かせない言葉となっていたからである。

　わたしは，探究が終わっても本町とつながり続けます。本町が大好きだからです。今の絵かん板を見て意味を思い出すともっと楽しくなると思います。また，新しい絵かん板も見たいです。行く回数が少なくなっても本町とはつながり続けたいです。
（小百合）

　「本町商店街とつながる」という意味を，行動と心情の両面から見つめ直し，これからの本町と自分の姿を見つめるものとなったのである。

わたしたちのデザイン青田川

4年探究（社会と自分）

山田 亜矢子／金子 恵太

●本質に迫る問いが生まれる活動の構想●

　本活動は，地域を流れる「自然の川：青田川」の現在の姿を大切にしつつ「川の意匠＝デザイン」をすることで川との豊かな共存や青田川の魅力の発信を創造していく活動である。いつも通学路や校舎の窓から眺めていた「青田川」で活動を始めるとき，子供たちは「青田川のことを何も知らない」という事実に気付く。青田川のはじまりの場所，その歴史，生き物の種類，深さ・速さ・水量などの情報。子供たちは「青田川のことを知らなければ，そのよさに気付くことはできない」と考える。そこから，青田川の探究が始まる。

　まず散策したり，遊んだりすることから青田川に触れていく。川に入ることに躊躇していた子供たちが，徐々に川との距離を縮め，川魚を捕まえようと網を入れ，自らも川へと入っていく。その中で「生き物の捕獲や飼育は，青田川を知るために必要か」という問いを生む。自然環境の中で育まれた生き物の命が自分たちの探究活動の中でどんな意味をもつか思考が揺れ動き，納得する最良の選択を探究する。また，一人一人デザインした「傘」を青田川に飾り，地域の方から好評を得たことで，川の意匠に興味をもつ。同時に「青田川の歴史」を学び，昔からその姿を造り変えてきた経過から，人間の手で川をよい姿に変えることを肯定的に捉え，自分たちなりの意匠の探究が生まれる。さらに，大切にしたい青田川の役割や価値を観点に「未来の青田川」を創造する。個の探究活動によって自分と青田川とのかかわりから得られた知識や感覚で再構成する。

　全体で意思を交流・確認しながら方向性を探り，その都度自分自身はどう考えるか，個の立場や気持ちを確かにしていくことを大切にする。

●年間を通して発揮，育成する資質・能力【探究力】

探究課題			
・川の効果的で新たな意匠や，青田川で憩い，青田川で生きる人としての在り方			
知識・技能	問題を解決する力	本質に迫る力	自律性・内省的思考
●青田川での遊び・観察から得た知識 ●5，6年生や川の専門家から教わった川に関する知識・技能 ●青田川の環境・特徴などの知識 ●川の生き物の捕まえ方・飼い方 ●意匠したり多くの人に伝えたりするための方法	●青田川をよく知るために必要な情報や体験とは何か考える。 ●生き物を捕まえたり飼育したりする上での問題解決に必要な情報を収集する。 ●体験や収集した情報から活動の方向性を再構成する。	●関川水系の中にある青田川の役割と歴史，人とのかかわりにおける変遷を学び，自分たちの活動との比較から課題を見付ける。 ●川に生息する生き物，周辺に暮らす人々，青田川を守る会の会員等，それぞれの立場から捉えるこれからの青田川の在り方を考える。	●青田川に進んでかかわろうとし，活動を創造したり，これからの姿を考えたりする。 ●友達の意見と自分の意見とを比較し，自分の考えを捉え直す。 ●未来の青田川の姿を創造しながら，自分や地域，青田川のとのかかわりを見つめる。

▎青田川の生き物を捕まえたり，飼育したりすることは青田川を知ることに必要か？

　川に入ることに臆病だった子供たちが，アクアシューズを履き，自分から飛び込むほど川遊びを楽しむようになった。浮いたり泳いだりする一方，多くの子供たちが，網やしかけを活用して「川にすむ生き物」を捕まえる活動を楽しんだ。最初は思うように生き物が捕まらなかったが，網を入れる場所，しかけの工夫など，自主的に調査した子供たちが，メダカやヨシノボリ，ヤゴ，カニやザリガニなどを徐々に捕まえるようになった。捕まえた生き物は学校に持ち帰り，教室での飼育を始めた。子供たちは，自分たちの「仲間」として生き物を迎え，温度管理をしたり，えさを調べて与えたりしながら大事に飼育していた。

　しかしながら，ヤゴが2匹羽化し，トンボとなって教室から旅立った以外は，どの生き物も，相次いで死なせてしまった。

　折しも，同時期に川の達人：坂田さんからは，「生き物を飼うなら，飼育する場所を川と同じ環境にすることが大切」と教わっていた。そのため子供たちは，川の生き物の飼い方を本を調べたり，上級生に教わったりしながら最良の飼育方法を模索しながら飼い始めたところだった。そんな時直面した「生き物の死」。子供たちは，少なからずショックを受けた。「これからも生き物を捕まえて，飼うのか」を問うと，ほぼ全員が首を横に振っていた。子供たちなりに，生き物の立場になり，最良の飼い方と信じて飼っていただけに，生き物を飼うことについて消極的になってしまった。

> 　3匹の生き物を死なせてしまったことについて原因はみんなが世話をしなかったからだと思います。「死」と言うことを考えると，わたしたちの責任は重大です。
> 　わたしは，生き物をもう捕まえたくはないです。これ以上，生き物を死なせたくないからです。もう3匹の命をうばってしまったので，捕まえて飼いたくはないです。
> 　青田川の今後の活動については，最初からまた考えた方がいいと思います。みんなでこれからのことを話し合って，飼うか飼わないかを決めた方がいいと思います。
> （かおり）

　生き物の命を決して軽く考えていたわけではないが，「死」という現実を目にし，子供たちは，川の達人や上級生の話と自分たちの世話の仕方をそれぞれに振り返りながら，足りなかった部分，できなかったことを後悔しながら語っていた。

> 生き物の気持ちは…
> ○せまい，逃げ出したい。
> ○植物や石の隙間がないから，隠れる場所がないよ。
> ○暮らしにくいよ。
> ○自分でえさをとれないよ。
> ○川に戻れないのかな。
> ○今から川に戻ってもきっと一人ぼっちだ。

少し考える期間を設けた後，全体で話し合った。「青田川で生き物を捕まえる！ その目的はなんだろう？」という問いに対し，子供たちは以下のように答えた。

<目的>
○青田川を知るためには，どんな生き物がいるか調べることが必要だから。
○魚をよく観察して，よく知るため。
→魚の生活から青田川を知ることができる。
→魚の特徴を見つけるため。
○魚を調べることが，青田川を調べることにもつながる。

しかし，「青田川で生き物を捕まえるか否か」という問いを投げかけると，意見は2つに分かれた。

<捕まえたい！>
○川の魚のことを知らないから，詳しくなりたい。
○青田川にしかいない生き物や魚がいるかもしれない。それは，青田川の特徴を知ることになる。
○青田川の草や石を使って環境を整えて，坂田さんの言うような環境で飼う。
○本などで間接的に調べるだけでなく，実物を飼うことで，川のことに詳しくなれるはず。

<捕まえたくない！>
○青田川と同じ環境をつくるのは，とてもむずかしい。
○生まれ育った川で暮らすことが，川にとって幸せ。
○青田川は，そもそも生き物が少ないのだから，捕まえて減らしてしまうことはよくない。
○捕まえないことが，魚にとってうれしいことだから。
○捕まえて，また死なせてしまうことになったら…もう死なせたくない。

ほぼ半数ずつ2つに分かれた意見は，平行線のまま，どちらかに決めることが困難であった。そのときに次のような意見が出た。

　生き物を「つかまえる」「つかまえない」ではなく，もっと別の方法で川のことを知ることができないのだろうか。

その意見から子供たちは「少し生き物から，視点を変えよう」という方向へ転換していった。結論を出せずにいた子供たちにとって，この発言は実は救いの一言だったとも言える。その後，子供たちは複数のグループに分かれ，青田川を知ろうと調査活動をすることになった。そのときのことをかおりさんは以下のように振り返った。

　生き物をすぐ捕まえるのではなく，調べる活動をすることにして良かったなと思いました。この後わたしは，生き物について十分に知った上で，生き物を捕まえ観察したり，写真を撮ったりして特徴を調べたいです。捕まえても飼わずに，調べたら，川に返すのがいいと思います。

子供は，生き物以外にも青田川のよさや魅力を捉えるようになった。そして，それを発信していきたいという意見に傾聴するようになった。

ライトアップイベントは，成功したか？

青田川の河川敷に自分たちがデザインした傘を置くという試みは，当初あくまでも自分たちが楽しむ目的だった。友達の傘と組み合わせたり，階段上に多数並べたりしてその様子を写真に撮り，カラフルに青田川をデザインして満足感を得ていた。そこへ，地域の方が通りかかりその様子をご覧になって「とても素敵！こんな青田川の楽しみ方もあるんだね！」と感嘆の声をあげられた。またある人は「ずっと飾って，もっとたくさんの人に見せてもいいのに…勿体ない」とおっしゃった。それらの声を子供たちに返し，話し合った。「青田川の魅力を自分たちなりの方法で伝えたい」「何かイベントを開催して，たくさんの人を集めれば，青田川のよさを伝えられるかも」という声があがり，イベントを企画することとなった。

天候不良等で延期に次ぐ延期の末，奇跡的な暖かさの11月10日の日没後。予想以上の人が青田川に集まり，秋の夜長の『青田川キラキラ☆ライトアップ

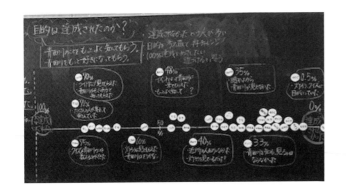

『大作戦』は，大盛況に終わった。

　翌日，イベントの大成功を確信しているように見えた子供たちが「ライトアップイベントは，成功したのか？」の問いに意外な声をぶつけてきた。

＜ライトアップイベントは成功したのか？＞
○ライトアップそのものは，楽しんでもらえたと思う。でも，青田川がどれだけ注目されたか分からない。
○「青田川の魅力」ではなく，「ライトアップの魅力」に注目が集まった気がする。
○ライトアップのイベントに人が来た。明日からも「青田川」に人が来てくれるか心配。

　教師側の想定では，大成功！ やってよかった！という結論にたどり着くと踏んでいたのだが，違っていた。そして，あれだけイベントを行って，川の

魅力を伝えたい，…とイベント開催に全てを賭けているように思えていた子供たちが，「あの日はきっかけ」「これから人が集まっていくかが大事」という捉えをしていることに驚いた。

　話し合いを進めていくと，イベントそのものは大成功であったと言えるという共通認識ができた。しかし，ライトアップイベントを行うことで，目標を100％達成できたかどうか考えると，一人一人が100％達成できなかった理由を口にし始めた。

＜ライトアップイベントの目標は達成できたか？＞
○たくさんの人に見てもらえた。でも来てくれた人は，青田川を好きになってくれたか分からない
○どれだけの人が「青田川が好き」という気持ちになれたのだろう
○「青田川ってこんなにいいところなんだ」って感じてくれたのか，聞いてみたい

　青田川の魅力を多くの人に伝えたい，青田川のよさを実感してほしいと，ライトアップイベントを企画した子供たちは，目標達成を目指していた。「イベントの成功＝目標達成」と安易に価値付けることをしなかった子供たちは，この後『冬の青田川写真展』を行うことで，目標達成をリベンジしたいと語った。

Matome

◆ 「意匠」を繰り返すことで青田川の魅力を再構築する　　○oTE

　青田川を知ることからスタートし，青田川に繰り返しかかわる中で子供は「青田川をデザインする」という活動に自然に出会い，自分たちなりの方法で川をデザインすることに没頭していった。

　3学期に『冬の青田川写真展』のイベントを企画開催した。雪に閉ざされ，他の季節と違って青田川に人が集まっていない様相から，「冬の青田川も魅力的」「様々な姿の青田川のよさを伝えたい」という目的である。イベントでは，コロナ渦で，今年度交流の機会がなかった「青田川を愛する会」の方々とも展示した写真をもとに交流会を実施することができた。かおりさんは，そのときのことを次のように作文シートに記述した。

> 　写真展も交流会も大成功だと思います。写真をもとに伝えたいことを話したり，知りたいことを質問したりして話が止まらなくなりました。青田川の未来についても話しました。わたしの考えた未来の青田川プランについて「それもそうだね」と納得してくれてうれしかったです。お互いに大好きな青田川のことだから，もっともっと話していたいくらいでした。　　　　　　　　　　　　　　　　（かおり）

　「デザイン」と一言で表しても，様々な切り口があった。ただ，川に飾りを設けて「きれい」「楽しい」から始まった「川の意匠」は，回数を重ねる度に目的や捉えが徐々に深化し，子供たちにとって「青田川の存在」が，より意味を成すものとして変容していった。単に近くを流れる川から，活動から離れてもいつも気になり，癒やしや心の安らぎを与える存在の対象になり得たのである。

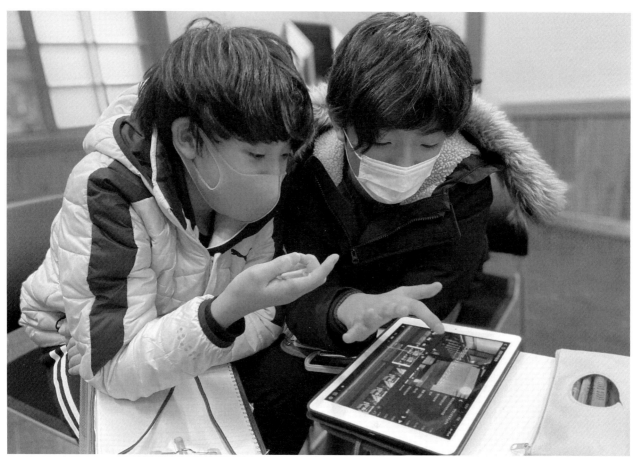

歴史探訪 高田のまち かがやき フォーカス

● 6年探究（社会と自分）

山口 愛／荻島 潤基

●本質に迫る問いが生まれる活動の構想●

　本活動は，高田の歴史的魅力を伝えるPR動画制作を通して，高田の歴史的魅力やその価値を探究する活動である。子供は動画制作の過程で，高田の歴史的建造物を訪れ，歴史ある街並みを後世に残そうとする人々の取組や思いを知る。このようなPR動画を制作していく過程で，次のような探究が生まれる。

　1つは，「何のために，誰に，何を伝えたいのか」等，自分たちの目指すPR動画の目的・対象・内容を問い直しながら，明らかにしていくことで，伝えたい高田の歴史的魅力を自分なりに見いだしたり，実感したりしながら，地域の魅力を見つめ直す探究が生まれる。2つは，「今も残る高田の歴史的魅力の価値とは」等，歴史的建造物が今でも大切に保存されたり，再活用されたりする理由や背景を探ることで，文化財の存在する意味や価値に迫る探究が生まれる。3つは，「高田の歴史的魅力の価値を高めることができたのか」等，自分たちのPR動画制作の意義や効果，課題を話し合う中で，自身のまちに対する意識の変容を見つめ直し，このまちに生きる一人の人間としての在り方の探究が生まれる。

　これらの探究が自分事として捉えられ，自ら問題を見いだしていけるように，高田城や雁木町家と関連のある方々との出会いを大切にする。制作した動画の助言をいただいたり，生じている現代社会の問題を交流する場を設定したりする。また，PR動画を制作する過程や制作後に生まれる問いについても，教師が意図的に取り上げて話し合うようにする。

●年間を通して発揮，育成する資質・能力【探究力】

探究課題			
・高田の歴史的建造物や歴史的街並みが存在する意味や価値や，このまちに生きる自分の在り方			
知識・技能	問題を解決する力	本質に迫る力	自律性・内省的思考
●上越高田の歴史的建造物に関する知識や歴史的背景 ●高田城や雁木町家の魅力を伝えるPR動画の撮影技術・撮影方法 ●目的に合わせて発信するための表現方法 ●上越高田の歴史を受け継ぎ，残そうとする人々の思いや願い	●高田の歴史的建造物を訪れ，魅力に気付いたり，課題を共有したりする。 ●新型コロナウイルス禍の状況におけるPRの在り方を考える。 ●相手意識に立ち，自分たちの伝えたい魅力や情報を収集し，効果的な表現方法を考える。 ●効果的な構成や効果，必要な役割を創出し，高田の歴史的魅力が伝わるPR動画を制作する。	●歴史的建造物が，今もなお残される理由について考える。 ●歴史的背景や残そうとする人の思いに触れることで，歴史的建造物がもつ文化的な価値について自分なりの考えをもつ。 ●自分たちのまちにある文化遺産の意味や価値を捉え，このまちに生きる一人の人間としての在り方を考える。	●仲間とともに，伝えたいPR動画制作の目的や対象，内容を共有し，完成に向けて取り組もうとする。 ●PR動画を制作する過程で，異なる意見の友達を受け止めたり，折り合いをつけたりしながら，問題を乗り越えようとする。 ●高田の文化遺産を捉え直しながら，自分とまちとのかかわりを見つめる。

■ 新型コロナウイルス禍におけるPRをどうするか？

「高田には，私たちの知らない歴史がいっぱいある」「歴史を探究したい」「高田の歴史をPRして，多くの観光客に来てほしい」4月の最初の探究の授業で，多くの子供たちが語った。それから，高田城三重櫓や旧師団長官舎，高田小町，旧今井染物屋等，高田の歴史にかかわる場所を訪れた。様々な歴史的建造物を訪問し，そこでの学びを共有する度に，子供たちは歴史的魅力を発見し，PRしたいという思いが高まっていった。

そこで6月。PRの方法について話し合った。「県外の人に来てほしい」「海外の人にも知ってほしいな」「以前は，イベントを開いたりしたよね。ツアー

とか，楽しいイベントがしたい。でも…」コロナ禍の状況で，子供たちは頭を抱え，しばらく沈黙が流れた。「3密を避ける必要がある」「人は呼べない」「でも，こんな状況だからこそ，明るい発信がしたい」と発言する子がいた。そこで，「イベントで人を集めなくても，多くの人に高田の魅力を知ってもらうPRとは？」という課題が立ち上がった。「インターネットなら人を呼ばなくても伝えられるよ。リモートとか，ユーチューブとか動画配信ならできるんじゃない？」ある子の発言をきっかけに，他の子も賛同していった。一方で，「動画って簡単に作れるのだろうか」「やったことないから，難しそう…」不安な様子を見せる子もいた。そこで，動画制作会社「バーツプロダクション」の本多さんを講師として招き，教わることになった（写真参照）。

実際にIPadを用いながら，簡単な操作で動画を制作する本多さんの様子を見て，簡単に作れることを目の当たりした子供たち。「これなら，私たちでもできそう」「高田の歴史PR動画を作って，多くの人に見てもらいたい」動画制作の極意である「目的」「対象」「内容」を明確にする大切さを学び，高田の歴史的魅力が伝わるPR動画を制作することが決まった。

■ 高田城にはお金で買えない価値がある？

6月下旬，高田城址公園PR動画を制作することが決まった。動画制作にあたり，「そこに魅力があるから行きたくなる。だから，PR動画を作る上で，伝えたい魅力が伝わるかどうかが大切だと思う」という子の発言をきっかけに，学年全体で目指すPR動画の理想を明確にしていった。動画内容を決めていく上で，以下4つのテーマ（14チーム）に分かれての動画制作が始まった。

> ・建てた背景　　　・敵から城を守る工夫
> ・桜の歴史　　　　・四季の魅力

子供は，どの風景場面を撮影するか，アングルはどうするかなどを話し合い，映像を撮り直していた。編集作業では，「映像と文字だけでは，分かりにくいから，音声で説明を加えてみよう」など，視聴する側に立ち，より効果的なPR動画にするために編集を繰り返した。自分たちが伝えたい魅力が本当に伝わるのか，当初の目的に立ち戻りながら，仲間と共に制作する姿があった。

5月に高田城三重櫓を見学した際，上越市歴史博物館副館長の花岡さんに「高田城の魅力ってなんですか？」と質問した子がいた。すると，花岡さんは「高田城には，お金で買えない価値があるんだよ」と答えてくれた。その発言を想起し，高田城PR動画制作後の話し合いでは，子供たちに「花岡さんが話した，高田城にはお金で買えない価値があるってどういうことだろう」と問うた。すると，次のような発言が見られた。

> ○ 建てた人の努力だと思う。
> ○ かかわった人の歴史そのものが価値だと思う。
> ○ 地域の人の愛情じゃないかな。
> ○ 地域の人の宝そのものだと思う。
> ○ 二度と同じものは作れないということだよ。

高田城の三重櫓は，過去に3度も再建され，今も残る指定文化財である。これらの発言後，再建を繰り返し，今も残す理由について話し合った。

「高田城は，地域の宝物であるし，高田のシンボルでもある」「地域の人の思いであり，次の世代に残したいからだと思う」子供たちからは，高田城の表面上には見えない地域の方々の思いや築城にかかわった人の努力や歴史そのものにこそ，価値があると捉える様子が見られた。

話し合い後の美鈴さんは次のような振り返りをした。

> 私が考える高田城の「お金では買えない価値」は，地域の人たちの後世に残したいという思いだと思います。高田城は3度も再建しています。3度壊れたけれど，再建しているということは，それだけ地域の人の思いが強かったからという証拠になると思います。だからこそ今もあるし，それほど思いが強くなければ，今はもう残っていないと思います。だからこそ，たくさんの人にPRしていきたいです。
> （美鈴）

動画制作前は，敵から城を守る工夫を高田城の魅力と捉えていた美鈴さんであったが，制作後は，地域の人の思いの強さにこそ価値があると述べている。花岡さんの言葉をきっかけに，高田城の歴史的価値を捉え直した姿と言える。また，地域の人たちの思いが強く残るからこそ価値があると考える様子から，自分たちのPRする意義を見つめ直す姿が感じ取れる。

■ PR動画制作を終えた今，あなたが考える高田の雁木町家とは？

1学期の最後の授業で，「他にもお金で買えない価値ある所に行って調べたい」と話した子供たち。2学期では，調べていく中で，以下7か所の雁木町家を訪問することになった。

> ・旧今井染物屋　　　・旧金津憲太郎桶店
> ・高田小町　　　　　・きものの小川
> ・ごぜミュージアム　・株式会社アクセル
> ・兎に角

昔の生活の様子がそのまま保存されている町家，

吹き抜けや柱は残しつつも，市の総合案内やカフェ，運送会社等全く異なる施設として再活用されている町家等，子供たちは，今も大切に管理されていることを知った。

そして，雁木町家のPR動画制作がスタートした。実際に，町家をリノベーションした方々へのインタビューを取り入れるなど，構成面でも工夫する様子が見られるようになった。一度完成した動画をお世話になった地域の方に視聴いただき，助言をもとに修正を繰り返しながら完成させていった。

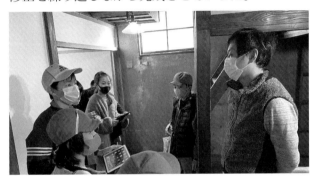

PR動画制作後に子供たちと「高田の雁木町家とは？」を話し合った。すると，子供たちにとっての雁木町家の魅力とは，古い町家そのものではなく，それを活用したり残そうとしている人の心や思いだと述べる子が多かった。

話合い後，美鈴さんは次のような作文を書いた。

> 私が思う雁木町家は，多くの人の気持ちや思いが詰まっている所だと思います。今日，みんなのPR動画を見て，建物ごとに色々な思いがあることに気付きました。例えば，打田さんは「これからもリノベーションを続けていきたい」，アクセルの会長さんは「何よりも高田の雁木・町家が好きだ」と言っていました。そして，残そうとする気持ちは，制作した友達からも感じられました。私も，実際に町家を訪れてみて，昔の生活が分かる等のよさを感じました。町家には，たくさんの人とのかかわりがあり，一人一人感じることは違います。でも，その気持ちは，きっととても大切なもので，魅力の一つとも言えるのではないかと考えました。
> （美鈴）

雁木町家を「多くの人の気持ちや思いが詰まっている所」と捉えた美鈴さんは，その理由として，PR動画内の建築者や管理者の方の思いだけでなく，それを内容として加え，伝えようとした仲間の姿からも感じ取っていると考えられる。魅力を伝えるPR動画制作を通して，雁木町家の価値を見いだし，対象の在り方を多角的に捉えている姿につながったと言えるのである。

Matome

◆対象の価値や在り方を捉え直すことで，人としての生き方を探究する　◎⋅T⋅E

PR動画を制作する過程の中で，子供は自分たちが伝えたい魅力に気付き，考えてきた。また，視聴者に分かりやすく伝えるための表現方法を工夫し，相手意識を大切にしながら制作に取り組んだ。そして，高田城や雁木町家の価値を，今まで残された背景からそして，これからも残そうとする強い人々の心に着目して価値を見いだしてきた。

3月の最後の授業で，自分たちの活動そのものが，高田城や雁木町家の価値を高めたかどうかを話し合った。インターネットに動画を挙げたものの再生回数が増えない現実から，価値は高まっていないのではないかとの意見が出た。一方で，自分や身近な家族が知ったことは，価値を高めたことになるという意見も出された。美鈴さんは，次のように作文シートに記述した。

> 私は，「とても」とまではいかないけれど，価値は高まったと思います。まだまだ高田城や雁木町家の魅力を知らない人はたくさんいると思います。でも私たちは知っています。魅力とは，建物だけでなく，人の思いも含まれるということを。それはPR動画のおかげです。動画を作るためにたくさんの事を調べて，新しい魅力も発見できました。だから，私たちが知った分だけ，価値は高まったと思います。まだ焦らず，少しずつ高田城や雁木町家を知ってもらえばいいかなと思います。身近な人からどんどん広がっていけば，価値はさらに高まっていくはずです。私は人の思いや歴史，魅力がつまった高田を愛し，住み続けたいと思います。
> （美鈴）

高田の歴史PR動画制作を媒介として，対象と深くつながり，その存在や価値，在り方を見つめ直す活動は，歴史的価値を見いだすことにとどまらず，その価値を自覚し，自分自身の「まち」に生きる一人の人間としての在り方をも捉えることにつながるのである。

探究する子供を育む教育課程の創造

國學院大學教授

田村 学

　今期改訂を一言で言えば「探究」と語る文部科学省関係者もいる。メディアの報道や教育雑誌の特集においても「探究」の二文字は常に紙面を賑わわせている。それくらい重要なキーワードとなった「探究」について考えていく。

　そもそもこの「探究」が教育課程の基準である学習指導要領に位置付けられたのは，前回改訂に遡る。平成20年の学習指導要領の改訂の際，「各教科における習得や活用と総合的な学習の時間における探究」と答申に示されたことを受け，総合的な学習の時間の目標に「探究的な学習」の文言が挿入された。その上で，総合的な学習の時間の解説において「問題解決が発展的に繰り返されること」「物事の本質を探って見極めること」と探究的な学習について説明がなされた。加えて，探究的な学習のイメージを明確にするために「①課題の設定，②情報の収集，③整理・分析，④まとめ・表現」の探究のプロセスが明示され，全国の多くの実践の指針となった。ちなみにこの探究のプロセスは，OECDのPISAが示してきた読解のプロセスを参考にしており，育成を目指す資質・能力を確かにしていくとともに，国際標準の学力にも対応したものであることは極めて重要である。

　この探究的な学習については，総合的な学習の時間が始まる前にもそうした取組が行われてきた。大正自由主義教育の時代においては子供を中心とした，活動性を重視した，教科を横断する学びが一部の学校で行われていた。戦後の初期社会科においては，社会機能法によって導出された内容を，子供が自ら学び取ろうとする教科の学びをイメージしていた。平成元年の学習指導要領において誕生し，現在も低学年教育の中核を担っている生活科では，子供

Manabu Tamura

が思いや願いを実現する学習活動を行うことを中心とし，活動や体験を通して学ぶこと，子供の気付きを大切にすることが大切にされている。その意味では，いつの時代においても我が国の教育研究の中心にあり，生活科新設など複数回にわたって研究開発学校の重責を担ってきた上越市立大手町小学校が，「探究」を中心に未来の教育課程をデザインし，清新なものとして社会にアピールする姿は，ある意味自然な流れであり，そこから生成する多くの知見は，おそらく日本全国に大きな影響を及ぼすものとなろう。

この探究的な学習については，文部科学省のみならず，経済産業省の「未来の学校」プロジェクトの中でも注目されている。それは，「学びの探究化，STEAM化」として，これからの学校教育のみならず，経済界が期待する人材育成，それを取り巻く社会システムの変革，官民一体となった社会リソースの提供と社会全体の学びの有り様などへと話題が広がり議論されようとしている。加えて言えば，一人一人の子供が自ら課題を見付け，自ら学び，自ら考え，主体的に判断し行動しながら，身の回りの問題状況の解決に向けて学び続ける探究では，SDGsに掲げられた17のゴールとも深く関わることとなり，自治体や企業が大きく関心を寄せるものともなっている。議論のステージが，中央教育審議会を飛び越して，産業構造審議会や内閣府で展開されていることにも注目すべきであろう。こうした社会状況の中，私たちがすべきことは何か。教育を専門とし，営々として積み上げてきた実践と知見をもつ私たちにできることは何か。

それはおそらく探究を中核とした教育課程の「真の姿」を明らかにすることではないだろうか。「真の姿」は子供の姿や子供の事実を抜きにして語ることはできないだろう。そして，子供の学ぶ姿や語る言葉を深く洞察することなくして創造することもできないはずだ。今，私たちは改めて「探究」の意味を問い直し，子供の姿と照らし合わせながら，未来の教育課程を明らかにしていかなければならない。そうした営みが大手町小学校の研究開発学校では行われてきた。

ここで忘れてはならないことがある。子供の姿を中心に探究を見つめ直すことは，決して昔に戻ったり，過去を礼賛したりすることを意味するものではない。むしろ最新の知見やテクノロジーを駆使したものである必要があるし，国内外の知見を参考にすべきでもある。もちろん，旧来の枠組みや価値観を崩すことも必要となる。大手町小学校が探究を中核に教育課程を編成する中で生成してきた「コアスキル」「コアマインド」，詳細な認知プロセスと資質・能力との連関などはそうした新しい発想の産物であり，資質・能力を知識の構造体として理解しようとする考え方や精緻な認識過程に依拠していることを確認しておきたい。

新しい発想の新しい教育課程の創造が，新しい学習指導を生み出し，そこに期待する豊かな学びが展開される。そうした誠実で真摯な取組が，しんしんと降り積もる雪多き上越の地で，コロナ禍という極めて悪条件の中，粛々と継続されてきた。一つ一つのチャレンジとアクションに敬意を表すとともに，そんな学校現場の力を，とても誇らしいと私は感じる。やはり，「真の姿」は教室にあるのだ。

（運営指導委員）

Column
大手のリソース 02

外部講師

　本校の教育活動をつくる上で，学校外の講師の方々の存在は欠かすことができません。長年の実践の積み重ねからつくられた地域の方や他機関の方とのつながりを大切に，新たな実践を構想しています。

長野県スエトシ牧場　藤原直樹さん

大切に育てた，ヤギやヒツジ，ウマなどの動物を貸してくださいます。

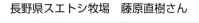

グリーンファームシティ
澤田清一さん

上越家畜診療所　丸山知美さん

動物たちの健康診断をしたり，調子が悪い時には診察をしたりしてくださいます。

地域で日本料理店を営む，プロの料理人です。子供がつくったレストランの料理を試食してくださったり，一緒においしい野菜の食べ方を考えたりしてくださいます。

NPO 法人くびき里やま学校
坂田斉さん

一緒に川に行けば，生き物の生態や捕り方などを教えてくださり，一緒に森に行けば，植物の特徴や食べ方などを教えてくださいます。

酒菜蔵和乃き　大橋壮聡さん

JA えちご上越　石井夏実さん

6年生の「探究」で，科学にかかわることについて，アドバイスをいただきます。

上越科学館　永井克行さん

野菜づくりや，稲の生育について，アドバイスをくださいます。

論理領域

論理領域は，A「数のしくみ」，B「自然のしくみ」，C「社会のしくみ」，D「文章のしくみ」で構成され，主に「論理的思考力」の発揮・育成を目指す。

A「数のしくみ」では，数理的に捉えた日常や社会の事象について，それらの関係性を統合的・発展的に考える。

B「自然のしくみ」では，自然の事物・現象に関する問題を，実証性，再現性，客観性といった条件を検討する手続きを重視しながら解決する。

C「社会のしくみ」では，対象がもつ社会的な課題を多角的・多面的に考える。

●論理的思考力

知識や情報を生かしながら，対象の「しくみ」や「きまり」を発見したり，いくつかの根拠を示して「しくみ」や「きまり」の正しさを証明したりする力

D「文章のしくみ」では，文章の構成を捉えたり，捉えた構成を応用して書いたりする。

論理領域固有の活動のプロセス

○情報収集や分析をもとに，自分なりの「しくみ」や「きまり」を発見する過程
○発見した「しくみ」や「きまり」の確かさや正しさを証明する過程

　論理領域固有の活動のプロセスは，対象がもつ「しくみ」や「きまり」について，情報や経験を組み合わせて自分なりに納得できる仮説や考えを発見したり，複数の適切な根拠からその仮説や考えの確かさや正しさを証明したりする推論のプロセスと考えることができる。

　例えば，5年自然のしくみ「メダカたんじょうのひみつ」では，「なぜ，オスとメスでひれの形が違うのだろう」という問いを解き明かすために，オスとメスで役割が異なる受精場面に関係付けて仮説を立て，ひれの形や大きさが受精の正否の可能性を左右することを説明した。推論のプロセスを回したことで，子供は自らが導き出した「精子が確実に卵にかかるようにするため」という仮説をより確からしい仮説に高めていったのである。

　このように，子供が見いだした「なぜ？」「どうして？」という問いに対して，自分たちにとって「確かにそうだ」と納得できる経験や情報を組み合わせながら，自分なりの仮説や考えの発見と証明を相互に繰り返すことを通して，対象のもつ「しくみ」や「きまり」について，実感と納得をもって深く理解することが見えてきた。

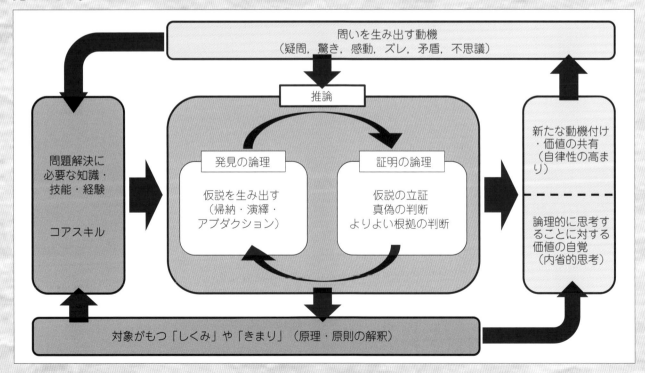

●推論のプロセスを支える実感と納得をもった知識

　子供が推論するためには，「本当はどうなの？」「どうしてそうなるの？」といった問いが必要である。それらの問いは，目の前で起こった事実への疑問や感動などの感性的な揺さぶりや，正しいとされる「しくみ」や「きまり」との認識のズレや矛盾などの理性的な揺さぶりによって生まれる。このような心を揺さぶられることから見いだされた問いは，論理的思考力を発揮・育成するための推論のプロセスを回す原動力となる。

　問いをもった子供が仮説を生み出す際には，アブダクションを用いることが多い。アブダクションとは，『起こった結果（事実）に対して，正しいとされる法則や前提となる知識を当てはめて，その事実を説明し得る理由（仮説）を導き出す推論法』である。子供はアブダクションすることで，対象がもつ「しくみ」や「きまり」を解釈していく。

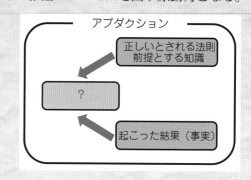

　例えば，5年自然のしくみ「メダカのたんじょうのひみつ」であれば，メダカのオスとメスではひれの形や大きさが違うという知識と，受精場面でメダカのオスがメスにひれを巻き付けているという事実とを関係付けることで，「精子を確実に卵にかけて受精の可能性を高めるために，オスとメスのひれの形や大きさが違う」という仮説を生み出した。同じように，2年数のしくみ「分数って形？大きさ？」であれば，分数はもとの大きさを同じ大きさに等分したものという知識と，これまでとは違い同じ形で分けられていないが大きさが同じという事実とを関係付けることで，「形が違っても同じ大きさになれば，同じ大きさの分数と考えられる」という仮説を生み出した。

　このように，アブダクションする際には，子供にとって「確かにそうだ」と実感と納得をもっている知識と，目の前で起こった事実とを関係付けていく。このことから，推論のプロセスを回すには，前提とする知識を明らかにしておく必要がある。もし，その知識が誤っていたり，適切でなかったりすると，アブダクションしたとしても物事の本質からかけ離れたり，仲間から納得してもらえなかったりする。そして，その仮説の確かさを判断したり，検証したりすることが困難になり，推論のプロセスを回すことができないのである。推論のプロセスは，子供にとって納得と実感をもった前提とする知識によって支えられているのである。

★ 「論理的思考力」の構成要素

論理的思考力			
・知識や情報を生かしながら，対象の「しくみ」や「きまり」を発見したり，いくつかの根拠を示して「しくみ」や「きまり」の正しさを証明したりする力			
知識・技能	発見する力	証明する力	自律性・内省的思考
●対象の理解や課題の解決に必要な知識や情報 ●対象に関する知識や情報を収集するために必要な技能 ●対象がもつ「しくみ」や「きまり」	●経験や情報を組み合わせて，自分なりに納得できる仮説や考えをつくり出す。 ●自分が見いだした仮説や考えに根拠を付けて説明する。	●いくつかの仮説に関する情報を集め，その情報をもとに確かさを判断する。 ●物事の正しさについて考えていることを，複数の適切な根拠を示して主張したり，解説したりする。	●対象がもつ「しくみ」や「きまり」に正対し，粘り強く発見したり，証明したりしようとする。 ●証明したい事柄について議論しながら，より多くの人が納得する説明をつくり出そうとする。 ●論理的な思考の良さを実感し，別の場面でも論理的に考えてみようとする。

論理領域の内容

A　数のしくみ

知識・技能	発見する力	証明する力	自律性・内省的思考
●数量や図形などについての基礎的・基本的な概念や性質などの理解 ●日常の事象を数理的に処理する技能や知識技能の活用場面への理解 ●数量や図形などのもつ「しくみ」や「きまり」	●日常の事象を数理的に捉え，既習事項を基に観察したり試行錯誤したりし，結果や方法の見通しをもつ。 ●幾つかの事例から一般的な法則を帰納したり，既知の似た事例から新しいことを類推したりしたことを数学的な表現を用いて説明する。	●基礎的・基本的な数量や図形の性質などを根拠に，結果や方法の確かさを明らかにする。 ●数理的に見いだした一般的な法則や新しいことを統合的・発展的に考察する。	●対象がもつ「しくみ」や「きまり」に正対し，粘り強く発見したり，証明したりしようとする。 ●証明したい事柄について議論しながら，より多くの人が納得する仮説や説明を作り出そうとする。 ●学習を振り返り，論理的に思考することのよさを実感し，別の場面でも論理的に考えてみようとする。

　「A　数のしくみ」は，数量や図形を対象とする。数理的に捉えた日常や社会の事象について，それらの関係性を統合的・発展的に考える活動を通して，資質・能力の育成を目指すものである。

　私たちの周りには様々な「もの」や「こと」が存在するが，それらを数理的に捉えようとしない限り数や図形の問題として認識しない。これらの事象を意図的に数理的に捉えさせることで数や図形がもつしくみに着目させ，そのしくみを推論する活動として単元を構成する。

B　自然のしくみ

知識・技能	発見する力	証明する力	自律性・内省的思考
●自然の事物・現象についての理解や問題の解決に必要な知識や情報 ●対象に関する情報を収集するために必要な実験や観察の技能 ●自然の事物・現象がもつ「しくみ」や「きまり」	●生活経験や実験・観察で得られた情報を組み合わせて，自分なりに納得できる仮説をつくり出す。 ●自分が捉えた自然の事物・現象についての仮説について，根拠を付けて説明する。	●いくつかの仮説について，条件を整えた実験や観察を用いて情報を集め，その情報をもとに確かさを判断する。 ●自然の事物・現象に関する物事の正しさについて考えていることを，実験や観察で得られた複数の適切な根拠を示して主張したり，解説したりする。	●対象がもつ「しくみ」や「きまり」に正対し，粘り強く発見したり，証明したりしようとする。 ●証明したい事柄について議論しながら，より多くの人が納得する仮説や説明を作り出そうとする。 ●学習を振り返り，論理的に思考することのよさを実感し，別の場面でも論理的に考えてみようとする。

　「B　自然のしくみ」は，自然科学を対象とする。自然の事物・現象に関する問題を，実証性，再現性，客観性といった条件を検討する手続きを重視しながら解決していく活動を通して，資質・能力の育成を目指すものである。

　自然の事物・現象について，子供の素朴な概念と科学的な原理・原則との間にズレがある場合，事象を問題として捉えるようになる。このようにして捉えた問題を推論しながら解決していく活動として，単元を構成する。

C　社会のしくみ

知識・技能	発見する力	証明する力	自律性・内省的思考
● 社会的事象の理解や課題解決に必要な知識や情報 ● 社会的事象に関する知識や情報を調べたり，まとめたりするために必要な技能 ● 社会的事象がもつ「しくみ」や「きまり」	● 空間軸や時間軸，事象や人々の相互関係などに着目しながら，事実を比較・分類したり，総合したりして自分なりに納得できる仮説や考えをつくり出す。 ● 自分が捉えた社会的事象がもつ文脈や構造について根拠を付けて説明する。	● 自分がもった仮説に関する必要な情報を調べたり，読み取ったりし，自分の仮説の確かさを判断する。 ● 社会的事象について自分がもった仮説を，情報を適切にまとめながら伝える。	● 対象がもつ「しくみ」や「きまり」に正対し，粘り強く発見したり，証明したりしようとする。 ● 証明したい事柄について議論しながら，より多くの人が納得する仮説や説明を作り出そうとする。 ● 学習を振り返り，論理的に思考することのよさを実感し，別の場面でも論理的に考えてみようとする。

　「C　社会のしくみ」は，地域社会や日本・世界の政治，歴史，地理を対象とする。これらの対象がもつ社会的な課題を多角的・多面的に考える活動を通して，資質・能力の育成を目指すものである。

　社会に見られる課題について，現代社会を生きる自分たちの問題として子供が捉え，その解決に向けて広い視野や多様な視点から推論し，よりよい社会に向けての考えをつくっていく活動として単元を構成する。また，歴史を政治の問題解決のプロセスとして捉え，事実と事実の時系列から，因果関係を推論し，よりよい社会をつくろうとする人々の工夫について考えをつくっていく活動として単元を構成する。

D　文章のしくみ

知識・技能	発見する力	証明する力	自律性・内省的思考
● 文章の構成や展開を捉えたり，内容を理解したりするために必要な知識や技能 ● 情報を取り出して整理したり，その関係を捉えたりするために必要な知識や技能 ● 文章の書かれ方の「しくみ」	● 自分の経験や書かれていることに基づき，比較・分類したり，関係付けたりしながら，自分なりに納得できる仮説や考えを作り出す。 ● 自分が捉えた文脈や構造について根拠を付けて説明する。	● 自分がもった仮説や考えの根拠を集め，実際に文章を書いたり話したりすることを通して，その確かさを判断する。 ● 相手や目的，意図，伝えたい内容に応じて，書き方や話し方を工夫しながら伝える。	● 対象がもつ「しくみ」に正対し，粘り強く発見したり，証明したりしようとする。 ● 証明したい事柄について仲間と議論しながら，より多くの人が納得する説明を作り出そうとする。 ● 学習を振り返り，論理的な思考のよさを実感し，別の場面でも論理的に考えてみようとする。

　「D　文章のしくみ」は，説明的文章や文学的文章を対象とする。対象の構成を捉えたり，捉えた構成を応用して書いたりする活動を通して，資質・能力の育成を目指すものである。

　対象となる文章を読み，構造と内容を把握し，精査・解釈した上で，自分の既有の知識や様々な体験と結び付けながら感想をもったり，考えをまとめたりする活動として単元を構成する。

●思考ツールの活用

　論理領域では，適切に思考ツールの活用を行うことで，論理的思考力の発揮・育成が図られる。そのためには，思考ツールの使い方そのものを知る必要がある。各学年で活用したい思考ツール活用の指針を示したものが次の年間計画である。

	Ⅰ期	Ⅱ期	Ⅲ期	Ⅳ期	Ⅴ期
1年	矢印と囲み	ベン図	コンセプトマップ	くまでチャート	ステップチャート
2年	イメージマップ	ベン図	くらげチャート	ピラミッドチャート	マトリクス
3年	イメージマップ	コンセプトマップ	くらげチャート	フィッシュボーン	バタフライチャート
4年	フリーカード法	フィッシュボーン	ステップチャート	PMI	XYチャート
5年	座標軸	PMI	フィッシュボーン	KJ法	バタフライチャート
6年	フィッシュボーン	PMI	フローチャート	座標軸	KJ法

大手流！思考ツール活用法

　論理領域では，「比べる」「関係付ける」「分類する」「多面的にみる」といった分析的理解に向かう「コアスキル」のはたらきが論理的思考力を発揮・育成する上で重要である。そのためには，「コアスキル」に応じた思考ツールの活用が有効である。「論理」で思考ツールを使って考える経験は，「探究」における様々な問題解決の場面で生かされる。

●多面的にみる——複数の視点や別の立場から物事を考え，当たり前を問い直す

　6年「戦国武将が目指した社会」では，織田信長，豊臣秀吉，徳川家康の3人の武将が取り組んできた政策を学んだ後，1人の武将へ手紙を書く学習活動を設定した。その際に，どの政策を取り上げて褒めるかを考えた。そこで，フィッシュボーンを活用し，その人物が行った様々な政策はどのような実績があったのかを分析した。織田信長を選んだ子供は，フィッシュボーンにまとめていく過程で，「楽市楽座の制度も，関所をなくしたことも，南蛮貿易も，商工業をさかんにすることで人々を幸せにする政策である」と考えた。織田信長の政策について，多面的にみることで，その本質的な意味や価値に気付いたといえる。

フィッシュボーン

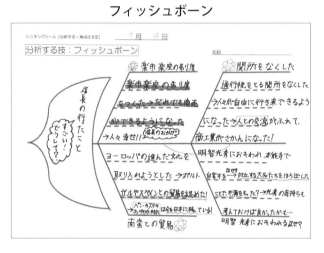

●分類する——物事をいくつかのまとまりに分けて整理し，新しい見方を得る

　6年「身の回りの形を対称から見る・考える」では，線対称と点対称の意味や性質を学習した後，身の回りにある対称な図形に目を向けた。その中で，アルファベットを線対称と点対称とに分類する際に，ベン図を活用した。子供は，線対称と点対称に分類していく中で，ベン図の円の重なりの部分に着目した。重なりの部分には，線対称の性質も点対称の性質も含むものが入る。「Hは，線対称でも点対称でもある！」という気付きによって，「他にもあるのかな？」と新たな問いをもち，他のアルファベットも検討する子供の姿が

ベン図

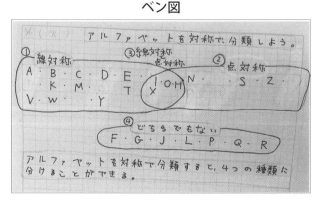

あった。そして，それらの図形における「線対称の軸」が交わる点が「点対称の中心」になっていることに気付いた。分類することを通して，新たな見方・考え方を得たといえる。

●関係付ける──ある物事と他の物事とのつながりを見つけて，しくみやきまりをとらえる

5年「メダカたんじょうのひみつ」では，メダカのひれの形状が受精に果たす役割について考える学習活動を設定した。その際，ステップチャートを用いることで，ひれの形状と受精とを関係付けて考える思考を促すことができた。

例えば，右のワークシートを書いた子供は，「オスのひれに切れ込みがない」という事実から「上手く受精できない」と結論付けているが，その間には，「メスの背びれをはさめない」→「メスの体がはなれてしまう」というように，メスの背びれをはさめないことから生じる状況について記載している。つまり，ステップチャートを用いることで，事実（オスのひれに切れ込みがないこと）から考えられる因果関係を明らかにしながら，受精のしくみを論理的に捉えたといえる。

ステップチャート

●比べる──同じ所や違う所を見付けて，物事の性質や特徴をはっきりさせる

ベン図

生き物の特徴を比べ，自分たちの手で造ったビオトープに生き物を入れるか考えるときに，ベン図を活用。

Yチャート

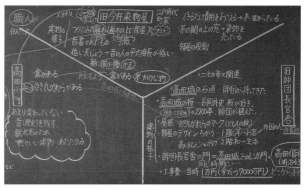

自分たちが住むまちである高田に，今も残る歴史的な建物のよさを比べながら，高田の魅力を考えるときに，Yチャートを活用。

マトリックス

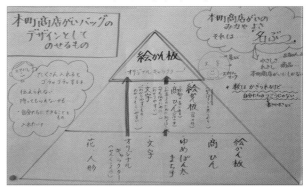

宿泊体験で訪れた「アートでまちづくり」に取り組んでいる3つの町について，「人の様子」「人の思い」「アートの力」の3つの視点で比べるときに，マトリックスを活用。

ピラミッドチャート

子供が制作に携わった本町商店街のエコバッグに載せるべきものを比べ，アイデアを絞り込むときに，ピラミッドチャートを活用。

論理領域における特別支援教育の在り方

●問いへ向かうエネルギー

　子供が論理的思考力を発揮するには，第一に「本当はどうなの？」「どうしてそうなるの？」といった問いをもつことが必要である。特別支援学級においても，生活の中で興味関心がある，見通しがもてる，自信をもって取り組めるなど，問いへ向かうまでの単元設計の工夫が必要である。

　当校の特別支援学級では，生活単元学習や自立活動の一部を，自律領域の「ふれあい」に位置付け，それらを中核においた教育課程を編成している。「自律性」の３つの要素である「自分をつくる力」「人とかかわる力」「自分をみつめる力」が統合的に発揮されやすい活動として，（ア）栽培活動（イ）集会活動（お楽しみ会等のイベント），（ウ）制作活動（ちぎり絵やカレンダー，アイロンビーズなどの作品制作，調理活動），（エ）交流活動（他校の特別支援学級との交流会や朝市での販売活動）の４つの活動を設定している。この４つの活動における学びの文脈に沿って，論理領域の学びにつながる問いが生み出されることで，問いがより自分事，身近なものとなり，「確かめたい！」というエネルギーが高まるのである。この問いへ向かうエネルギーが高まることで，既習の知識・技能を駆使し，仮説を立てて検証したり，その過程で新たな発見をしたり，獲得したことを生かそうとしたりする論理的思考力が発揮・育成される。

●特別支援学級の実践の実際

活動の概要

　生活単元学習「ようこそ！Bルームへ」は，市立図書館から借りた本を媒介として，特別支援学級の教室に友達を招き，安心できる場で友達とかかわることを目的とした活動である。

　市立図書館では，学校で借りる際は，１か月間100冊まで借りることができる。それを知った子供は，「みんなにも知らせたい」「みんなの読みたい本を借りて，個別Bルームに来てほしい」という思いをもった。そこで，論理（文章のしくみ）でリクエスト本アンケートを作成し，論理（数のしくみ）でアンケートの集計，グラフ化，報告等，統計的な問題解決活動を行った。

◎どうやって数えよう？

　アンケート結果を表に表す際，「１ずつ足していくから電卓がほしい」と言う子がいた。しかし，電卓を使ってやってみるが，どうもうまくいかない。すると，一生さんが「学級会で何かを決める時みたいに，正の字で人数を書いていくともっと正確にできるんじゃないかな？」と提案した。生活経験を活用し，より早く正確に集計できる方法を考えていた。さらに，最初は個々で作業をしていた子供たちは，「紙をめくる」「読み上げる」「正の字を書く」という役割を決め，ローテーションをしながら協力して94人分のアンケートを集計することができた。

◎グラフは天才だ！

3年生，4年生の全児童にリクエスト本アンケートをとり，集計した結果を表からグラフに表した。数値自体は表から既に分かっていたが，グラフを黒板に並べてみると，「3年生はジャンルによって人数の差が少ないけど，4年生はジャンルによって人数の差がある」「3年生も4年生も自然が人気だ」「3年生は自然，4年生は物語が一番人気」など，数値を視覚的に表すことで，相違点や傾向を発見していた。グラフから分かったことを話す中で，淳さんは「グラフは天才だ！」と発言した。なぜそう思ったのかを聞くと，「表じゃこんなに分からなかったから。（グラフにして）目で見えると全然違う！」と，グラフ化し，視覚的に表すよさを実感していた。さらに，友達や高田図書館の職員に報告するときは，このグラフを使いたいと次の活動への意欲を高めていた。

◎みんなに分かってほしいんだよ

発表練習のとき，蒼汰さんが「指し棒を使って発表しようよ」と提案した。理由を聞くと，「この棒を使えばどこのことを言ってるか分かるでしょ。みんなに分かってほしいんだよ！」と言った。「みんなのリクエストに応えたい」という目的意識から，よりよい発表の方法を考えた蒼汰さんであった。指し棒を使って発表練習を重ねるうちに，自然と指し棒を「蒼汰さん棒」と呼ぶようになり，他の学習でも子供から使うようになった。「蒼汰さん棒」はみんなから認められた「自信の象徴」のようになり，緊張から不安を抱いていた本番でも，「蒼汰さん棒」を使って，「みんなに分かってほしいこと」を伝えることができた。

「生活単元学習」発→「論理」経由→「生活単元学習」行き

> 生活単元学習から論理領域の学びにつながる問いが生み出されることで，「確かめたい！」という問いへ向かうエネルギーが高まり，発見・証明する論理領域固有のプロセスをより強め，実感と納得を伴い理解していった。さらに，その過程で生まれた成功体験や自信，つくり出した環境は，生活単元学習の成果へと結びつく。
>
> 一生さんは，休み時間には一人で特別支援学級にいることが多かった。しかし，友達のリクエストに応えようとつくり上げた場に友達が来たことで，安心して友達とかかわることができた。友達と折り紙の本を一緒に見たり，作ったりし，友達とかかわる楽しさと方法を実体験から学んでいた。
>
> 字を読むことへの抵抗感をもっていた蒼汰さんであったが，定期的に市立図書館に通い，特別支援学級での活動に読書の時間を位置付けたことで，本を読むことが好きになっていった。その中で，お気に入りの1冊に出会い，自然と音読をするようになった。家族にも音読を披露したことが成功体験となり，メディア中心の生活が，家庭で読書をする習慣ができ，余暇の過ごし方に変化が生まれた。
>
> このように，生活単元学習から生み出された問いは，「問いへ向かうエネルギー」を高めて論理領域の学びを経由し，「自分をつくる・人とかかわる・自分をみつめるエネルギー」となり，生活単元学習が目指す，生活上の目標の達成や自立的な生活に必要な事柄の習得に行きつくのである。

1年　論理（数のしくみ）

わざをみつけて
　　たしたりひいたり

風間 寛之

●育成する資質・能力【論理的思考力】

論理的思考力			
・足し算や引き算をする時，自分がイメージしているものを絵や文で表し，仲間と共有することを通して，計算の仕方や意味についての見方・考え方をひろげる。			
知識・技能	発見する力	証明する力	自律性・内省的思考
●足し算がつかわれる場面の理解 ●引き算がつかわれる場面の理解 ●正しく立式をして計算をする方法 ●それぞれの問題で問われていることの比較 ●イメージをつくる際の「かんがえるわざ」の応用 ●意見を交わしながらつくられる「かんがえるわざ」	●これまでに取り組んだ問題の場面との違いに気付く。 ●問題の場面を的確に表すような新たな「かんがえるわざ」をつくり出す。 ●共有した「かんがえるわざ」を基に，異なる問題場面の解決に向けて思考する。	●自分や仲間が見つけたかんがえるわざをつかって問題の解決に取り組む。 ●これまでに見付けた「かんがえるわざ」や新たに見出した「かんがえるわざ」をつかって，仲間に分かりやすく説明する。	●「かんがえるわざ」をつかったり，つくり出したりして，自分のイメージを表現しようとする。 ●自分と仲間のイメージの同異点に気付き，これを認めながらよりよいイメージをつくろうとする。 ●見出した「かんがえるわざ」を他の問題や，別の場面でもつかおうとする。

▶本質に迫る問いが生まれる活動の構想

　本単元では，１から10までの数と出あい，その数量感覚をつくり始めている子供が，数の合成や分解を計算として捉える初めての学習を扱う。「3＋4」という問題を子供に示した時，子供はそれぞれの生活経験，数量の概念，思考様式に応じて様々なイメージをつくりながら問題の解決に向かっていると考える。そして，計算と初めて出あい学習する１年生の子供が，自分や仲間がどのようにイメージをひろげ，問題の答えを導き出しているのかについて，論理的に思考することは，算数の学びを系統的に発展させていく上で基盤になり得ることであると考える。

　そこで本単元では，足し算，引き算を解く過程において，問題場面をイメージし，絵や言葉で表す活動を構想する。このような活動において，子供は「『数と数を合わせること』や『数から数を引くこと』がどういうことなのか」に向き合うことになる。そして表す絵の中に，物と物との関係性の表現方法など様々な特徴が表れると考える。例えば，矢印を用いて物と物とが合わさる様子を表現したり，逆にもともとあった物がなくなることを表現したりする。無意識につくってきたイメージを表すことによって，足すこと・引くことの意味を問い，捉えを広げていくのである。

　このように子供が顕在化したイメージを「矢印のわざ」や「分けるわざ」などの「かんがえるわざ」として溜めていく過程において，論理的思考力が発揮・育成されるのである。

犬はなんなんだよ！？

> おにわに，ねこが３びきいます。いぬが５ひきいます。あとからねこが４ひきやってきました。ねこはぜんぶでなんひきでしょうか。

足し算と引き算の問題場面を想像して，「かんがえるわざ」を溜めてきた子供に，このような問題を提示した。すると子供は「これは足し算？引き算？」や「犬はどこに描こう？」などとつぶやきながら，「けいさんぶっく」に絵を描き始めた。

耕太さんは，本単元で初めて絵を描く活動をした際に，足し算のイメージを表すことができなかった。しかし，仲間と「かんがえるわざ」を発見していく中で，自分のイメージを絵に表すことができるようになっていった。そしてこの問題場面をイメージして下のような絵を描いたのである。「分けるわざ」「省略するわざ」「矢印のわざ」などを用いて，問題場面を分かりやすく描き，仲間に説明をした。しかし説明を聞いた仲間から，「ねこの数を聞かれているからいぬはいらないと思う」という意見を聞き，納得したものの「じゃあ，犬はなんなんだよ！？」と呟いた。足し算の問題では，何と何を合わせるのか，どの数が問題を解くのに必要なのかについて考えなければならないことを発見した瞬間であったと考える。

きかれているのは，虫だから…

前述の問題について検討を重ね，「もんだいにいらないものはかかないわざ」を見つけた子供に次のような問題を提示した。

> むしかごに，かぶとむしが５ひきいます。くわがたむしが２ひきいます。ともだちにかぶとむしを３びきあげました。むしはのこりなんびきでしょうか。

くわがたむしの絵を描かなければならないのか，描かなくてもいいのかについて意見を交わす中，耕太さんが仲間に考えを話した。

> くわがたむしは描かなくちゃいけないと思う。もし最後が「かぶとむしは何匹ですか」と聞かれていたらいらないけど，この問題では「虫は何匹ですか」と聞かれているので，くわがたむしも描かなくちゃいけないと思う。

耕太さんは，これまでに見出したわざを基に思考し，絵を描いた。その時に，「もんだいにいらないもの」は何なのかを見極めようとしている。問われているもの，必要な数は何なのかを文章・絵・式を関連させながら思考している。さらに，どんな時にくわがたむしは不要になるのかを考え，仲間に伝わるように，例を挙げて説明している。これは，耕太さんが論理的思考を経て，計算することの本質を見つめる姿であると考える。

問われていることを捉え，必要な要素を関連付けて思考する

耕太さんが，くわがたむしが不要であることを論理的に説明した背景には，前時で指摘を受けた仲間の意見を吟味した過程がある。これを受け止めることによって，自分にどのような思考が足りなかったのかを捉えている。これによって，問題ごとに異なる「問われていること」を的確に捉え，場面と数の操作を関連付けながら思考する姿につながっているのである。

5年論理（自然のしくみ）

発見！ 台風進路のなぞ

原山 和久

●育成する資質・能力【論理的思考力】

論理的思考力			
・台風のでき方や特徴を基に，日本に接近・上陸する台風のデータから進路のきまりについて推論し，その進路は，日本の地形や位置だけでなく，様々な気象条件もかかわっていることに気付く。			
知識・技能	発見する力	証明する力	自律性・内省的思考
・台風は日本の南の方で発生し南西から北東へ動くことが多いこと ・日本の地形（山地・山脈等）に関する知識 ・台風の構造やエネルギー源に関する知識 ・台風の経路図と衛星画像の見方 ・台風と日本の地形や位置との関係	・5つの市の台風接近回数の順位が予想とずれていることに疑問をもつ。 ・台風の進路に台風のでき方や特徴だけでなく，日本の地形が影響を与えていそうなことに気付き，仮説を立てる。	・台風接近回数の予想と結果が違った理由について，台風のでき方や特徴を基に説明する。 ・自分なりの仮説を，複数年の台風経路図のデータによって検証する。	・5つの市の台風の接近回数の順位やその理由を，既習の知識を基に見つけ出そうとする。 ・友達の考えを自分の考えと比べながら理解しようとする。 ・自然現象を多面的に考えることの必要性を実感する。

▶本質に迫る問いが生まれる活動の構想

　本単元では，「発見！台風進路のなぞ」をテーマに，台風の進路の規則性を探っていく。台風を「風や雨が強くなる規則性のない気象現象」としか捉えていない子供が，学習によって得た台風の知識と，他教科で得た知識や経験値とを関連付け，台風の進路に関する仮説を導き出す。その仮説の真偽を，過去の台風経路図のデータによって確かめていくという展開である。

　まず，子供は，いわき・沖縄・札幌・上越・松本の5つの市の台風接近回数を多い順に予想する。これまでの学習で得た「天気は西から東へ変化していく」という知識に加えて，台風が発生する場所や，南東から北東に進む台風の進路に関する知識を基に，5つの市における台風接近の頻度を判断する。

　このような知識を基にすると，子供は，「沖縄→松本→上越→いわき→札幌」と予想するだろう。しかし，事実は「沖縄→いわき→上越→札幌→松本」である。予想とのズレが大きい松本市に注目することで「なぜ松本市の台風接近頻度が少ないのか」という問いが生まれる。

　この問いを出発点に，台風の特徴（エネルギー源や消滅過程）と日本の地形に関する知識を関係付けて，台風の進路に関する仮説を立て，検証していく。子供は，台風の進路に関する仮説の例外を発見することで，仮説を更新していく。それは，「発見・証明」を繰り返しながら，論理的思考力を発揮し，単純な規則性が当てはまらない台風に関する理解を深める姿につながる。

予想のずれから問いが生まれる

子供は，台風の平均進路は日本列島を南西から北東に進むことを知識としてもっている。この知識を基に5つの市を経度で判断し予想を立てた。

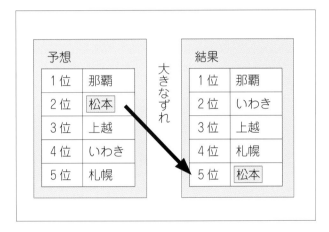

結果を確かめると，子供は，予想と結果のずれに驚き，そのずれの原因となっている松本に目を向けた。台風の平均経路の考えに当てはまらない松本に疑問をもち，「どうして松本市の台風接近回数が少ないのだろう？」という問いが生まれた。

子供は，論理（社会のしくみ）で学んだ日本の地形（盆地）に関する知識と，台風が陸地との摩擦で消滅するという知識を関係付けて，次のような仮説を立てた。

> 仮説：松本市は山に囲まれているので，摩擦で消滅する台風は接近しない

問いから仮説，そして仮説の更新へ

「山に囲まれているのは松本だけじゃない」との声をきっかけに，台風と日本の地形の関係性を考え始めた。

そして，次のように仮説を更新させた。

> 仮説：台風は山地・山脈を避けるように動いている

仮説を確かめるために，台風が山地・山脈を避けていることを調べる方法を考えた。まず，主な山地・山脈を記した日本地図に，台風が山地・山脈を避けて上陸するとしたらどのような経路図になるかを予想した。そして，友達の考えや例示を参考に，70年間の過去の台風経路図データから，全員で分担して山地・山脈を避けて通る経路図を探すことで検証していった。

優太さんは，仮説に合った台風経路図を何十個も見つけた。しかし，仮説に合わない経路図も，いくつかあることに気付いた。「何で山地・山脈を通過していく台風があるのだろう？」と仮説に疑問をもった。

そこで，優太さんは，例外となった経路が海の近くを通ることに着目した。そして，「台風は，海水面から水蒸気が発生することで発生する」という知識と関連付けて，新たな仮説を提案した。

> 仮説：台風はエネルギー源の海を求めて動いている

優太さんの新たな仮説に多くの子供が納得した。例外と出会っても，粘り強く課題と向き合い，仮説を更新し，途切れない追究が展開された。その過程では，様々な情報を関係付けて仮説を更新させる論理的思考力が発揮されたのである。

仮説の更新が，思考を深め，新たな知識をつくる

天気は西から東に変化していくという規則性がある。しかし，台風の進路は，この規則性が成り立たない。現代の科学においても，大気の流れに関して証明されていない事象も多い。しかし，偏西風や気圧，地球の自転といった知識がない子供でも，既習の知識や情報をもとに仮説を生み出し，例外の発見を通して，仮説を更新させていくことができる。このような過程で，暫定的に合意された仮説を自分にとっての新たな知識とし，絶えず正しさを追究しようとする態度は，自然の事物・現象について科学的に考える姿につながる。

5年　論理（社会のしくみ）

Google Earthで探る
地形と人々のくらし

西條 智夏

●育成する資質・能力【論理的思考力】

論理的思考力			
・地図や地球儀，Google Earthを用いて日本の地形について調べる活動を通して，日本の国土の自然環境の特色を捉えたり，それらを日本の都市の広がりと関連付けて考えたりする。			
知識・技能	発見する力	証明する力	自律性・内省的思考
・日本の国土の位置，領土の範囲，国土の構成 ・土地の地形の特色と気候の特色の関係 ・地図，地球儀，Google Earthの活用方法 ・地形と人々のくらしの関係	・日本の地形の特色から，人口が集中する都市がある土地の地形の条件を予想する。 ・地形の特色を調べたり，異なる地形の土地を比較したりして，その土地の気候の特色を予想する。	・地形に着目しながら，Google Earthを用いて日本の都市の広がる土地の様子を捉え，予想を確かめる。 ・資料で調べたことをもとに予想を確かめ，気候の特色についてまとめる。	・日本の地形や気候の特色に興味をもち，粘り強く調べようとする。 ・日本の地形や気候と人々のくらしの関係について，仲間と話し合いながら，より多くの人が納得する仮説をつくり出そうとする。 ・自分たちでつくり出した仮説の例外を見付けようとする。

▶本質に迫る問いが生まれる活動の構想

　本単元では，日本の国土の地形の特色について調べ，地形によって異なる自然環境や気候と関連付けながら，地域による人々のくらしの様子を探る。

　日本の地形の特色について調べる際，地形図だけでは，子供が実感をもって地形の様子を捉えにくいと考えられる。そこで，地形図に加え，Google Earthを活用する。Google Earthでは，地形図からは読み取れない詳しい地形の様子や，都市の広がりを調べることができる。日本には様々な地形があることを知った子供が，Google Earthで実際の日本の地形の様子を確かめることで，その特色をより実感をもって捉えることができると考える。

　日本の様々な地域の様子を詳しく見る中で，建物や交通網の広がりから，子供は平野に多く都市が広がっていることに気付き，日本の主な都市は平野にあるという仮説を立てるであろう。そこで，政令指定都市や中核市の地形をGoogle Earthで調べる活動を設定し，平野以外にも人口の多い都市があることへの気付きにつなげる。盆地に広がる都市の存在を見付けることで，子供は自分たちの仮説が本当に正しいか疑問をもつであろう。また，Google Earthで地形を調べる中で，山地の中に人が住んでいる様子を見つけることも予想される。その気付きから平野や盆地以外の土地で人々がくらしていることにもふれていく。様々な地形で人々が生活を営んでいることに気付いた子供は，地形による自然環境の違いにも目を向け，気候の様子にも興味をもつだろう。

　このように，地形や人々のくらしについて立てた仮説をGoogle Earthを活用して確かめるという過程を繰り返して，子供は論理的思考を深めていくのである。

山の中に都市があるとは！

　代表的な政令指定都市が平野であったことから、子供は「日本の主な都市は平野にある」という予想を立てた。またGoogle Earthで日本の地形を調べる中で、盆地を発見した子供がいた。iPadとモニターをつなぎ、その様子を共有したが、子供が見付けたいくつかの盆地には、人が多く住んでいる様子は確認できなかった。雄太さんは、「やっぱり人が多く住むのは、山地や盆地じゃなくて平野だ」と発言した。その理由を学級に問うと、「山が多いところには建物が建てられない」や、「海がないと交通が発達しないから」などの意見が挙がった。

　そこで、政令指定都市に次いで中核市があることを示し、いくつかの都市の地形を調べた。どれも平地であり、海に面していたことから、雄太さんは「やっぱり平野だ」とつぶやき、予想を確かめる様子が見られた。そこで、新しく中核市に移行した長野県松本市を紹介した。子供一人一人がiPadを使い、Google Earthで松本市の地形が盆地であることを確認した。モニターを使って山の中から都市が現れる様子を共有すると、「盆地にも都市があったんだ」と予想に反していることに気付く子供の様子が見ら

れた。雄太さんは「建物もあるけど、山もある。こんな山の中に中核市があったとは」と驚く様子を見せ、その後も松本市の地形をGoogle Earthで拡大したり縮小したりしながら確認していた。そして、他にもそのような都市がないかGoogle Earthで調べ始めた。自分の仮説に反する事実を知ったことが、仮説が本当に正しいかどうか確かめたいという動機付けにつながったと考える。

こんなところにも人がいるの！？

　「松本市の他にも、平野でない都市があるのか調べたい」という思いをもった子供に、新潟県の近隣にある中核市の一覧を配付し、Google Earthで調べる時間を設けた。盆地に広がる都市を次々と発見し、驚く子供の様子が見られた。また、都市の様子を調べる中で、何人かの子供が山地の中にゴルフ場や曲がりくねった道路を発見した。モニターでその様子を映し出すと、「こんな山奥にどうして？」と疑問の声が上がった。雄太さんは「こんなところにも人の行き来があるんだ」と発言した。これは、「山地には人はいない」というこれまでの調べ学習に基づく考えが揺らいだことによるものと考えられる。友達の発見から、様々な地形にある人々の生活について新たな気付きが生まれたのである。

　授業の最後には、「どうして海がないのに都市が広がったんだろう？」「農業が盛んなんじゃないかな」「山が多いから雪がたくさん降って大変そう」などという発言が聞かれた。地形の特徴だけでなく、地形による自然環境にも着目した姿の表れである。「もっと調べたい」という子供の姿勢が、次の気候の学習へとつながっていった。

仮説の例外を見付けることから、新たな問いを生み出す

　雄太さんが「日本の主な都市は平野にある」という仮説を立てるまでには、Google Earthを活用して多くの都市の地形を調べ、それらが平野であったことを確かめてきたという過程がある。そこから、松本市の存在をきっかけに「盆地にも都市がある」という仮説に反する事実を知ったことが、「地形によって人々のくらしはどのように変わるのだろうか」という新しい問いを生み出し、気候という視点から地形と人々のくらしを関連付けて思考する姿につながっているのである。

5年論理（文章のしくみ）

説得力のある
文章の秘密って何だろう？

金子 善則

●育成する資質・能力【論理的思考力】

論理的思考力			
・意見文の比べ読みを通して，説得力のある文章にするための表現技法があることに気付き，それを基に意見文を書くことを通して，文章の書き方についての見方・考え方を広げる。			
知識・技能	**発見する力**	**証明する力**	**自律性・内省的思考**
・「主張→根拠や理由→主張」といった順序で自分の考えを述べていく双括型の文章構成 ・実体験，具体例などの根拠や仮定の話，反駁を示す文章の表現技法 ・文章で用いられている表現技法の比較 ・根拠を提示したり仮定の話や反駁を使ったりするなど，文章の表現技法を用いて説得力を高める文章の書き方	・比べ読みを通して，根拠を提示したり仮定の話を使ったりすることによって，文章の説得力が高まることに気付く。 ・根拠を提示したり仮定の話や反駁を使用したりすることによって，説得力を高める効果が，テーマの異なる意見文においても有効であることを予想する。	・根拠を提示したり仮定の話を使ったりしながら，共通テーマについて，説得力をもたせながら自分の主張を伝える意見文を書く。 ・根拠を提示したり仮定の話や反駁を使ったりしながら，別の共通テーマについて，説得力をもたせながら自分の主張を伝える意見文を書く。	・説得力のある文章を書くために意見文を比べたり，発見した表現技法を使って意見文を書いてみたりしようとする。 ・文章の書き方にかかわって，考えたことや書いたものを伝え合い，互いに文章の書き方をよりよいものにする。 ・文章の構成や表現技法に着目し，それらを使うことによって，文章の説得力を高められることが分かる。

▶本質に迫る問いが生まれる活動の構想 ●

　本単元では，自分の考えについて，理由を明確にしながら書くなど，「分かりやすく伝える書き方」を学習してきた子供たちが，「説得力をもたせて伝える書き方」について学ぶ。

　説得力のある文章には，読み手の納得や共感を得るだけの理由がある。それは「実体験」「具体例」「仮定の話」「反駁」などを挙げて書くことである。

　本単元では，意見文の比べ読みを行う。意見文は，「実体験」「具体例」「仮定の話」「反駁」を示しているものと，そうでないものを段階的に扱う。それらを比べ読みすることで子供は，「なぜ，この文章には説得力があると感じるのか」という問いをもち，意見文と向き合いながら，説得力を生み出す表現技法を見付けていく。

　次に，見付けた表現技法を使って意見文を書く。子供たちは，説得力をもたせながら主張を伝えるために，どんな実体験などを提示すべきか考えながら意見文を書くであろう。つまり，「説得力ある文章を書くには，どうすればよいか」という問いをもち，それを解決しながら意見文を書いていくのである。そのように，実際に意見文を書くことを通して，説得力ある文章を生み出すための表現技法のよさを実感していく。

　このように，説得力のある文章の表現技法を見付け，それを使いながら説得力のある文章を生み出していく過程において，論理的思考力が発揮・育成されるのである。

なぜ，説得力を感じる？

単元の導入において，「実体験」「具体例」「仮定の話」を示していない意見文Aと，示している意見文Bを提示し，比べ読みをした。子供たちはBの方に説得力を感じ，「なぜ，Bの方が説得力を感じるのか」を疑問に思った。陽太さんは，「長く詳しく書かれている」と発言した。すると，別の子供が，比べ読みの意見文を読み返し，「実際にあったことが書かれている」と，実体験が書かれていることに気付いた。

当初，子供は長く詳しく書けば説得力があるという認識をもっていた。しかし，説得力とは，「実体験の引用」などの表現技法によってもたらされることに気付いていったのである。そこで，そういった表現技法を意識して，「スポーツは，勝つことが何よりも大事だ」というテーマで意見文を書いた。陽太さんは反対の立場で下のように書いた。（一部抜粋）

> ぼくは，このテーマについて反対です。
> その理由は３つあります。
> 一つ目は，スポーツは勝っても負けても楽しいからです。実際，ぼくはバスケットボールの試合で何回か負けたことがあります。ちょっとくやしい気持ちにはなりました。しかし，楽しい気持ちもあったからです。
> （陽太）

陽太さんは，自分の経験の中から，テーマに関して反対の主張を支える実体験を選んで提示している。書いた後，陽太さんは，自分の書いた意見文を読み返し，納得のいくものが書けたという表情を見せていた。

「反駁」が成り立つには？

さらに別の意見文の比べ読みを行い，子供は「反駁」という表現技法にも気付いた。子供は，「わざと自分と反対意見の理由を出して，それを消すから自分の意見を強調できる」と，反駁のよさをしっかりと捉えた。しかし，示す理由の組み合わせによっては，反駁が成り立たないことがある。実際，比べ読みで用いた意見文について，反駁で示している理由の組み合わせを変えると，子供は「自分と反対の意見を消せていない」と違和感をもった。そして，反駁は，相対する理由の組み合わせを考えて示す必要があることに気付いたのである。

そこで，反駁も使いながら「学校に宿題は必要ない」というテーマで，２回目の意見文を書くようにした。テーマについて話し合ってみると，様々なものが挙がった。そして，挙がった考えの一部（学力，気持ちに関するもの）を整理した。賛成／反対を軸として，その理由が相対する関係になっていることが分かる。

	学力	気持ち
賛成	自分の苦手な学習内容を選んだ方が，学力がつく。	自分で学習内容を自由に選べると，やる気が出る。
反対	先生に学習内容を選んでもらった方が，学力がつく。	出された学習内容は，「やらなければ」と思うからやる気が出る。

意見文テーマ「学校に宿題は必要ない」に対し，賛成派の佑真さんは，次のように反駁を書いた。

> たしかに，先生に勉強する内容を選んでもらうと，今まで習ったいろいろなことを勉強することになるので，学力がつくかもしれません。しかし，自主学習として自分が特に苦手なところを選んで勉強した方が，よく学力がつくと思います。
> だから，ぼくは，「学校に宿題は必要ない」というテーマに賛成です。
> （佑真）

先生が学習内容を選ぶことで学力が上がるとする意見を打ち消す理由を示しながら反駁をしている。説得力をもたせながら自分の主張を伝えるため，表現技法を応用したことが窺える。

比べることで表現技法を見付け，それを応用する

比べ読みによって，子供は文章に説得力をもたせる表現技法を見付けた。そして，「実体験」として自分の経験を提示したり，「反駁」で相対する理由同士を挙げて考えを述べたりする姿があった。そこには，比べ読みと意見文の記述という一連の活動があり，説得力を高めながら自分の主張を伝えるため，見付けた表現技法を応用しようとする思考が働いているのである。

カリキュラムと授業実践

1 資質・能力でつくるカリキュラム

　大手町小学校における4年間の研究開発が，最終年度を迎えた。その間，2020年度には，「知識・技能」「思考・判断・表現」「学びに向かう力・人間性」の三つの柱によって構造化された新しい学習指導要領が実施フェーズに入った。多くの学校では，指導案の目標の項目も，それに合わせて変更された。しかし，授業をデザインする流れは，単元の内容→資質・能力，であることは変わらない。

　大手町小学校の挑戦は，このベクトルを逆方向，あるいは双方向にすることだったのだと思う。それにあたって，資質・能力をより細かく設定した。「探究力」「論理的思考力」「創造力」「コミュニケーション力」「内省的思考」「自律性」の6つである。そして，それぞれを育成するための内容や活動を作っていく。とはいえ，学習指導要領には，学習すべき内容が示されているし，授業では教科書も使う。したがって，完全に資質・能力からカリキュラムを構成することはできない。そして，図中に示したようなことに悩むことになる。

　1つは，細分化する利点は何か，である。大手町小学校が設定している資質・能力は，学習指導要領の第二，第三の柱に対応すると思われる。つまり，2つが6つに細分化されているのだ。それは，それだけ具体的になっているということを意味する。従って，それぞれの資質・能力が，より具体的にイメージできる。実際，学習指導要領の第3の柱は，何を含んでいるかとらえにくい。それを，「内省的思考」（自分自身を客観的・俯瞰的にみること）と，「自律性」（道徳的判断も含めて自分自身を方向付けること）に分けてとらえる事ができる。そして，それぞれが，具体的な学習場面とつながってくる。そのことが，より資質・能力の育成を意識した授業実践を生み出す。

　2つめに，学習内容に関する資質・能力が設定されておらず，そのため，それらをどのように計画するかが問題になる。教科書をこなすことへの要請もある。手法としては，資質・能力からつくった全単元が，どの内容と対応しているかを検討してつぶしていくことになる。とはいっても，教科書の内容の系列が第一の柱だけでつくられているかというとそうでもなく，少なくとも第二の柱はバックボーンにもっている。結局は，教科書の内容の系列を活かしながら，大手町小学校の資質・能力の網をかけて，教科等を超えて内容を組み合わせ，再編していくのが効率的な方法ということだろう。それは，カリマネにもつながるかも知れない。

　これらの悩みは，完全に払拭できたとは言えないかも知れないが，4年間の授業実践を通して，新たな可能性につながるものに見えてきたように思う。

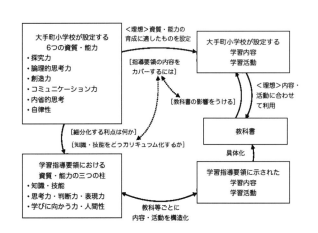

Haruo Kurokami

関西大学教授
黒上晴夫

2　たとえば，論理的思考力に関して

　大手町小学校の授業の形態は，とりわけ探究の領域においては，子どもたちが本気で議論できる意見対立を生み出す問題の設定と，その解決に向けた全体での討論に象徴される。意見対立そのものが，論理のちがいを背景としており，討論に向けて，一人一人のもっている根拠のちがい，筋道のちがいを背景としている。そして，それらの違いが教師の板書によって整理され，自分たちのこだわりを超越した価値（地域の人々に貢献することというような）を基準に，統合された解決策が生み出されていく。全体の力によって，主張の論理，説得の論理，（弁証法的な）問題解決の論理などを学んでいく。多くの参観者は，この議論の中での発言力に驚かされる。研究開発の力でもあるが，伝統的な学習方法の力でもある。

　ただ，昨年度末に整備された一人一台の端末も，論理的思考に活かしたい。端末は，個人の考えを生みだし，表明するために「可視化」という大きな力をもつ。また，他者と考えを共有したり，みんなの前で発表したりする活動を，根本的に変える。共有された考えから，再度自分の考えを更新するプロセスも可視化できる。従来の議論の方法に，これを組み込むことで，一人一人が問題解決していく論理的思考力にフォーカスした学習の流れを作れるように思う。

　論理的思考力には，言語以外に，数学的な思考力なども含まれる。例えば，数学的な思考力には，単に算数の学習内容を習得して活用するということだけでなく，ものごとを数や図形として見て，明確な論理をつくることが含まれる。探究の領域では，学校園や青田川といったフィールドとの関連で，切実な問題を解決するためにどうしても必要な考え方としてそれが学ばれることになる。その中で，算数の学習内容が，収穫量や生息数のような具体的な問題を通して，意味をともなうことになる。

　このように，資質・能力の一つである「論理的思考力」は，「探究力」のような他の資質・能力と密接に関わっている。それは当然で，むしろそれぞれが絡み合いながら，より高度な資質・能力を形作って行けばよいと考える。

3　授業実践

　大手町小学校では，この6つの資質・能力にたどり着くまで，さまざまなモデルを作っては壊し，作り直してきた。概念モデルだけをつくるのとちがって，実際の授業内容や具体的な子どもの考えがからんでくると，説明できないことがあふれてくる。そのカオスを，限られた時間しかない中で，全員のブレインストーミングを重ねながら，よく整理してきたと思う。そして，なんとか納得できる枠組みができてきた。

　それでも，授業実践には，枠組みからはみ出るものが出てくる。そのとき，細部にこだわりすぎると，いつまでもモデルが安定しない。4年目の区切りをきっかけに，枠組みで説明できる部分と，そこからはみ出る部分が共存することも認めながら，実践のデザインに注力していって欲しい。モデルは，すべての実践に筋を通すものになり得る。そして，はみ出る部分は，実践を彩るものでもある。両者があって，豊かなカリキュラムが生まれるのだと思う。

（運営指導委員）

学校環境

　本校には，子供の思いを実現するグラウンドや裏庭があります。毎年，それぞれの学年が飼育小屋や畑，田んぼを基点に，子供自身が思い描いた場所を創り出していきます。そして，グラウンドはどんどん狭くなっていきます。子供同士が，お互いに夢や理想を求める気持ちを認め合う文化が，大手町小学校にはあるのです。

グラウンド

子供の発想は，どんどんひろがり，飼育小屋からジャングルジムや土管のトンネルへと，遊び場がひろがります。

山羊や羊たちが，のびのびと過ごすことができる飼育小屋です。子供たちは，掃除をしたり，動物と触れ合ったりするのが大好きです。

グラウンドの脇にひろがる大きな畑は，子供たちが育てたい野菜を育てます。レストランになったり，夏祭りの屋台が並んだりします。

校舎裏庭

学校のグラウンドに田んぼ！？人間と自然の共生を考える子供が，学校のグラウンド水田をつくり出しました。

裏庭に池!?　子供が生き物の気持ちになってつくり出した水辺がひろがります。

ビールケースや電線ドラム，スコップや鍬，木槌や電動ドリルなどの材料や工具も豊富にあります。

創造領域

創造領域は，A「創造表現」B「企画創造」で構成され，主に創造力の発揮・育成を目指す。

A「創造表現」では，造形表現，音楽表現，文学表現，身体表現など，多様な表現を経験する。

●創造力

感性や創造的思考をはたらかせながら，創造的に表現したり，独創的なアイデアを生み出したりする力

B「企画創造」では，「あったらいいな」と思うものを考える活動を通して，新しい発想を生み出す。

創造領域固有の活動のプロセス

○創造的思考や感性をはたらかせ，「イメージすること」「つくり出すこと」「つくりかえること」が連関しながら，発想・表現する過程

創造領域固有のプロセスは，豊かに発想したり表現したりする子供の姿を，「イメージする」「つくり出す」「つくりかえる」の連関として捉えることで思い描くことができる。創造領域固有のプロセスを生み出す単元設計において，他者とのかかわりの中でよりよさを追求する「コアスキル」や「コアマインド」のはたらきが重要である。

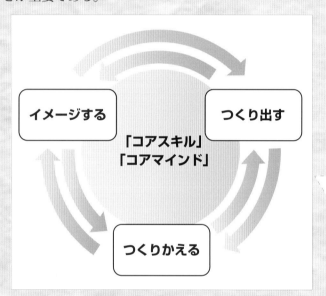

プロセスの連関例

〈イメージする→つくりかえる〉
　描きたい情景をイメージして，よりよい表現になるように試行錯誤を重ねる。

〈つくり出す→つくりかえる〉
　リズム遊びで心地よいリズムをつくり出し，友達と合わせる中でよりよいリズムを発想する。

〈つくり出す→イメージする→つくりかえる〉
　積む，重ねる，塗る等の行為からイメージをひろげ，新たな活動や目的を生み出したりする。

例えば，5年創造表現「フラッグで表現しよう」では，「探究」で，水，食料，エネルギー等を自分たちでつくり出し，それを生かして1泊2日を過ごした「ネイチャーライフ体験」から連想されるイメージをもとに，フラッグを使って身体表現をした。「ネイチャーライフ体験」から連想する火や風，雨などは一般化されたイメージではなく，共通体験で得た「苦労して起こした貴重な火」や「突然降り出した風雨」などである。そのイメージに合う旗の色・曲を選定し，5人チームで2分程度の演技を構成した。「風」をテーマに表現したチームの子供は，まずフラッグを持って自由に動き回ることを楽しんだ。走ることで風に【なりきり】，自分のイメージをひろげていた。すると，「曲のテンポが速くなるところは，突然風が吹いた感じにしよう」と声を掛ける子供がいた。そのアイデアを聞いた子供は「風でテントが飛ばされたよね」とつぶやき，再度曲を流すと，曲想の変化を捉え

て，しだいに両手をひろげ，大きくフラッグを振る姿が見られた。子供は，イメージをもとに動きをつくり，曲と【組み合わせる】ことで動きをつくりかえた。そして，更にイメージをひろげながら豊かに発想し，自分たちが表現したい動きを具現化した。

　このように創造表現では，【なりきる】，【組み合わせる】という「コアスキル」が重要である。チームで協働的に発想・表現するには，表現のよさを【分かち合ったり】，チームの理想に向かって最後まで【貫いたり】する「コアマインド」が，発想・表現の基盤となる。

　　4年企画創造「あったらいいなこんな冷蔵庫」では，これまで機能や形を進化させてきた冷蔵庫の歴史からイメージをひろげ，10年後に「あったらいいな」と思う冷蔵庫のアイデアを生み出し，生み出したアイデアをチームでよりよいものに練り上げた。「家族が喜ぶ」「実現可能性」「独創的なアイデア」の3つの条件を設定したことで，子供が発想を練り直す拠り所となった。例えば，家族が喜ぶ機能は何かを考え，自分の家族にリサーチした子供は，「災害時に電気が止まると困る」という家族のつぶやきをヒントに「発電機付きの冷蔵庫」を発想した。チーム活動では，似ているアイデアに【分類し】，取捨選択したり，異なったアイデアを【組み合わせて】新たなアイデアにつくりかえたりした。突飛なアイデアに対して，「それは

ドラえもんの秘密道具の世界だよね」と実現可能性を問い直す姿や，「自動販売機の仕組みを使えば，ボタンを押して中から液体が出てくることは可能だと思う」と別の機械のアイデアを【応用して】発想することで，実現可能性を模索する姿が見られた。また，その冷蔵庫を使うことを想定し，「多機能すぎることは逆に使いにくいのでは？」「本当にその機能は必要なの？」と問うなど，使用者の立場に立って【多面的に】アイデアを吟味した。

　このように企画創造では，アイデアを【分類する】，【多面的にみる】，【組み合わせる】，【応用する】という「コアスキル」が発想・表現の過程で重要である。また，利用者の立場に【寄り添ったり】，他者の考えを受け止め【納得したり】する「コアマインド」が，個々の発想をよりよく練り上げる上で重要である。

★ 「創造力」の構成要素

創造力		
・感性や創造的思考をはたらかせながら，創造的に表現したり，独創的なアイデアを発想したりする力		
知識・技能	発想・表現する力	自律性・内省的思考
●色・形・音・言葉・動きなど，対象の構造を捉える視点 ●目的や意図に応じて表現したり，工夫したりするために必要な知識・技能 ●発想技法	●対象の魅力を感じ，構造を理解してよりよいものを思い描く。 ●思い描いたイメージをもとに，表現方法を選択しながらつくり出したり，つくり出されたものからアイデアや創造をひろげたりする。 ●他者のアイデアや表現をもとに，よりよいものを目指して試したり修正したりする。	●対象の魅力を感じ，進んで発想や表現に向かおうとする。 ●自分や他者の表現を振り返り，よさを実感する。

創造領域の内容

A 創造表現（1）造形表現（2）音楽表現（3）文学表現（4）身体表現

知識・技能	発想・表現する力	自律性・内省的思考
●対象や事象を捉える造形的な視点（1） ●音楽を形づくっている要素（2） ●詩や物語の構造（3） ●題材の特徴を捉えた動きや音楽と合わせた動き（4） ●表現の工夫や技法	●対象の構造を捉えながら，よさや面白さ，美しさなどについて考え，よりよい表現や表現方法を創造する。 ●試行錯誤を通して，新しいアイデアを生み出す。 ●自分の思いをもとに，表現方法を選択したり，さらによりよい表現を創造したりする。	●対象の魅力を感じ，進んで発想や表現に向かおうとする。 ●自分や他者の表現を振り返り，よさを実感する。

　「創造表現」は，感性や創造的思考をはたらかせながら創造的に表現する活動を通して，資質・能力の育成を目指すものである。

　すべての学年で，多様な表現の経験を重ねられるよう，「知識・技能」に（1）～（4）の項目を設けている。子供自身の思いをよりふくらませたり，豊かな表現を生み出したりするためには，造形表現や音楽表現など教科特有の基本的な知識・技能を子供自身が獲得することも大切だからである。自分自身の表現に必要な知識・技能が備わることで，自分なりの発想をひろげ，それに合った素材や方法を使って新しいものを生み出すことにつながる。

　単元設計の際は，造形表現，音楽表現，文学表現，身体表現の4つの表現活動を自由に組み合わせた単元の設計が可能である。教科の指導内容に縛られることなく，柔軟に内容を設定することによって，子供の発想の幅をひろげることができる。造形遊びや音楽づくり，創作ダンスなど，様々な表現活動の結び付きを思い描きながら単元設計を行うことで，子供の創造力は更に発揮・育成される。

　また，教育課程の中核である探究領域や，教育課程の基盤である自律領域の活動との関連を図ることが効果的である。「探究」，「自律」での体験を通して抱いた思いや願いをテーマにすることで，子供たちが表現したいと思うものを自由に表現する活動をつくることができる。誰に何を伝えたいのかを意識しながら，よりよい表現を創造しようとすることで，創造領域固有の活動のプロセスが生まれ，表したいものを生き生きと表現することができる。

　「創造表現」では，表現と鑑賞を一体として捉えている。子供が表現を生み出す行為の中に必ず鑑賞するという活動は伴うからである。一方で，自由に表現するだけでは感じることのない，自他の表現のよさに気付くような意図的な鑑賞活動を仕組むことも大切である。意図的な鑑賞活動が，「つくること」と「イメージすること」をつなぎ，発想・表現のプロセスがより連続・発展するからである。

　このように，様々な表現方法を組み合わせた活動，自分の思いや願いを表出する活動，鑑賞活動の3つの活動の特性を意識して，単元設計することが大切である。

B　企画創造

知識・技能	発想・表現する力	自律性・内省的思考
●拡散的に思考する方法（発想技法） ●よりよいアイデアを選択する方法（創造的会議） ●アイデアを実現させるための計画性や方向性	●自由で拡散的な発想や，条件やニーズに応じた発想から，アイデアをたくさん思い描く。 ●思い描いたアイデアを絵や形・言葉で表現する。 ●他者の反応を想像したり，実現の可能性を意識したりしながら，アイデアを修正したり，再検討したりする。	●対象の魅力を感じ，進んで発想や表現に向かおうとする。 ●自分や他者の表現を振り返り，よさを実感する。

　「企画創造」は，主に創造的思考をはたらかせながら企画を創造する活動を通して，創造力の育成を目指すものである。企画とは「ニーズに応じて考えられた新しいアイデアや実現にむけた方向性を生み出すこと」である。条件をもとに新しい発想を生み出す創造力の発揮を期待し，全学年で「あったらいいなこんなもの」を実践する。

　低学年の子供は，既成の概念にとらわれずに発想し，結果にこだわらずに様々なアイデアを生み出したり，対象をつくりかえながら発想を展開したりする特性がある。豊かに企画を創造する素地をつくるためには，このような低学年の特性を生かす必要がある。そこで，空想の世界に思いを馳せながら新しい「もの」を発明する活動を設定する。子供は，「探究」や生活経験を生かしながら，空想の世界に浸り，自分なりの「もの」を発想する。その際，廃材や粘土などを活用して，実際にその「もの」の模型をつくりながら発想することも考えられる。廃材の色や形の特徴や組み合わせから発想したり，実際にその「もの」とかかわる自分を想像したりしながら，自由に発想できるように単元を構想する。

　中学年の子供は，友達のアイデアに関心をもったり，自分の夢や願いをもとに想像をひろげたりし，よりよく表現していこうとする特性がある。このような中学年の特性を生かし，現実の世界にある「もの」から発想して，現実世界をよりよくする発明品を考える活動を設定する。低学年で，空想の世界に思いを巡らせて自由に発想した経験を生かし，その子供らしい発想でたくさんのアイデアを思い付く姿を大切にしたい。それと共に，発明とは単なる奇抜なアイデアではなく，人々のニーズを満たすものである。そこで，友達とアイデアを交流したり，生活を豊かにする多様な視点を拡散的に思考したりする活動を設定する。他者に感動をもたらすアイデアとは何かを思考しながら，もしその発明が実現したら，どのように生活が豊かになるのかを想像できるように単元構想をする。

　高学年の子供は，人間が世の中に新しい「もの」を生み出すことで，より豊かな生活を生み出してきた社会的事実を捉えたり，相手のニーズを考えながら発想しようとしたりする特性がある。このような高学年の特性を生かし，人間の社会生活を豊かにする商品を発想し，商品のよりよさを競うことで，ニーズに応じたアイデアやアイデアの実現性を検討する活動を設定する。その際，近い未来に実現しそうな商品という縛りを設けることで，今世の中にある商品がどのような発想で開発されているのかということに目を向けていく。発想がひろがらないときは，実際の企業で行われているような，創造的会議の方法や発想技法を活用して，発想することそのものを学んでいく。また，チームで企画に取り組むことで，コラボレーション的な発想のよさを学ぶ。他者のアイデアを尊重したり，他者のアイデアから発想をひろげたりするなど，能動的に新たな価値を想像する経験を重ねられるように単元構想をする。

　このように，子供の特性に合わせて，活動の条件や活用する素材を勘案しながら単元設計することが大切である。

豊かな表現を生み出す 創造表現

　対象とかかわりながら発想することに重きを置いた創造表現では，教科の枠組みにとらわれず，音楽表現や造形表現など多様な表現を組み合わせて構想することができる。発想・表現をする中で，「イメージする」「つくり出す」「つくりかえる」を繰り返す創造領域固有のプロセスが自然と成り立つことが確認できた。

●「響け！たいようウインド・ブラス・アンサンブル！」（造形＋音楽）

　3年「響け！たいようウインド・ブラス・アンサンブル！」では，アンサンブル曲づくりを行った。曲をつくるために，グループで表したい場面を絵や言葉で表し，つくりたい曲を視覚的にも捉えた。その絵や言葉を拠り所として選んだ場面に合う音楽の流れを和音のつながりから考えながら，主旋律をのせた。「どんな音だとイメージに合うかな」「絵画のテーマが，○○だからこんなメロディーがいいな」とグループの中で思いを語り合い，メロディーをつくりかえながら，自分たちのイメージを曲に表現する姿が見られた。造形表現がよりよい音楽づくりに向かう子供の姿を具現したのである。

　協働して音を試しながらフレーズを構成していく中で，心地よい響きやイメージに合う曲づくりを試行錯誤しながら，子供が創造力を発揮した。

●「オリジナルモンスターをつくろう」（文学＋造形）

　4年「オリジナルモンスターをつくろう」では，「残福（ざんぷく）モンスターズ」（TOMOYAARTS著）という絵本から発想をひろげ，オリジナルのモンスターと，そのモンスターを主人公とした物語をつくった。「残福モンスター」は，靴下工場の毛糸から様々な動物を組み合わせたモンスターが生まれるお話である。活動内容と本の読み聞かせを聞き，本物の靴下工場から届いた大量の毛糸を見た子供は，想像力をひろげ，自分がつくりたいモンスターを思い描いた。

　由美さんは，ユニコーンと熊を組み合わせたモンスターをつくりたいと願った。そして，「ユニちゃん」という名前を付け，キャラクターシートの特徴の欄に，「いちごが大好きで食べると体がピンクになる」と

記述した。その特徴が生かされるよう，ピンクの毛糸を選び，耳や角にこだわって制作した。物語づくりでは，友達と喧嘩をして仲直りしたユニちゃんがイチゴをもらって体がピンクになるお話をつくった。すると由美さんは，「ユニちゃんの友達もつくりたい」と願い，もう一体モンスターをつくることにした。

　このように，造形活動と物語づくりが往還することで，自分のイメージやつくりたいものを更新させていく子供の姿が見られた。文学的要素と造形的要素を組み合わせた単元設計が，独創的に発想・表現する子供の姿を具現したのである。

●フラッグで表現しよう（身体＋音楽＋造形）

　5年生の「フラッグで表現しよう」では，表したいテーマをもとにイメージをひろげ，音楽やフラッグの色を選び，フラッグを使った集団の動きで表現した。単元の初めでは，「探究」の活動として行った「ネイチャーライフ体験」を想起させ，そこから連想したものを，イメージマップを用いてふくらませた。共通体験をテーマにしたことで，イメージを全員で共有できるからこそ，効果的に創造力を発揮することにつながった。子供はフラッグを持って自由に動くことを楽しみ，やってみたい動きがあるとチームで繰り返し試した。「こうしたらどう？」と動きながら相手にイメージを伝え，話し合った。また，曲をよく聴き，曲想を捉えることで動きが変化したチームもあった。杏菜さんは「曲が盛り上がるところは気持ち良く風に乗っている感じにしてみよう」と言いながらフラッグを持った両手を広げ，自由に走り回った。走ることで風を感じ，「風」になりきっている姿だった。「朝」を表現したチームは，「朝の終わりをどう表現するか」を話し合い，「寝

袋をしまう場面を朝の終わりとしよう」という結論を出した。フラッグを寝袋に見立て，丸めることで寝袋を片付ける場面を表現した。友達と協働して動きをつくり出し，自分たちの動きを客観的にみることを通して発想をひろげ，友達と合意を図りながらつくりかえていった。

　このように，音楽的要素，造形的要素を組み合わせてイメージをひろげながら，動きの美しさや面白さを追求することで，協働的に発想・表現する子供の姿を具現したのである。

<多様な表現を組み合わせて構成された創造領域の単元例>

1年「『大きなかぶ』のおんどくげきをしよう」（文学＋身体）

1年「うたとなかよし（絵かき歌）」（音楽＋造形）

2年「『スイミー』のおんどくげきをしよう」（文学＋身体）

2年「おやさいさんのようせい物語」（造形＋文学）

3年「なりきり詩」（造形＋文学）※p.94，95参照

3年「きぼう☆STOMPにチャレンジ！」（音楽＋身体）

4年「二分の一成人式の歌をつくろう」（文学＋音楽）

5年「写真と合わせる大切にしたい言葉」（造形＋文学）

6年「歌と劇で伝える！卒業発表」（音楽＋身体）

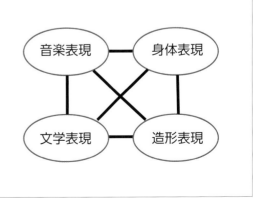

新しいアイデアを発想する企画創造

　全学年共通の題材として「あったらいいなこんなもの」を設定する。低学年では，空想の世界に思いを馳せながらファンタジーグッズを発明するような発想，中学年では，現実の世界にあるものをもとに現実世界をよりよいものにするような発想，高学年では，未来の世界で実現しそうなものに目を向けるような発想を促すテーマを設定する。

●「あったらいいなこんな道具」

　1年「あったらいいなこんな道具」では，ドラえもんの秘密道具に連想されるような，現実にはありえない空想の世界の道具を発明する活動に取り組んだ。まず，子供に「あなたは，ドラえもんの道具を発明する博士だよ。どんなものを発明するのかな？」と問いかけた。子供は，博士になりきり，目の前にあるいろいろな箱や廃材等で触ったり，重ねたり，くっつけたりしながら，箱や廃材の色や形の特徴を生かし道具のイメージをひろげていった。つくりながら友達と遊んだり，つくりかえたりを繰り返しながら発想を展開していったのである。写真の子供は，ペットボトルを覗いたら，周りの風景がぼやけて見え，不思議な世界がひろがっていることに気付き，望遠鏡を覗くとどこにでも旅行できるマシーンを考えた。さらに，つくったもので遊ぶことで，一つだったペットボトルの望遠鏡は，覗きやすくするために，ペットボトルを2つ組み合わせて双眼鏡へと進化していった。博士になりきった子供は，いつのまにかマシーンの船長となり，ごっこ遊びも展開されていった。

　このように，低学年の子供は，つくったり，遊んだりしながら，豊かに発想するのである。

●「あったらいいなこんな遊び」

　4年「あったらいいなこんな遊び」では，ペットボトルを利用した今までにないオリジナルの遊びをチームで発想する活動に取り組んだ。子供は，ペットボトルの特性を生かしてできそうなことを発想したり，経験したことがある遊びを組み合わせたりしながら，新しい遊びを考えていった。写真のグループは，ペットボトルを

蹴って遊ぶという着想をもとに，ペットボトルを蹴りながら障害物をさけゴールに向かっていく遊びを考えた。話合いの中「この遊びは，ゴルフっぽいね」とゴルフに例えたことで発想がひろがっていった。「蹴るのが得意な人が1番に蹴るといいんじゃない？」「それなら，チームで作戦を立ててからゲームを始めるとおもしろくなりそう」「ゴルフみたいに池をつくると，ハラハラしておもしろそう」と，既存のスポーツのルールが自分たちの遊びに取り入れられたことに気付き，遊びを次々にブラッシュアップしていく姿が見られた。

このように，中学年の子供は，発明を単なる奇抜なアイデアと捉えるのではなく，人々のニーズを満たすものと捉え，友達とアイデアを交流して生み出した独創的なアイデアのよさを，実感しながら豊かに発想するのである。

● 「あったらいいなこんなうまい棒」

6年「あったらいいなこんなうまい棒」では，身近なお菓子の「うまい棒」の新商品を企画し，実際に企業に提案する場を設定する活動に取り組んだ。

「うまい棒」は，味の種類も豊富にあり価格も子供たちが手に取りやすいものとなっている商品である。それぞれに好みの味もあり，話題性もある。子供には，小学生を対象にした「うまい棒」の新商品を開発しようという企画創造を提示した。架空の世界の商品ではなく，自分たちもよく口にしているお菓子であること，もしかしたら近い未来に実現できるかもという期待感も湧き上がるだろう。新商品を開発するためには，今までの商品を知る必要がある。そこで，既存のパッケージデザインを取り上げ「うまい棒」にまつわる歴史を探った。実際の商品を展示することで，いつも食べている身近な商品を自分たちと同じ小学生を対象に発想するという意識が高まり，子供の創作意欲はかき立てられ，より発想の幅をひろげていった。

子供は，今までに商品化されていない味やパッケージのデザイン（イラスト・色など）を考え，「食感を変えてみようかな」「サクサク感がなくなったら，うまい棒じゃないよね」「でも，あえてチャレンジしてみるのもいいかも」「こぼれないように，一口サイズもいいかもしれない」「パッケージの裏にも味が付いていて，振ると味が変わるのもおもしろ

いかも」など次々に発想をひろげていった。この企画創造のゴールは，企業とのコラボレーションであった。企業の開発部担当者の前で，プレゼンテーションを行い，評価やアドバイスを受け，実際の企画会議を体験した。対象が架空の世界のものではなく現実性があることが有効にはたらき，子供の創造性をより活性化させた。

このように，高学年の子供は，社会生活を豊かにする商品を考え，商品のよりよさを競うことで，アイデアの実現性を検討しながら，豊かに発想するのである。

3年創造（創造表現）

わたしだけの詩集をつくろう
〜なりきり詩〜

山口　愛

● 育成する資質・能力【創造力】

創造力		
・対象になりきって感じたことやイメージしたことを詩で表現することを楽しむ。		
知識・技能	発想・表現する力	自律性・内省的思考
・なりきり詩の表現方法 ・詩の構造 ・対象になりきった見方や表現方法 ・対象を別のものに見立てる方法 ・iPadで写真を撮る方法	・対象になりきって，その世界を思い浮かべる。 ・対象になりきった世界で見えるものや聞こえてくるもの，感じること等を言葉で表現する。 ・言葉を組み合わせたり，別の言葉に置き換えたりしながら発想をひろげ，イメージに合うように詩を書く。	・なりきって詩を書く楽しさを感じ，進んで発想や表現しようとする。 ・自他の表現を振り返り，よさを実感する。

▶ 本質に迫る問いが生まれる活動の構想 ●

　本単元では，子供の身の回りのものに「動く目玉」をつけて擬人化させて，その対象になりきって詩を創作する。なりきり詩は，対象をiPadで撮影して印刷したものに書くようにする。

　対象からどんな声が聞こえるか考える活動を構想することで，子供がイメージをふくらませ，対象に思いを寄せてなりきることができるようにする。子供は，対象の写真を見ながら，「どんな声が聞こえてくるかな」「何を話しているかな」と考えることで，その対象になりきり始めるだろう。そこで，単元の導入では，1枚の写真を提示し，対象から聞こえてくる声をみんなで考える。教師はファシリテーターとなり，客観的な立場に立って子供の発想を受け止めながら，聞こえてくる声を吹き出しに書き溜めていく。対象になりきることで，対象にかかわるものや周りにあるものを別のものに見立て始める子供もいるだろう。このような子供の考えに対して，問い

返すことで，子供のイメージがひろがったり，新しい考えを得たりすることができるようにする。また，写真の撮り方によっては，聞こえてくる声も違うだろう。そこで，共通課題でなりきり詩を書く際に，消しゴムの写真を2枚提示する。1枚は机の上に置いた消しゴム，もう1枚は床に転がっている消しゴムの写真である。子供は，どんな声が聞こえてくるかを考え，比較することで，対象が同じでも，置き方や置く場所によって聞こえてくる声が違うことに気付くだろう。そうすることで，自分がiPadで写真を撮るときにも，どんな声が聞こえてくるのかイメージをふくらませながら写真の撮り方を工夫することができる。

　子供は対象になりきり，その世界に入り込むことで，対象が見ているものや感じていることを別のものに見立てながら，その世界を表現する言葉を豊かにつくり出していくのである。

早くご飯が食べたいよ！

共通の課題でなりきり詩を書いた子供。いよいよ自分が選んだものになりきって詩を書く。授業の初めに，ある子供が撮った「鉛筆削り」の写真を提示した。すると，写真を見た子供は，「トトロみたい」「耳がある」などと思い思いに話し始めた。どんな鉛筆削りか問うと，子供は「口が丸い」と発言した。「口？鉛筆削りに口があるの？」と問い返すと，智樹さんは「あっ，鉛筆を差すところが口」とつぶやいた。友達の考えを聞き，新しい考えを得たのである。次に「どんな声が聞こえてくるか？」の問いに対して，「早くご飯が食べたいよ」と答える子供。「鉛筆削りってご飯を食べるの？」と問い返すと，「鉛筆の木や芯がご飯」と話した。さらに，智樹さんは「そしてお腹の中にたまっていく。お腹の中にたまってきたら，出してって言う」と続けた。友達の発想から新しい発想を生み出した瞬間である。「鉛筆削りにお腹があるの？」と聞くと，多くの子供が「ある」と答えた。削りかすがたまるところが鉛筆削りのお腹だと見立てたのだ。子供の中で，目玉がついた鉛筆削りを見た時に，いつも見ている鉛筆削りが，擬人化された鉛筆削りに変化した瞬間である。そして，子供は鉛筆削りになりきり始めたのである。さ

らに，鉛筆を差す部分を口に，口に入る鉛筆を食べ物に，削りかすがたまる部分をお腹に見立てた。そして，かすがいっぱいにたまると「お腹がいっぱいだ」と鉛筆削りになりきって表現する子供の姿があった。

名前はえんぴつかきろう！

智樹さんは，自分の鉛筆に「えんぴつかきろう」という名前を付けて，なりきり詩を書き始めた。

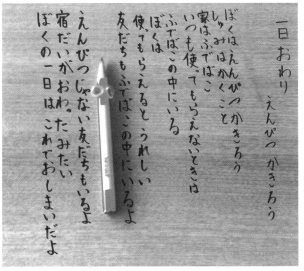

智樹さんは，毎日鉛筆を使っている経験を想起しながら，「えんぴつかきろう」の趣味は「書くこと」，また，筆箱を鉛筆の家とした。さらに，筆箱の中にある消しゴムや定規，サインペンなどの文房具を「えんぴつかきろう」の友達と見立て，詩の中に登場させた。そして，宿題が終わり，筆箱の中に片付ける瞬間を，「えんぴつかきろう」にとって一日の終わりだと考えた。智樹さんが鉛筆になりきり，鉛筆にかかわるものを別のものに見立てたことで，「えんぴつかきろう」の世界のストーリーを思い浮かべ，たくさんの言葉を生み出しながら，詩で表現した姿である。

対象になりきり，見立てることで豊かに表現する

智樹さんは鉛筆になりきりながら，その周りにあるものを別のものに置きかえることで，その世界をイメージし，発想を広げながら詩を書いていた。対象の気持ちになって想像し対話することで，子供は，対象の一部や対象に関連するものを別のものに見立てるような言葉を紡いだ。「なりきる」「たとえる」といった「コアスキル」のはたらきが，豊かに発想・表現する姿につながったのである。

5年創造（企画創造）

未来に必要とされる車を発想する
～あったらいいなこんな車～

飯野 浩枝

●育成する資質・能力【創造力】

創造力		
・自動車会社が消費者のニーズや社会の要請に応え，人々の工夫や努力により営まれていることを理解した上で，常識にとらわれない新しい自動車の機能やデザインを生み出す。		
知識・技能	発想・表現する力	自律性・内省的思考
・日本の自動車の歴史や生産方法・性能 ・現代社会の多様な消費者のニーズを反映した自動車生産 ・拡散的に思考する方法（発想技法） ・アイデアを実現させるための計画性や方向性	・車社会が発展させるために必要とされるニーズを整理する。 ・グループに分かれ，近未来に必要とされる自動車づくりの項目の根拠を明らかにする。 ・これまでにある優れた技能に着目した上で，乗る人の様々なニーズに応え，新しい自動車の機能を開発し，デザインを考案する。	・車社会に起こる問題を調べ，未来の車の在り方を進んで探ろうとする。 ・「利益」や「車の性能」を伸ばすことを話合いの観点とし，計画が実現可能か進んで検討する。 ・自分の考えの変化を振り返り，学びのひろがりや深まりを実感する。 ・仲間とアイデアをつくりかえ，学び合うことの良さや楽しさを実感する。

▶ 本質に迫る問いが生まれる活動の構想

　本単元は，「『あったらいいな』と思う未来の車」を架空の自動車会社の社員になりきった子供が，現代社会の課題を解決する車や消費者が求めているニーズ等を調べながら，会社の新製品を発想する活動である。

　第5学5年では，社会科の「自動車の生産にはげむ人々」の学習で，日本の重要な産業である自動車産業を学習する。生産を高めるための工夫や努力，消費者の願いに応えた生産等を学習内容とし，自動車産業が自分たちの生活と関連している点に気付くことをねらいとしている。子供は，実際に自動車工場を見学する機会をもてないため，教科書資料や映像資料を組み合わせて学習する。しかし，工業生産のしくみを学習するための資料は，自分事に引き付けて読み取るような意欲的な学習が困難である。

　そこで，従来，「自動車の生産にはげむ人々」で，発展的な学習として取り扱ってきた「未来の車づく

り」の内容を，企画創造『あったらいいなこんな車』として単元を構想する。さらに，本単元では，社会科で扱う内容を包含した単元設計となるよう，車づくりに大切だと思う項目（環境，安心・安全，走行性，販売・営業，デザイン，技術）をグループごとに調べ共通理解をする場を設定することで知識も深めたい。その上で，自分たちの自動車会社に本当に必要な項目を，全体の話合いによりピラミッドチャートで価値付けし序列化をする。単元の後半には，会社のコンセプトである「未来に必要とされる車とは何か」を問い続けながら，一人一人が『あったらいいなこんな車』を企画する。

　子供は，自ら調べた消費者のニーズや社会の要請に応え，世の中に必要とされているかを考えながら，常識にとらわれない新しい自動車を次々に発想し，実現可能な未来の車の在り方を模索し，発想・表現の質を高めていくのである。

死亡事故を減らしたい！

「自動車会社」の社員になりきった葵さんは、「安全」について調べたいという者同士のチームを作り、根拠となる資料を用いるという課題に向け、積極的に資料を用意する意欲を見せた。葵さんは特に、新聞記事を資料（「日本のメーカーが首位脱落」「違反高齢者に実車試験―サポカー限定免許も―」「75歳以上の運転死亡事故2.4倍増加」等）とし、「安全」にかかわる、現代社会の問題点に気付いていった。

葵さんが最も着目したのは、「高齢者運転による死亡事故の原因は、ブレーキとアクセルの踏み間違いが最も多い」という記事であった。そのため、安全性を高めるためには、未来の車は事故に遭遇しても「死なない車」にしたいと考え、自動ブレーキや自動運転はもちろんの事、未来の車には危険を察知し、車全体を守るシールドが発射され、事故が起こっても死亡する確率が低い車をつくりたいと考えるようになった。これは、高齢者ドライバーと死亡事故という現代社会の問題点と車づくりを関係付けて発想した姿であった。

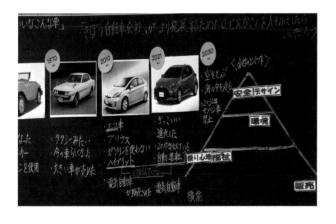

高齢者のための車をつくりたい！

葵さんはさらに、自分の家族に「運転で困っていることはないか？」と調査をした。すると祖母には「駐車する時、モニターを見て運転したのに、車の角をぶつけてしまったのよ。モニターを見て駐車するのは信用できないね」と言われた。祖父からは「駐車場では、車が多いとバックから駐車するのに、すごく苦労するよ」と言われた。さらに、父母にも尋ねると、「高齢者だけでなく、車をバックから駐車するのは、苦手な人が多いよ」と言われ、車を駐車することに、困っている人が多いことを知った。

「簡単に駐車ができる方法を考えたら、便利な車ができるかもしれない」と考えた葵さんは、現在ある自動運転の機能を調べ始めた。現在でも、人工衛星から現在地の信号をキャッチした車が、ボタン一つで自動に駐車する車が開発されていて、とっても便利に思えた。しかし、高齢者は自分で運転しないと信用できないという情報もあり、運転席が前にも後ろにも付いていて、どちらからでも運転できる車を発想した。何度もデザインをつくり変えながら、「前からも後ろからも乗れる車」の企画書を作り上げた。

社会問題と向き合い活用することで，発想の質を高める

葵さんが「高齢ドライバーによる事故は大きな社会問題である」と考え、高齢者が運転しやすい車を作りたいと考えた背景には、現代社会の課題や消費者のニーズを調べた過程がある。未来の自動車を発想する過程において、国民の需要や社会の変化に対応して生産しようとする人々の工夫にふれることによって、社会科の知識を活用しながら、「ニーズに応じて考えられた新しいアイデアや現実に向けた方向性を生み出す」という高学年の企画創造のねらいにも迫ることができるのである。

創造と子供の学び

上越教育大学教授
松本健義

1　創造力と創造領域

　創造力は，探究力を支える三つの認知能力の一つとして大手町小学校で位置づけられている。学びにおいて子供が，対象や活動や場を〈つくり出す⇔つくりかえる⇔イメージする〉過程で，創造され表現されるものの在り方（どのようにあるか）が，思いや願いや経験と生きる在り方（どのように感じ・考え・表し・生きるか）の結び目（方法）を創造することで直観的に理解する活動である。材料や場所に全身で浸りながらつくり，つくりかえ，つくり続ける図画工作科の「造形遊び」の考え方と方法がこの領域の中核にある。

　創造領域は，音楽表現，造形表現，文学表現，身体表現の4つの活動を教科から抽出し，複合的・相互作用的に組み合わせた単元設計を行い，創造力を活性化し発揮・育成する領域である。

　単元では，身体全体をはたらかせてものや場や活動に浸る親和的経験から，創造的対象を生成することで，自分と環境や社会との間へと浸透して相互作用する経験を可能とし，ことばや詩や演奏，道具や場や活動をふさわしい在り方として表現する活動が生まれる。①〈つくり出す⇔つくりかえる⇔イメージする〉循環過程，②ことば，音，色，かたち，身体表現等が複合して相互作用する活動構成。この2点が「創造力」（能力）と「創造領域」（単元）の活動構造をつくっている。この構造が「直観」と「分析」のコアスキルと，「自立」と「共生」のコアマインドとつながり，それらを発揮・育成している。

　創造は，人間と環境や状況や社会とのあいだに，気づき，驚き，異質感，共感等の感性的経験（感動）を生む。また，言葉や記号や道具，シンボルやイメージ，理想，課題，紐帯等の社会や文化の在り方を，創造したり組み替えたりして，対象や概念や方法を

創造して問題解決をする。

　同時に，疑念や直観的認識の発生を妨げている固定化し慣習化した見方，感じ方，考え方，表し方，ふるまい方を解体して再構成し，思いや願いや理想を共有して実現する過程である。

　創造過程は，経験や思い，方法，目的や理想との関係を問い，再構成して意味や価値を生成する人間独自の探究の在り方である。道具や言語，制度，組織，つながり，絆，ネットワーク，実践，アイデンティティ，共同体等をつくりつくりかえる過程で，見方，感じ方，考え方，ふるまい方（かかわり方，合意や判断），表し方（理想や目的）のつくりかえを可能とする。創造過程は，子供と友達，集団，学級，異学年の子供や保護者や地域の人たちとつながり，学校と社会とをつないでものごとをつくりかえる過程である。創造的対象に媒介された浸透的経験は，探究を支え，具現し，推進する原動力となる。

2　創造力を発揮する子供の姿

　第3学年創造「私だけの詩集をつくろう〜なりきり詩〜」（p.94-95）の授業で，この写真を撮ったKが詩を書いている。「はやくごはんがたべたいよ」と書いた付箋紙を指さしたまま「あーおなかいっぱい」まで一息に書いている。つくり出したものの声を聴き，しなやかに詩を書いている。

　授業ではKの画像へ，K以外の子供たちが身体（声）をゆだね，なりきって語り合っている。「こんなに思いつくってすごい」（T）。「こんなにおもっていることがすごい」（A）。「みんなのおかげでめちゃくちゃかけそう」（N）。沸き出る詩的な言語との出

会いの驚きを語る友達の声は，Kの声にもなる。Kの姿はその関係を明確に示している。

3　創造過程で開く子供

　創造過程は探究領域での「本質に迫る問い」の立ち上がりにはたらいている。

　第2学年の子供たちは，夏野菜の収穫が少なくなった9月の「青空ひまわりレストラン」開店にあたり，買った野菜も使うかどうか話し合った。Mは「ぼくたちのがんばりは，育てた野菜の中につまっている。野菜の味なんだ。その野菜をお客さんにたべさせなくちゃだめなんだ」と語る。創造的対象「青空ひまわりレストラン」はどのようなレストランとして在るかと問い直す子供。育てた野菜，料理，レストランの創造的対象の関係は，世界の在り方と実践の意味とを本質的なものへと向かわせている。

　第4学年「比べて発見―わたしたちの水辺」では，つくり出す水辺の理想を「①どの生き物たちも幸せにくらすことができる水辺，②すべての生

創造的な活動を媒介とした探究的な学習の構造

き物の命に自分たちが責任をもつ水辺」の2つとした。「水辺はどこまで理想の実現に近づいたのか」観察し，水槽や水辺で実験し，理想と現実と実践との関係を吟味しつくりかえてきた。理想とは世界をつくりかえる実践の意味と在り方と成果を照らし出す方法であり道具（創造的対象）である。「創造」という学ぶ力は，道具や場を〈つくり―つくりかえる〉ことで，社会や環境，問題や理想を経験可能とし，社会へつながり社会を創造する人間性とその能力である。　　　　（大手町小学校学校運営協議会委員）

ウィークリーボード

本校には，固定化された「時間割」がありません。時数，入教，特別教室の割当，学校行事等を勘案し，学級担任が1週間ごとの学習予定表「ウィークリー」を作成します。各教室の前方には，ホワイトボードがあり，それを「ウィークリーボード」として活用します。ホワイトボードにすることで，子供の姿をもとに，すぐに予定を変更することができます。

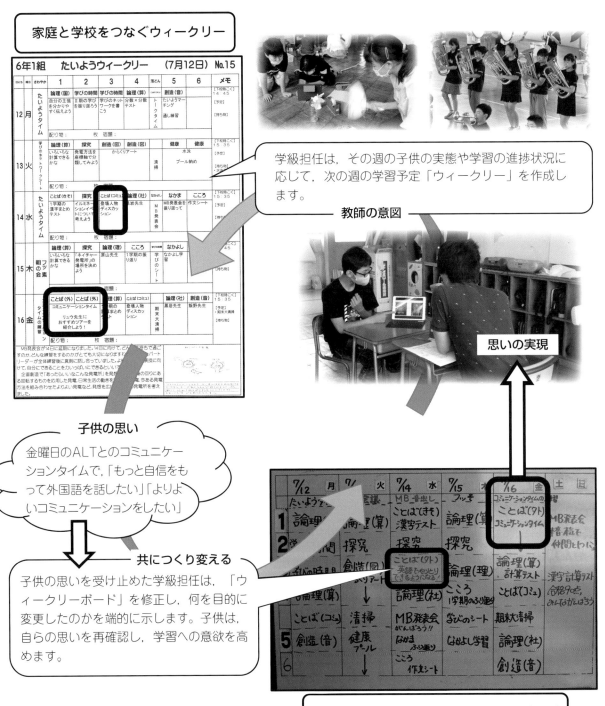

家庭と学校をつなぐウィークリー

学級担任は，その週の子供の実態や学習の進捗状況に応じて，次の週の学習予定「ウィークリー」を作成します。

教師の意図

思いの実現

子供の思い

金曜日のALTとのコミュニケーションタイムで，「もっと自信をもって外国語を話したい」「よりよいコミュニケーションをしたい」

共につくり変える

子供の思いを受け止めた学級担任は，「ウィークリーボード」を修正し，何を目的に変更したのかを端的に示します。子供は，自らの思いを再確認し，学習への意欲を高めます。

子供と教師をつなぐウィークリーボード

ことば領域

ことば領域は，A「日本語」B「外国語」で構成され，主に「コミュニケーション力」の発揮・育成を目指す。

A「日本語」では，スピーチ，インタビュー，トーク，ディスカッションなどの様々な対話の形態を体験する。

●コミュニケーション力

適切に情報を伝え合ったり，共に考えや言語文化を創り出したりしながら対話し，自己理解・他者理解する力

B「外国語」では，外国語を用いたやり取りを通して，他者とイメージを共有したり，新たな言葉を獲得したりする。

ことば領域固有の活動のプロセス

○情報の伝達，要約，共感を通して情報を共有し，新たな考えや言語文化を創造しながら対話する過程

　ことば領域固有の活動のプロセスは，伝達された情報を要約して，共感し，自分や集団を変化させていくような，ことば（言語及び非言語）のやり取りを通して，自己理解・他者理解を図っていく一連の過程として思い描くことができる。

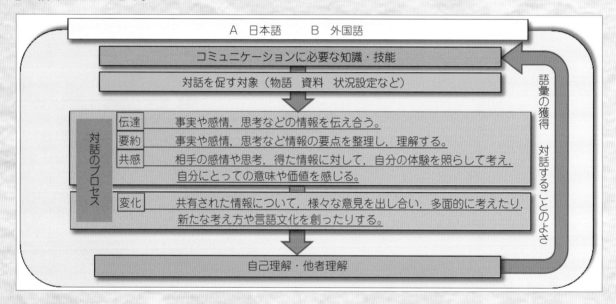

　例えば，A「日本語」6年「登場人物ディスカッション」では，昔話の登場人物の行動の是非について話し合いながら，異なる価値観の対立を整理したり，適切に自分の考えを伝え合ったりする中で，物事を多面的に捉え，新たな考えやものの見方を創る子供の姿が見られた。

　昔話「ウサギとカメ」で，「カメがウサギを起こさなかったことはよかったのか」について優香さんは，「競走は相手がいてできることなのに，ウサギが寝たままでは速さを競う相手がいない。それでは，そもそも競走になっていないと思う。起こすべきだ」と主張した。優香さんは，昔話の中の様々な情報を整理し，競走という視点から，登場人物の行動の是非を捉えようとしたのである。一方で宗太さんは，「勝負には必ず勝ち負けがある。カメは勝ちたいと思っているのだから，速いと分かっているウサギをわざわざ起こさなくていい」と述べた。宗太さんの発言をきっかけに，「勝つことが何よりも大切なのか」という，抽象的な問いが生まれた。この問いに対して，「勝負は勝つことに意味がある」「勝った方が嬉しい」「相手のミスで勝っ

たらラッキー」など勝つことが何よりも大切という意見が出される一方，「正々堂々の勝負でなければ勝っても嬉しくない」「大事なのは勝負を楽しむこと」「負けて学ぶこともある」など勝負の価値を多面的に捉える意見も出された。議論を終えて麻実さんは最後に，「はじめはカメがウサギを起こさなくてよかったと思ったが，勝つこと

が何よりも大切かについてみんなで考える中で，自分は勝つことより正々堂々と勝負することが大事だと思った。だからカメはウサギを起こすべきだったと思う」と，自分の考えが変わったことを述べた。これは様々な意見を出し合い多面的に考える中で，子供が「変化」した姿といえるだろう。

　子供は，昔話を媒介に具体と抽象を行き来しながら「勝つとはどういうことか」を対話によって探究した。それは，「勝負」において自分は何を大事に考えているのかを客観視することすなわち，「自己理解」につながった。また，ディスカッションすることで，友達の意見を聞き，友達が何を大事に考えている存在なのかを知る「他者理解」にもつながった。つまり，対話を促す対象が対話のプロセスを生み，「自己理解」「他者理解」しながら，対話の技能を学んだのである。

　B「外国語」1年「お店をオープンしよう〜Goodな店員になろう〜」では，買いたい物や売りたい物についての情報を，店員や客になりきって英語でやり取りする買い物場面を通して，それぞれがGoodな店員になることを目指しながら，Goodの価値を捉え直し，新たな考えや学級独自の言語文化をつくった。

　雄二さんは，「I want cakeと言ったら店員さんが苺のケーキをくれた」と，言いたいことが伝わったことを喜び，舞さんは「Hear you areと言ったらThank youと返してくれて嬉しかった。また言おうと思う」と，やり取りそのものを何度も楽しんだ。そして，実際の生活の中で買い物をすると割引きのスタンプがもらえる体験をした子が，「スタンプカードがあったらいいな」と，お客さんにスタンプを押してあげるGoodな店員さんの姿をイメージした。さらに，スタンプの押し忘れを教えることがGoodであるという自分なりのGoodの価値を更新していく中で，「Stamp stop!（スタンプを押してないよ。ちょっと待って）」という言葉が生まれた。「Stamp stop」は，買い物を繰り返すうちに「僕もStamp stopと言ってみたい」と，瞬く間に学級に広がり，学級オリジナルの英語表現の一つとなった。これは，子供が外国語で新たな考え方や言語文化をつくった姿（「変化」）と捉えることができる。

　子供は，買い物という魅力的な状況設定の中で，店員や客になりきり，英語でのやり取りを繰り返しながら，必要な情報を伝え合ったり，新たな語彙を獲得したりした。そして，やり取りを通して伝えたい言葉のイメージを共有し，英語表現における学級独自の言語文化をつくり出したのである。

　このようにA「日本語」でもB「外国語」でも，やり取りしたくなるような学習対象（物語や資料，状況設定など）を活用した単元を構想し，子供自らが主体的に「伝達」「要約」「共感」「変化」の対話のプロセスを循環させていくことが，コミュニケーション力の発揮・育成に重要であると言える。

★「コミュニケーション力」の構成要素

コミュニケーション力		
・適切に情報を伝え合ったり，共に考えや言語文化を創り出したりしながら対話し，自己理解・他者理解する力		
知識・技能	**対話する力**	**自律性・内省的思考**
●伝達，要約，共感など1対1の対話に関わる基礎的な言葉の技能 ●複数人の話合いに必要な言葉の知識や技能 ●対話する相手に応じた言葉遣い ●対話に必要な基礎的な言葉の知識と文法	●事実や感情，思考などの情報を伝え合う。 ●事実や感情，思考など情報の要点を整理し，理解する。 ●相手の感情や思考，得た情報に対して，自分の体験を照らして考え，自分にとっての意味や価値を感じる。 ●共有された情報について，様々な意見を出し合い，多面的に考えたり，新たな考え方や言語文化を創ったりする。	●対話する相手に心を開き，自分の思いや考えを伝えようとする。 ●相手の話を，関心をもって聞き，共に新しい考えを創ろうとする。 ●対話を振り返り，自己理解や他者理解につながったかを考える。

ことば領域の内容

A　日本語

知識・技能	対話する力	自律性・内省的思考
●インタビューやペアトークなどの１対１の対話に必要な日本語の技能 ●スピーチやディスカッションなど複数人での話合いに必要な日本語の技能 ●相手に応じた言葉遣い ●日本語の基礎的な知識と文法	●自分が捉えた事実や抱いた感情，巡らせた思考などに，より近い語彙を選び，情報を正確に伝え合う。 ●伝えられた事実や相手の感情，それにかかわる自分の思考などの情報を整理し，理解する。 ●整理した情報と，これまでの活動や自分の体験とを比較しながら，自分なりの思いや考えをもつ。 ●様々な意見を出し合い，多面的に考えたり，新たな考え方や言語文化をつくったりする。	●対話する相手に心を開き，自分の思いや考えを積極的に伝えようとする。 ●対話する相手の話を，関心をもって聞き，共に新しい考えを創ろうとする。 ●自己の変化に気付いたり，他者を理解できたかを考えたりする。

　A「日本語」は，学習対象について話したり聞いたりするやり取りを通して，日本語の基礎的な知識や技能を学び，対話のプロセスを経て「対話する力」の発揮・育成を目指すものである。対話のプロセス（「伝達」「要約」「共感」「変化」）の中で，それぞれを重点的に学ぶ手立てとして，対話の形態を，「スピーチ」「インタビュー」「トーク」「ディスカッション」の４つで構成する。

○スピーチ（主に，適切に「伝達」する力を育む）

　「スピーチ」では，一人の話し手が一人あるいは複数の聞き手に対し，ある程度のまとまった話をする。ここでは，話したいことを聞き手に分かりやすく「伝達すること」に重点を置く。そのために，週末の出来事や「探究」で考えていることなど，話したくなるテーマを設定する。子供は，自分の思いを表現する上で，よりよい語彙を選び，情報を正確に伝え合う。

○インタビュー（主に，適切に情報を引き出し「要約」する力を育む）

　「インタビュー」では，一方が他方に質問して情報を得る。ここでは，相手から知りたい情報を引き出す方法について学んだり，得た情報を目的に応じて活用したりするなど，「情報の収集，整理・分析」に重点を置く。そのために，情報収集の必然性がある課題や，「スピーチ」と関連させて，相手に質問したくなるような場を設定する。子供は，伝えられた事実や相手の感情，それにかかわる自分の思考などの情報を整理し，自分にとって価値あるものに変換する。

○トーク（主に，相手の話に耳を傾け「共感」する態度を育む）

　「トーク」では，共通のテーマを基に，自由に話したり聞いたりする双方向性のあるやり取りを行う。話し手と聞き手が固定されていないので，「話すこと」と「聞くこと」が短い時間で入れ替わる。ここでは，「相手の話を共感的に聞くこと」に重点を置く。相手の声に耳を傾け，話題になっている内容を注意して聞き取ることで，次に自分が話す内容の検討や発する言葉の吟味が自然に促される。子供は，聞き取った情報と，これまでの活動や自分の体験とを比較しながら，自分なりの思いや考えをもつ。

○ディスカッション（主に，自分の考えの「変化」に気付く力を育む）

　「ディスカッション」では，ある問題やテーマについて，自分の立場を明らかにしながら議論する。相手を説得する方法や効果的な主張の仕方などを考えたり，相手の話の要点をしっかり聞き取ったりするなど，互いの考えを深めるような議論の方法を学ぶ。ここでは「多面的に考えること」に重点を置き，意見の対立を想定した単元を構想する。子供は，様々な意見を出し合い，物事を多面的に考えながら，自分の考えを更新していく。

B 外国語

知識・技能	対話する力	自律性・内省的思考
●コミュニケーションを図るのに必要な外国語の語彙 ●1対1の対話に関わる基礎的な言葉の知識や技能 ●場面に応じた言葉遣い	●事実や感情などの情報を伝え合う。 ●伝えられた内容や相手の感情を理解し，自分の思いと比べながら聞く中で，反応したり，質問したりする。 ●対話した相手と新たな言葉を獲得したり言語文化を創ったりする。	●対話する相手に心を開き，自分の思いや考えを伝えようとする。 ●外国語のやり取りそのものを楽しむ。 ●対話を振り返り，自己理解や他者理解につながったかを考える。

B「外国語」は，伝えたいこと・もののイメージを，他者と外国語でやり取りすることで，理解し共有することによって，「対話する力」の発揮・育成を目指すものである。日常生活や身の回りのものを学習対象とし，子供が身近で捉えやすい題材を設定し，子供同士や子供とHRT，ALTとのやり取りを重視する活動を主活動とおく。外国語のやり取りそのものを楽しむことや，相手に心を開きながら自分の思いや考えを伝えることを大切にする。実際のやり取りの中で，非言語コミュニケーションの大切さや場面に応じた相手との言葉遣いを学んだり，新たな言語材料の必要感を感じたりできるようにする。

○低学年

簡単な外国語を用いて自分の気持ちを伝えたり，相手に質問したりしながらやり取りする。また，絵本や映像を活用し，対話に必要な表現が実際に用いられる場面や設定を取り入れて，やり取りを行うようにする。言語面での発達特性を生かして，歌やチャンツ等，耳から得た情報を的確に音声化したり，ごっこ遊びの活動を通して語彙を獲得したりする。表現が使われる場面や状況は変えずに，使用する語を変えながら繰り返しやり取りし，語彙の定着を図っていく。また，実際のやり取りを通して，ジェスチャーや表情，反応など非言語コミュニケーションの対話における有用感に気付けるようにする。

主な言語活動例として，「自己紹介をしよう」「好きな色を伝えよう（Tシャツを作ろう）」「好きなフルーツを伝えよう（フルーツゼリーを作ろう）」「お買い物に出かけよう」「絵本読み聞かせ」「歌やリズムを用いて歌う・聞く活動」「Small Talk」等が挙げられる。

○中学年

相手意識や目的意識をもたせたやり取りを通して，自分の気持ちや考えを伝えたり，相手の思いや考えを聞いたりする。互いの伝えたいこと・もののイメージを共有したやり取りを目指し，話し手は場面や状況を考えながら，伝えたい内容を考えていく。一方，聞き手は追加の質問を加えることで，相手がイメージする伝えたい内容の理解を深める。場面の状況に応じた必要な言葉を考え，必要な表現を電子辞書で調べたり，ALTに聞いたりし，実際のやり取りに生かせる場を設定していく。

主な言語活動例として，「自己紹介をしよう」「好きな○○インタビュー」「アルファベットをさがせ」「1日の生活紹介」「お気に入りの○○紹介」「身近な人紹介」「Small Talk」等が挙げられる。

○高学年

相手意識や目的意識をもたせた長いやり取りを通して，自分の気持ちや考えに加え，理由を伝えたり，疑問詞を活用しながら簡単な質問や返答をしたりする。また，相手を紹介したり，他者の評価を伝えたりする場面を設定した第三者視点でのやり取りや，動詞の過去形，未来形を取り入れた時間軸をひろげたやり取りをすることで，伝える内容の幅を広げていく。

主な言語活動例として，「自己紹介をしよう」「観光大使になろう」「私の行きたい都道府県は？」「ヒーローはだれ？」「お気に入りの○○紹介」「夏休みの思い出」「ツアープランナーになろう」「夢地図を作ろう」「私の週末の過ごし方」「1日の生活」「Small Talk」等が挙げられる。

様々な形態で対話する コミュニケーションタイム

　Ａ「日本語」では，対話のプロセスの「伝達」「要約」「共感」「変化」について，低・中・高学年における子供の姿を具体的に思い描き，「スピーチ」「インタビュー」「トーク」「ディスカッション」の４つの対話の形態を意識して「コミュニケーションタイム」を運用する。

　低学年では，「互いの話を集中して聞き，話題に沿って話したり聞いたりする姿」を目指す。健康観察の際に「はい，元気です。今日，朝ご飯におにぎりを食べました。おいしかったです」など，出来事や気持ちを加えてスピーチをしたり，週明けの月曜日に，みんなの前で休日の出来事などを４文以上でスピーチしたりと，一人一人がしっかり話すことができるように時間を確保する。

　中学年では，「話の中心に気を付けて聞き，互いの意見の共通点や相違点を考えながら話したり聞いたりする姿」を目指す。スピーチは，聞く相手を意識して伝えたいことを明確にしながら，話す内容の順序や起承転結など相手への伝わり方に重点を置くようにする。

　高学年では，「互いの立場や意図を明確にして聞き，考えをひろげたりまとめたりしながら話したり聞いたりする姿」を目指す。伝えたいことが相手に伝わるように，自分の思いを最初に述べてからその後に理由を話すなど，どのような情報をどのように構成して話すかについて大切にする。

　様々な対話の形態と，そこで重点的に発揮される力を意識して，授業を構想することで，子供たちは「『探究』で調べたいことがあるからインタビューしたい」「みんなとディスカッションして，クラスの問題を解決したい」など，他の学習場面で，対話の形態を活用できるようになる。ことば領域で育成されたコミュニケーション力が，他領域でも発揮されるのである。

対話の形態／学年で目指す姿		スピーチ（主に伝達）	インタビュー（主に要約）	トーク（主に共感）	ディスカッション（主に変化）
低学年	互いの話を集中して聞き，話題に沿って，話したり聞いたりする。	話す事柄の順序や声の大きさを考えて，休日の出来事や行事への思いなどを話す。	相手に聞きたいことを質問し，集めた情報を整理したり，情報から分かることを考えたりする。	共通のテーマをもとに，相手が知らせたいことや自分が聞きたいことを落とさずに聞く。	興味や関心のある話題について，自分の考えに理由を付けて，主張したり反論したりする。
中学年	話の中心に気を付けて聞き，互いの意見の共通点や相違点を考えながら，話したり聞いたりする。	理由や事柄などを挙げながら，話の中心が明確になるように，分かりやすく話す。	質問して得た情報を，比較・分類し，自分にとって価値あるものに変換する。	共通のテーマをもとに，相手が伝えたいことや自分が聞きたいことの中心を捉えながら聞く。	二者択一の問題などをテーマに，理由や事例などを挙げながら立論したり，筋道に沿って反論したりする。
高学年	互いの立場や意図を明確にして聞き，考えを広げたりまとめたりしながら，話したり聞いたりする。	事実と感想，意見とを区別しながら，話の内容が明確になるように，話の構成を考えて話す。	質問して得た情報を，目的や意図に応じて整理・分析し，自分や他者にとって価値あるものに変換する。	共通のテーマをもとに話し合う中で，焦点化されている話題に注意しながら聞く。	哲学的な命題を基に，互いの考えを比較しながら，価値の対立を意識して議論する。

●対話の形態の活動例

スピーチ 話す事柄の順序や声の大きさを考えて，休日の出来事や行事への思いなどを話す。	**2年「しゅうまつスピーチ」** 「話す時間は一人2分」とスピーチする時間を制限して，最初は隣同士のペアで，最後は学級全体に向けて話した。スピーチを聞いた子供は最後に質問や感想を伝えた。限られた時間の中で，何をどんな順序で話すかを，子供自らが吟味し，構成する力が付いた。「伝達すること」に重点を置いた「スピーチ」は，ここから広がる対話の形態の基礎になると言える。	
インタビュー 相手に聞きたいことを質問し，集めた情報を整理したり，情報から分かることを考えたりする。	**1年「もっと知りたい！ 1年1組」** 「1組はどんなクラス？」という問いを解決するために，クラスの友達のことで知りたい情報を質問にかえて，インタビューし合った。全員に質問したいと次々と相手をかえてやり取りしたり，一人の相手にさらに質問を重ねて，メモを取ったりする姿が見られた。得た情報を共有し合う中で，クラスの実態が見え，やり取りそのものを楽しむこともできた。	
トーク 共通のテーマをもとに，相手が伝えたいことや自分が聞きたいことの中心を捉えながら聞く。	**4年「大人って何？」** 「大人」というテーマをもとに「大人になる年齢は？」「子供と大人の違いとは？」などの問いを立て，その問いについて，自由に自分たちの経験や思いを語り合った。友達の考えに共感したり，テーマに沿って話を広げたりと，話題からそれずに話をつなぐ姿は，聞き合う姿勢があってこそ成立する。相手の話を聞くことが楽しいと感じるテーマの設定も重要である。	
ディスカッション 哲学的な命題を基に，互いの考えを比較しながら，価値の対立を意識して議論する。	**6年「登場人物ディスカッション」** 昔話や物語の登場人物の行動の是非を問うことで，様々な価値の対立に気付く活動である。価値の対立についてディスカッションする中で，これまでの体験や登場人物の行動などの具体と，様々な思いや概念などの抽象を，自分の言葉で語る子供の姿が見られた。ディスカッションを通して，価値の対立を乗り越え，自己理解・他者理解する力を育成する。	

低学年から取り組む外国語

当校では，1学年より外国語がスタートする。低学年では17時間，中学年では35時間，高学年では70時間を設定して取り組んでいる。

低学年の段階から，外国語の音声を慣れ親しみながら聞いたり，真似したりする活動を設定する。そして，簡単な外国語を用いて，自分の気持ちを伝える楽しさを実感できる取組を行っている。

そのために，日常生活や身の回りのものを学習対象とし，子供が身近で捉えやすい題材を設定しながら，楽しくやり取りできる活動を構想する。他者とのやり取りを通して，自分や友達の素敵な姿に気付いたり，外国語への意識を高めたりできるよう，外国語のやり取りそのものを楽しむことや，相手に心を開きながら自分の思いや考えを伝えることを大切にしている。

●各学年における外国語の活動例

【1年生】　　　　　　　【Goodな店員になろう】

Hello! How are you?
What do you want?

Here you are.

I'm good. What's this?.

Mickey cake please.

Thank you.

Welcome ってやっと言えたよ。言えるとうれしくなりました。友達の上手に話す姿を私もまねしたいな。

理想とする Good な店員さんになりきることで，伝えたい言葉が増えたり，上手に言えるようになったりした。

【2年生】　　　【記者になってオリジナルパフェについてインタビューしよう】

Hello! What's this?

Wow! Good!
What fruit do you like?

It is my special parfait.

I like strawberry.

インタビューすると友達のことが分かってうれしいな。
What's this ? を使うとやり取りが長く続いたよ。

習ったフルーツの表現を使い，オリジナルパフェを考えた。
その後，今度は記者になって友達にインタビューした。

【3年生】　　　【お気に入りのお弁当を作ってインタビューしよう】

What do you eat for breakfast?

I eat bread and banana.

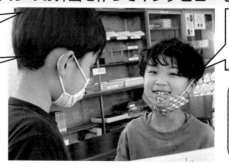

I eat rice and fried egg and salad.
How about you？

考えたお弁当を伝えたら，友達もおいしそうって言ってくれたよ。朝ご飯のメニューが英語で言えたよ。

今朝の朝食で何を食べたのかを尋ねた。食べ物の言い方に慣れた後，お気に入りの献立カードを作って，友達と紹介し合った。

【4年生】　【お気に入り 紹介ブックで留学生と仲良くなろう】

What is my favorite thing?
How many hints?

Ok. 1ˢᵗ hint, It's animal.
2ⁿᵈ hint, It's brown.

That's right!
My favorite animal is bear.

It's big and cute…

3 hints please.

I see. It's bear!

Why do you like bear?

お気に入り紹介ブックを作り，3ヒントクイズを出し合った。やり取りを重ねる度に，伝えたいお気に入りが増えていった。

【5年生】　【ツアープランナーになろう】

I like curry and rice.

Yes, I do. I like spicy food.

What food do you like?

Do you like spicy food?

You can eat many spicy foods.

相手の好みを聞きながら質問すると，楽しくやり取りできたよ。新しい表現をたくさん知れたよ。

お客さんにおすすめの国を紹介した。相手が行きたくなるよう質問を工夫して伝えた。

【6年生】　【あなたの行きたい都道府県は？】

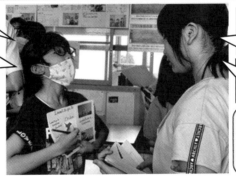

I want to go to Chiba.

I want to go to Disneyland.
I like Mickey very much.
Do you like Mickey?

Oh, Chiba! That's good.
Why do you want to go?

Yes, me too. I like Mickey.
I want to go to Chiba too.

質問したら会話が続いたよ。友達の行きたい理由を聞いたら，私も行ってみたくなったな。

行ってみたい都道府県とその理由を友達に紹介した。調べてみて，他県の魅力も発見した。

● 大手町の特色ある「コミュニケーションタイム」

【ALTと1対1で対話】

　学期に一度，4〜6年生は，これまで培った言語表現を活用し，ALTとコミュニケーションを図る。学年に応じて，自己紹介から好きなもの，行きたい場所など，話したい話題を決めてやり取りする。

【留学生との交流会】

　年に一度，上越教育大学の留学生を招いて交流会を行う。1年生から6年生まで，自己紹介やお気に入り紹介など，外国語で伝えたいことを考え，実際のやり取りを通して交流を深めていく。

4年　ことば（日本語）

AorBディスカッション
～討論の技を見つけて～

倉井 華子

●育成する資質・能力【コミュニケーション力】

コミュニケーション力		
・二者択一の問題についてディスカッションをする活動を通して，相手を説得する話し方を工夫したり，物事を多面的に捉えながら自分の考えを深めたりする。		
知識・技能	対話する力	自律性・内省的思考
・根拠や具体例を示しながら分かりやすく考えを伝える表現 ・選択肢の背景にある多様な価値観 ・相手を説得する話し方 ・相手を受け入れようとする聞き方	・自分の考えをもち，根拠や具体例などを示しながら伝える。 ・相手の主張や質問の意図に応じて，話の内容を捉える。 ・互いの立場を明確にして，相手の考えを自分の考えと比較しながら聞き，考えを広げたりまとめたりする。 ・自分のはじめの考えとディスカッション後の自分の考えがどのように変化したのか振り返る。	・相手に心を開き，自分の考えを伝えようとする。 ・関心をもって相手の話を聞く。 ・自分と友達との考えの違いを大切にし，異なる友達の意見を受け入れようとする。

▶本質に迫る問いが生まれる活動の構想

　本単元では，AとBのどちらが有益かの二者択一の問題についてチームで討論する活動を通して，相手を説得し聞き手を納得させる話し方の技や，討論の筋道にあった立論や反論の仕方などを学ぶ。

　そこで，クラスで4つのチームを作り，話合いを行う2チームと，話合いの結果，どちらの討論の仕方が良かったかを判定する聴衆2チームでディベート型の討論ゲームを行う。

　聴衆の2チームは話合いの2チームの討論を聞き，最後に判定を行う。判定後には，「どちらのチームのどの発言に心を動かされたか」と問い，心を動かされた発言の目的や意図を捉え直し，「討論の技」として価値付けていく。

　この討論ゲームは，テーマを変えて，話合いと聴衆のチームも交代しながら複数回行う。4つのチームのメンバーは固定し，どのテーマで，AとBのど

ちらの意見で討論ゲームをするかは，便宜上教師が決定した。それは，討論するチームの人数に偏りがでないようにするためと，自分がAの意見であっても，Bの意見を主張するチームになったときに，Aの良さが分かっていることでAへの反論の内容を検討しやすくなるという利点があるからだ。

　また，討論ゲームを繰り返す過程で，新しい「討論の技」を見つけたり，これまで見つけた「討論の技」を意識して使ったりすることができると考える。

　話し合うチームが自分の意見を感情的に主張したり，聴衆チームが討論の善し悪しをAかBかで判定したりするのではなく，「よい討論とは何か」という問いをもち，聞き手を納得させる話し方や筋道にあった立論や反論の仕方を冷静に考え，実際にその技を使って討論することでコミュニケーション力の発揮・育成を目指す。

「討論のよさで評価して」

討論ゲーム1回目は「無人島に持って行ける物は火か水のどちらか一つ。どちらを持っていくか」というテーマであった。討論ゲームの判定に対して政宗さんは次のように不満を述べた。「聴衆チームは火か水のどちらがいいかで判定するのではなく、どちらのチームの討論の仕方がよかったかで評価してよ！ 僕だって本当は火の意見だったのに、討論のよさで評価されないと水の意見で討論した意味がない」

この単元が始まった際に、判定は討論のよさであるという約束だった。しかし、聴衆チームが無意識にAかBかを選んでいることが、判定に影響していた。そこで、「討論のよさ」で判定する「判定基準」を明らかにすることになり、「そもそもよい討論とは何か」という問いが生まれたのである。

1回目の討論ゲームを振り返り、まず子供が指摘したのは、話が広がりすぎるという点であった。火か水かで話し合っているのに、「どんな無人島なのか」という質問をきっかけに、雑談が始まってしまい、主張したい点がぼやけた。その反省から「筋道に沿って発言すること」が、討論のポイントに挙げられた。さらに、聴衆チームから「〜です。理由は〜」という言い方が分かりやすかったという意見が出て、「説得力のある話し方をすること」がポイントに加わった。これは、それぞれのチームで使われた話し方であり、汎用性があるとして「討論の技」になった。

このように、子供たちが話し合って決めた判定基準は、次の討論会に生かされた。

〈討論のポイント〉
1 筋道に沿って発言する。
2 説得力のある話し方をする。
3 相手の主張や質問への答えをよく聞いて発言する。

「確かにその通りだと思う」

3回目の討論会は「昼食は給食か弁当のどちらがいい？」というテーマで、晴斗さんは、給食のチームであった。3回目になると、討論の技も少しずつ増えており、晴斗さんは、その中の1つである「たしかに〜しかし」という「反論の技」を使った。相手の主張を予想し、資料を事前に用意して討論会に臨んだ。相手チームの主張に対して、次のように反論した。

翔太：「弁当は好きなおかずを入れてもらえるが、給食は嫌いな物もでます。それは、給食のマイナス面ではないですか」
晴斗：「嫌いなおかずも出るというのは確かにその通りだと思います。でも僕は、それが給食のよさでもあると思います。この資料を見てください」（資料を提示する）
晴斗：「給食のよさは何かというアンケートで、『栄養バランスがいい』という結果があります。給食は嫌いな物も出るけれど、それは栄養バランスがとれているということでもあると思います」

相手の意見を受け入れつつ反論したのである。3回目の討論ゲームの振り返りでは、晴斗さんの話し方を次のように意味付けする子供もいた。

晴斗さんが相手の主張を認めて反論していたところがいいなと思いました。私だったら、相手に自分の主張を認められると、相手の意見を聞く気持ちになるからです。

晴斗さんが、相手の主張を認めてから、自分の主張をしたことが、聴衆チームの判定に大きく影響した。

晴斗さんが「栄養」という視点で給食のよさを主張したことに対して、弁当派は、好きな物を入れてもらえる「愛情」という視点で弁当のよさを主張した。子供は、二つの物の長所と短所を様々な視点から整理することで、効果的な反論ができるということに気付いたのである。

討論の振り返りと更新された討論を繰り返すことで対話の質を高める

「そもそもよい討論とは何か」という問いから、子供は討論のポイントや討論の技を見いだした。そして、自分たちの討論を振り返ることで、討論の技を更新したり、討論のポイントを確実なものにしたりしたである。それは、物事を多面的に捉える対話の質的な向上につながっているのである。

2年 ことば（外国語）

はっけん！
自分のこと 相手のこと

荻島 潤基

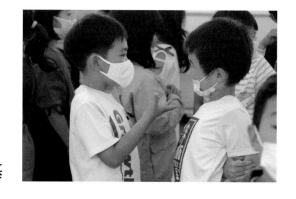

●育成する資質・能力【コミュニケーション力】

コミュニケーション力		
・自己紹介場面で，自分が伝えたいことを考えたり，相手に聞きたいことを尋ねたりすることで，自分や相手のことを伝える英語表現を取得し，よりよいやり取りを楽しむ。		
知識・技能	対話する力	自律性・内省的思考
・あいさつにおける英語表現 ・好きなものを伝えたり，聞いたりする英語表現 ・自己紹介場面に関する英語表現 ・相手とのやり取りにおける表現方法(反応や一言感想など)	・初めて出会う人や改めて情報を伝え合う友達に対して，自分が知ってもらいたい好きなこと・ものなどを相手に伝える。 ・相手の伝えようとしていることを理解し，自分の思いと比べながら聞き，反応したり，質問したりしながらやり取りを続ける。 ・やり取りを通して，自分が理想とする自己紹介（知ってほしいことを伝える，相手のことをより詳しく知る，仲良くなれる等）を追求し，自分や友達の変化に気付く。	・相手に心を開き，自分の思いを伝えようとする。 ・相手の話すことに共感しながら，やり取りを楽しむ。 ・やり取りを通して，相手をより知ろうとする。

▶本質に迫る問いが生まれる活動の構想

　本単元では，外国語に慣れ親しみ始めた子供が，友達やHRT，ALTとの自己紹介でのやり取りを扱う。

　自己紹介場面は，初めて出会う人との自己表現の場ともいえる。子供たちにとっても経験のある身近な場面であり，「伝えたいこと」や「聞いてみたいこと」を考えやすい。また，やり取りを通して，自分と友達との共通点や相違点も見付けやすい。やり取りを繰り返す中で，伝えたいことや聞いてみたいことが増え，より相手を知ることにもつながる。自己紹介の内容では，自分の好きなものを中心として伝えていく。すると，容易に伝えられたり，新しい言語表現を考えたりすることができ，外国語で伝えられる喜びも実感しやすいだろう。

　本単元では，自分の理想とする自己紹介を考えることから始める。「自分も相手も『にこにこ』になりたい」「相手のことをもっと知りたい」「なかよくなりたい」など，子供の思い描く理想の自己紹介の姿を取り上げて進める。やり取りの後は，「自分も相手も『にこにこ』になるためにできたことは？」と問い，目指す自己紹介の在り方を全体で更新していく。子供は，自己の対話を振り返ることで，新しい言語材料を獲得する必要感や非言語コミュニケーションの大切さなど，やり取りをすることにおいて大切なことを実感することができるだろう。

　このように，友達とのやり取りの中で，理想の自己紹介の実現を更新していく過程において，コミュニケーション力の発揮・育成を目指す。

質問したら「にこにこ」になれたよ

「私も相手も『にこにこ』になれる自己紹介をしよう」と目標を伝え，子供同士の自己紹介が始まった。楽しそうに対話する修也さんと莉彩さんのやり取り場面を取り上げた。二人のやり取りを見せながら，子供に「にこにこ」になれる理由を問うと，「ジェスチャーが上手」「表情が明るい」「反応してくれるから嬉しい」などの理由が挙げられた。すると，瑛人さんが「質問しているよ。すごいよ」と話した。すぐさま，やり取りした二人に質問を加えた理由を聞いた。「好きな色を知りたかった」「ぼくが好きな色が，莉彩さんも好きかどうか聞きたかった」と話してくれた。実際のやり取り場面から，質問を取り入れるよさを全体で確認した。

その後，瑛人さんは「好きな食べ物を聞きたいんだけど，何て言えばいいの？」と教師に尋ねた。教師が「What food do you like?だよ」と答えると，嬉しそうな表情を見せて，やり取りへと向かった。その後，瑛人さんは多くの友達に「What food do you like?」と尋ね，質問をしながらやり取りする様子が見られた。

その日の瑛人さんの振り返りである。

> 今日，初めて質問をしました。みんなのことを知るために聞いたら，みんなが「にこにこ」になりました。
> 食べ物を聞けたらうれしくて，自分も相手も元気になりました。　　　　　　　　　　　　（瑛人）

瑛人さんは，「もっと知りたい」という思いで相手に質問をした。すると，好きな食べ物を知れたことにうれしさを感じた。自己紹介の中で，質問することが，お互いの「にこにこ」につながることを実感し，そのよさに気付いたのである。「にこにに」になれる自己紹介でのやり取りの在り方を更新した姿であると考える。

「にこにこ」になれたヒミツは？

子供は，好きな「色」「フルーツ」「動物」「スポーツ」「食べ物」など，毎時間の学習で考え，やり取りした自分の好きな○○を1枚のシートにまとめた。以下は，瑛人さんのシートである。

これを名刺カードにし，他の友達と自己紹介でのやり取りをした。以下は，瑛人さんと修也さんの振り返りある。

> 今日の英語はとてもにこにこになれました。みんなの名刺カードをたくさんもらえたし，みんなのことをたくさん知れたからです。みんなもにこにこでした。　　　　　　　　　　　　　　　　（瑛人）
> 一緒に話していた人が，声が大きくて聞きやすかったし，ジェスチャーや反応もよかった。自分もできて，にこにこになれてうれしかった。　（修也）

瑛人さんは，自分が「にこにこ」になれた理由を，友達の名刺カードをもらえたこと，友達のことをたくさん知れたことだと述べた。相手をより理解できたことが，自分の「にこにこ」につながったと考えられる。一方，修也さんは，やり取りした相手の姿に注目している。「ジェスチャー」や「声の大きさ」，「反応」をしてくれたこと，そして自分もできたことが「にこにこ」になれたと述べた。相手にどうすればより伝わるか，どう聞いてくれると嬉しいか，「にこにこ」になるための対話スキルを他者とのやり取りの姿から見いだしたのである。

相手を知ろうとすることで，よりよい対話を生み出す

瑛人さんは，質問することが相手をより深く知ることになり，聞く側・話す側の双方の喜びにつながることを自覚した。修也さんは，相手の姿からよりよい対話の在り方を見いだし，自分の対話に生かそうとした。他者理解するよさを自覚することが，よりよい対話の在り方を生み出すのである。

太陽型アプローチ
～探究へと誘う場づくり～

慶應義塾大学教授
鹿毛雅治

1 「真の興味」と探究

「あれ？　何だろう？」「なぜ？」

興味が生じると自ずと問いを持つ。問わずにはいられなくなるのだ。それは極めて自然なわれわれの心理現象である。

何に興味を持つかは，時と場合によって，あるいは人によって異なるに違いない。「地球規模の気候変動」，あるいは「民主主義の危機」をどうするかといった大きな問いから，ダイエットの仕方といった日常的な問い，果ては有名人の仕事の舞台裏といった卑近な（?）問いに至るまで，われわれの生活は，実のところ，興味と問いに満ちている。

注意したいのは，興味には，にわかに生じてはすぐに消えてしまう表面的な興味と，頭や心の片隅に常に存在し続ける真の（本物の）興味の二種類があり，「真の興味」こそが当人の「こだわり」として，安定したモチベーションの源泉になるという点である。

教育実践の最も重要で，かつ困難なテーマは，いかにして子どもたちに「真の興味」を引き起こし，それを価値ある学びへとつなげていくかであろう。なぜこのテーマが教育的に重要かというと，子どもたちのこのような学びのプロセスと表裏一体となって，論理性や創造性，豊かなコミュニケーションといった現象が自ずと子どもたちの姿として立ち現れ，ひいては学びに正面から向きあい，自ら学びを深めていく能力を彼らに培うと考えられるからである。

2 北風型と太陽型

このような教育実践について考えを深める上で参考になるのが，イソップ童話『北風と太陽』である[注]。

強風によって旅人のコートを脱がそうとした北風

は，人の性質を見誤って敗北した。強風はかえって逆効果で，旅人はコートをしっかりと着込んでしまったのだ。それに対して太陽は賢かった。大気を温めれば，人は自ずとコートを脱ぐ。人がもつこの自然な性質（人間性）を利用して，北風に勝利したのである。

「興味を持て」「探究せよ」とばかりに子どもたちに強制するような直截的なやり方（北風型アプローチ）ではなく，環境を工夫し，整えることによって自ずと興味が生じるような間接的なやり方（太陽型アプローチ）が求められている。それは，手間や時間がかかる迂遠なアプローチではあるが，そこに真の興味が生じたなら，子どもたちは必ずや主体的に学びを深めていくはずだ。われわれに問われているのは，子どもたちが自ずと問いたくなるような場づくり，つまり，子どもたちの「真の興味」が自然と喚起されるような「学びに惹き込む場」を創り出すことなのである。

それは，頭脳の理性だけが働く場ではない。ワクワク，ドキドキ，悲しい，感動といった感情や，よしっ頑張ろう，今度こそ！チャレンジ！といった意欲と理性が一体となって活性化される人間ならではの学びが生じる場なのである。

3　教師に求められる4つの役割

太陽型アプローチにおける教師の役割には，少なくとも以下の四つがある。

①**デザイナー**：実践の計画とその具体化を行う。そこには学びがいのある魅力的な教材開発，教材研究や，それに応じた教具や場のデザインが含まれる。

②**コーディネーター**：一人ひとりの子どもたちの姿をモニターしながら，彼らの学びのプロセスに応じて，ダイナミックに場を調整する。

③**ファシリテーター**：一人ひとりの学びを促すようなコミュニケーションを臨機応変に行う。

④**ナビゲーター**：「今，ここ」で展開されている学びの真価を見極めつつ，今後，生じる可能性がある価値ある学びの見通しを抱きながら，より多くの子どもたちに深い学びが実現するように，柔軟に振る舞う。

以上の役割を全うするには，子どもたちの在りよう（特に，関心事）に対する敏感さが要求される。さらに，その土台には，子どもを信じて委ねるという心構えが必要不可欠だ。太陽は旅人を信じ，北風との勝負を彼に委ねたではないか。

以上は「理想論」だろうか。いや，そうではない。これまでも，よい授業とは，「学びに惹き込む場」であったはずであり，わが国には心ある教師たちによってこのような授業が実際に展開されてきたという確かな歴史がある。

もちろん，「言うは易く行うは難し」だろう。しかし，だからこそ，太陽型アプローチは，教育実践の高みを目指す教師たちにとって，問うべき永遠の問いなのである。

決して目新しい原理ではない。優れた授業の不易な本質であり，今日的な課題やテクノロジーといった流行をしたたかに取り込みながら，子どもたちが主体的に学ぶ場をダイナミックに創り出すことがわれわれの課題なのである。　　　　（運営指導委員）

注）鹿毛雅治（2019）「学習者中心の教育環境をデザインする―学習意欲を育むために」鹿毛雅治著『授業という営み』教育出版（pp.43-57）

地域の環境（自然）

　本校がある上越市は，春の桜，冬の雪に象徴されるように，豊かな自然に囲まれた地域です。本校の周りにも，子供が全身で自然にかかわり，親しめるような場所がいくつもあります。

✌ 四季の魅力を見付ける・感じる　～高田城址公園～

　校区には，高田城の城下町として栄えた歴史や文化が今でも多く残っています。その一つに，四季を通じて自然の美しい姿を見せてくれる高田城址公園があります。春には約4000本の桜，夏にはお堀一面を埋め尽くす蓮が咲き誇ります。秋には木々が紅葉し，冬には一面の雪景色となります。子供は高田城址公園を訪れ，季節の変化に合わせて遊んだり，動植物を観察したりすることができます。そして，全身で高田の四季の魅力を見付け，感じ取るのです。

✌ 川に親しみ生き物と向き合う　～青田川～

　学校のすぐ脇には，高田城築城の際に，外堀として作られた青田川が流れています。現在も，様々な生き物が生息する生態系の豊かな川として，子供の学びのフィールドになっています。そんな青田川で，子供は，水遊びをしたり，生き物を捕まえたりして活動しています。川に入って網ですくったり，罠に餌を入れて川に仕掛けたり，様々な方法を使って生き物を捕まえます。水の冷たさを感じたり，捕まえたモクズガニやヨシノボリなどを飼育したりしながら，楽しみをつくり出します。そして，川そのものや，川にかかわる人々の活動，川の生き物の価値を見つめるのです。

✌ 自然と共に生きるくらしにふれる　～中ノ俣～

　学校から12kmほど離れた場所に中ノ俣集落があります。ここはまさに，山里という言葉がしっくりとくるような，豊かな自然に囲まれた地域です。そんな豊かな自然が残るこの集落には，自然と共に生きる人々のくらしがうかがえます。

　飼育した鶏を使った鶏汁，棚田，茅葺き屋根。そして，井戸，水車，川の水を引いた用水。子供は，そのような人と自然のつながりが今も残る中ノ俣での活動を通して，自然と共に生きるくらしにふれています。

A「ふれあい」では，自分にとってのよりよさを他者との関係の中から見いだし，よりよい人間関係を追求しながら，協働する。

B「健康」では，自分で目標を定めたり，他者と協力したりしながら，よりよい動きや生活行動を目指して実践する。

自律領域

自律領域は，A「ふれあい」B「健康」C「くらし」で構成され，主に「自律性」の発揮・育成を目指す。

● 自律性

他者との関係の中で，よりよさを追求し，自分で行動する力

C「くらし」では，家族や社会の一員として，よりよい家庭生活や生活環境をつくるために実践する。

自律領域固有の活動のプロセス

○ 目標や理想の実現に向けた課題を設定し，課題を解決するために実践しながら，自己の生き方について考えを深める過程

○ 人とのかかわりの中で共通の課題を設定し，見いだした役割の中で実践しながら，よりよい人間関係を形成する過程

○ 目標と照らして自分の考えや行動を振り返り，自分や自分たちのよさを実感しながら，これからの在り方をみつめる過程

　自律領域固有の活動のプロセスは，目標や理想に向けた課題を設定し，課題を解決するために実践しながら自己の生き方について考えを深める「自分をつくる力」と，人とのかかわりの中で共通の課題を設定し，見いだした役割の中で実践しながら，よりよい人間関係を形成する「人とかかわる力」，目標と現状を把握しながら，考えや行動を振り返り，これからの在り方を考えようと思考する「自分を見つめる力」の3要素が相互に連関し合う過程として思い描くことができる。

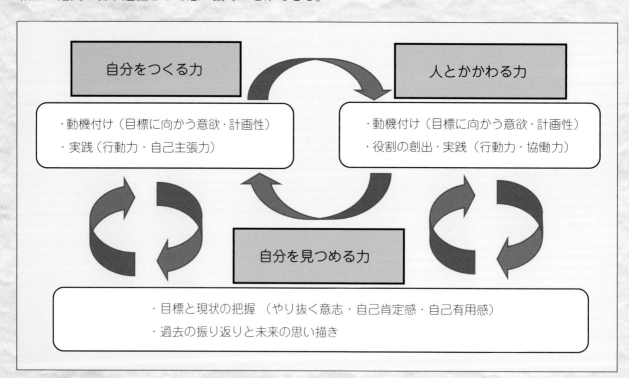

　例えば，6年生ふれあい「マーチングバンド〜仲間を信じて心を一つに〜」では，これまでの活動の節目でのマーチングに対する満足度の変化を考えることで，自己の成長と他者とのかかわりを意味付け，自分の意識がどのように変わったのかを自覚していった。「パートごとに教え合えるようになった」「自分だけでなく，同じパートの仲間のことを考えられるようになった」という仲間の存在に視点を当てて理由を述べる姿，「リーダーとしての役割を自覚し，進んで指示を出せるようになった」という自分の課題や成長に視点を当てて語る様子が見られた。また，「移杖式に向けて，まずは自分が本気で練習し，パートリーダーとして，みんなを本気にさせる姿を見せたい」と話す姿からも，自分の役割を改めて自覚し，仲間のためになること

をこれからも実践しようと考えたことが分かる。それは，活動当初に掲げた「仲間を信じて心を一つに」という仲間との目標を自分なりに問い直し，具体的で次につながる新たな課題を創出する姿ともいえる。

このように，自分の変化や成長を自覚化する手立てを講じることで，過去の自分や自分たちの行動を見つめ直し，新たな目標を見いだす姿を具現化することができる。同時に，自分をみつめ直すことが，「自分をつくる力」と「人とかかわる力」への新たな気付きと自覚を生み出し，今後のよりよい姿や在り方を考えることになる。

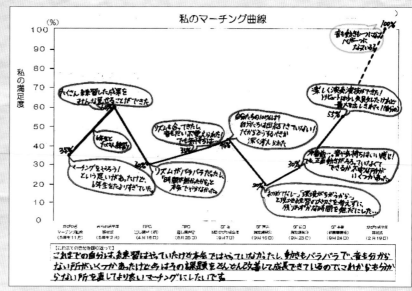

自分の変化や成長を自覚するマーチング曲線

●目標と照らした現状把握

当校では，「自立」と「共生」の視点から目指す姿を話し合い，学年目標を決めていく。決定した学年目標は，学校行事や授業等，日々の教育活動での自己内省の場として活用する。自分や自分たちの目標に照らして現状を把握し，そのズレに気付く。そのことが新たな課題を見いだしたり，自分や他者のよさを実感したりしながら，よりよい実践へとつながるのである。

【決まった学年目標】
自ら行動 みんなで協力 個性を生かして つながるスマイルっ子

★「自律性」の構成要素

自律性			
・他者とかかわりながら，よりよさを追求し，自分で行動する力			
知識・技能	自分をつくる力	人とかかわる力	自分を見つめる力
●自分の現状から課題を知る方法 ●他者とかかわり協働する方法 ●心身の健康増進や必要な生活習慣の基礎的・基本的な理解	●自己の生き方や社会生活をよりよくしようと考えたり，自ら課題を立てたりする。 ●自己の生き方や社会生活をよりよいものにするための行動の在り方や心身の健康の維持増進のための工夫を考え，実践する。	●多様な他者との関係をよりよいものにしようと考えたり，共に課題を立てたりする。 ●集団での自己の役割を見いだしたり，他者のために自分ができる行動や集団でのよりよい行動の在り方を工夫したりし，実践する。	●目標や理想との現状を把握し，自分の成長を見つめたり，課題を更新したりしながら自己の生き方について考えを深める。 ●集団での目標や理想との現状を把握し，互いの成長を見つめたり，課題を更新したりしながら，よりよい人間関係を形成する。

自律領域の内容

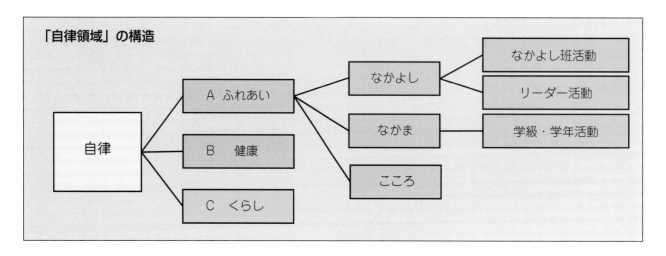

「自律領域」の構造

A　ふれあい

知識・技能	自分をつくる力	人とかかわる力	自分を見つめる力
●他者との関係をよりよくする方法 ●自分自身の言動を見つめ直す方法 ●仲間と共につくるイベントの意味や価値 ●自治的に活動することの意味や価値 ●自分たちで組織をつくり生活することの意味や価値	●課題解決に向け，思いや願いを大切にしながら，新たなことに挑戦する。 ●多様な考えの接点を見いだし，協調し共感しながら妥当な考えを創り出す。 ●目標の実現に向けて最後までやり抜く。	●集団で表現したい目標に向け，仲間と協力しながら課題を見つけようとする。 ●集団での自己の役割を見いだし，自分の役割を果たす。 ●互いのよさを認め合い，折り合いをつけながら問題の解決に取り組む。	●新たなことに立ち向かうことで向上心や勇気，団結力のよさを実感する。 ●個や集団での成長を振り返り，今後に生かそうとする。

　A「ふれあい」は，自分にとってのよりよさを他者との関係の中から見いだし，よりよい人間関係を追求しながら，協働する活動を通して，自律性の育成を目指す。そのために，子供が他者と積極的にかかわる体験の場と，その活動を通して子供自らが感じたことや考えたことを振り返る場を繰り返し取り入れた「学びのサイクル」を大切にする。

　A「ふれあい」は，「なかよし」（異年齢集団活動），「なかま」（同年齢集団活動），「こころ」（自分にとっての体験の意味を考える活動）の3つの活動で構成される。

　「なかよし」は，異学年や全校の友達と互いに力を合わせたり，知恵を出し合ったりする活動である。「縦割り班（なかよし班）活動」と「リーダー活動」の2つの活動がある。異年齢の友達をはじめとする多様な人々と力を合わせながら活動するよさや楽しさを実感する活動を構想していく。また，この異学年での協働体験によって，学年を越えた信頼感や連帯感を味わいながら，よりよい人間関係の在り方について学んでいく。

　「なかま」は，学級や学年の友達と互いに力を合わせたり，知恵を出し合ったりしながら，共通の目標に向けて取り組む活動である。子供の役割意識や責任，協力が必然となるように活動を組織し，達成感や所属感を実感できるように構想していく。子供は，協力して課題解決したり，多様な考えを認め合ったり，折り合いを付けたりしながら，よりよい人間関係の在り方について学んでいく。

「こころ」は，活動での自分の姿を意味付ける言語活動である。主に活動の事前事後に設定し，他者とのかかわり方や自分の在り方を「書くこと」や「伝えること」，「聞くこと」で振り返る。「なかま」や「なかよし」の活動で学んだことが，「こころ」の時間によって深められ，「こころ」の時間に高まった「もっとこうしたい」という思いや願いが，次の「なかま」「なかよし」の活動に反映されるよう言語活動を工夫していく。

B 健康

知識・技能	自分をつくる力	人とかかわる力	自分を見つめる力
● 運動を楽しく行うための基本的な動き ● 身近な生活における健康・安全な過ごし方	● 自己の運動能力や心身の健康について課題をもつ。 ● 課題解決を目指して，運動の仕方や健康で安全な生活の仕方を考え，実践する。	● 仲間と協力して，共通の課題を進んで見付けようとする。 ● 仲間とも意見交流をとして，自分の役割を考える。 ● 互いのよさを認め合い，折り合いをつけながら問題の解決に取り組む。	● 自分のめあてや課題から，運動に進んで取り組み，活動を振り返る。 ● 新たな課題を探り続け，実行する。

B「健康」は，自分で目標を定めたり，他者と協力したりしながら，よりよい運動の仕方や生活行動を目指して実践する活動を通して，自律性の育成を目指す。

「健康」では，自分たちで活動や生活をよりよくしていくために，どのようなルールを設定していけばよいか，集団の中での課題は何かを話し合い，ルールや課題を共有する場を繰り返し取り入れる。子供は，「自分にはどのような役割があるか」「友達のよい所を真似したい」など，自分やチームメイト，他のチームとのかかわりの中で自分の運動の仕方や生活行動を見つめ直し，解決方法を見いだしながら，新たな目標を設定し実践に移す。

C くらし

知識・技能	自分をつくる力	人とかかわる力	自分を見つめる力
●「家族や家庭」「衣・食・住」「消費や環境」について，日常生活をよりよくする方法	● 家庭生活について見直し，身近な生活の課題を見付ける。 ● 課題解決を目指して生活をよりよくするために考え，実践する。	● 仲間との意見交流を通して，自分の生活を振り返り，課題を見付ける。 ● 自分と家族，仲間や地域の人々とのかかわりを通して，よりよい生活を考え，実践する。	● 身近な生活における健康・安全を見つめ直し，健康で心豊かな生活を築こうとする。

C「くらし」は，家族や社会の一員として，よりよい家庭生活や生活環境をつくるための実践する活動を通して，自律性の育成を目指す。

「くらし」では，「家族や家庭」「衣・食・住」「消費や環境」など，身近な生活の中から課題を見付け，他者と共有する場を繰り返し取り入れる。子供は，「家族の一員として，自分の生活をよりよくするための自分の役割は何か」「友達の生活づくりからヒントを得たい」など，自分や家族，仲間とのかかわりの中で自分の生活を見つめ直し，解決方法を見いだしながら，新たな目標を設定し実践に移す。

自分の姿を意味付ける「学びのサイクル」

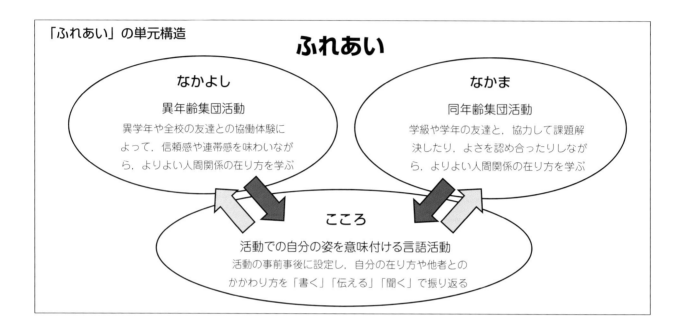

「ふれあい」の単元構造

ふれあい

なかよし

異年齢集団活動

異学年や全校の友達との協働体験によって，信頼感や連帯感を味わいながら，よりよい人間関係の在り方を学ぶ

なかま

同年齢集団活動

学級や学年の友達と，協力して課題解決したり，よさを認め合ったりしながら，よりよい人間関係の在り方を学ぶ

こころ

活動での自分の姿を意味付ける言語活動

活動の事前事後に設定し，自分の在り方や他者とのかかわり方を「書く」「伝える」「聞く」で振り返る

●活動の意義や価値，自己の成長を実感させる「学びのサイクル」

　体験活動での学びを充実させるには，振り返り作文等の内省と他者との学びを共有する話合いが欠かせない。体験活動と「こころ」の活動を意図的に繰り返し設定することで，学校生活の体験の場での学びを連続・発展させ，自律性を高めることにつながる。

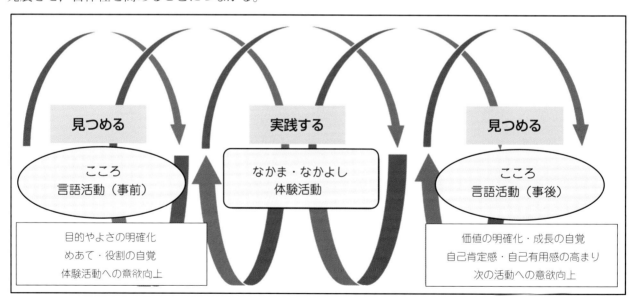

見つめる

こころ
言語活動（事前）

目的やよさの明確化
めあて・役割の自覚
体験活動への意欲向上

実践する

なかま・なかよし
体験活動

見つめる

こころ
言語活動（事後）

価値の明確化・成長の自覚
自己肯定感・自己有用感の高まり
次の活動への意欲向上

　そこで，体験活動の前後や途中に，子供がふと立ち止まり，「仲良くなりたい」「みんなと楽しみたい」「役割や責任を果たしたい」など，自分の理想とする姿や思いをみつめる「こころ」の活動を設定する。

　事前の「こころ」では，これまで体験を振り返り，体験活動の目的やよさを明確にしたり，めあてや役割をもったりすることで，体験活動への意欲を高めていく。事後の「こころ」では，体験活動を作文等で振り

返り，友達と成果や課題点を話し合う。子供は，大切にしたいことが明確になったり，体験での成長を自覚したりすることで，目的意識を高めて活動へと向かうようになる。

　このような，目標を確かにする振り返りの場と，それを実現したり学びに生かしたりする体験の場が連続していくよう言語活動を構想することで，子供は自らの成長を実感し，活動の意義や価値を更新し続けようとする姿を具現することができるのである。

●単元構想と「こころ」の活動の位置付け

　「ふれあい」の単元をつくる際は，活動のどの場面で，どのような問題に出会うかを見通して単元を構想し，その頃合いを捉えて「こころ」の活動を設定していく。その際，どのような道徳的価値にふれるかを設定し，多様な価値観が表れるような問いを意図的に投げかける。そうすることで，子供が活動の意味や価値，そこに向かう自分の在り方を深くみつめながら活動できるのである。

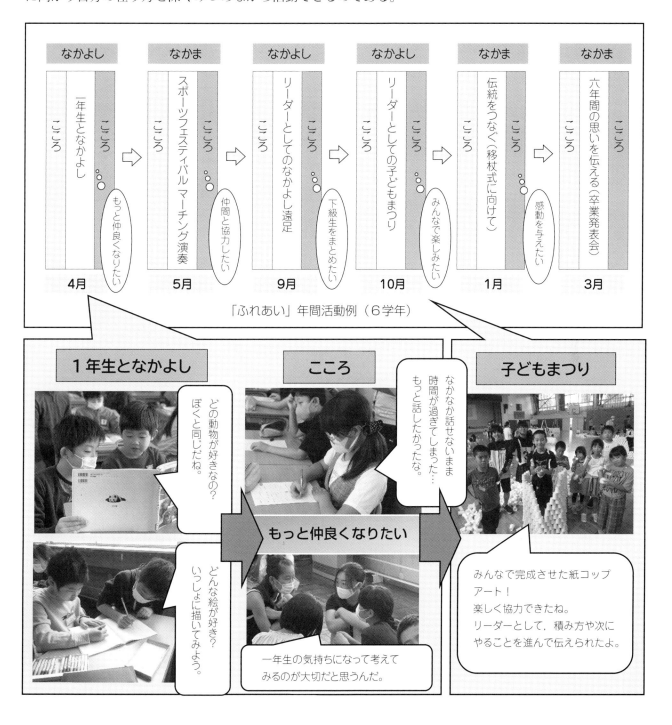

「ふれあい」年間活動例（6学年）

大手流 異学年交流
（なかよし）

なかよしとは

「なかよし」は，異学年や全校の友達と互いに力を合わせたり，知恵を出し合ったりすることを通して，協働的に問題解決を行ったり，自分の在り方を考えたりしながら，異年齢の友達をはじめとする多様な人たちかかわるよさや楽しさを実感する活動である。

●なかよしDAY

毎月一回，なかよし班で集まり，共に昼休みを過ごす。子供は，遊びの場所に合わせて内容を考えたり，天候や班の仲間の状況に応じて臨機応変に遊びを変更したりする。遊び会場がグラウンドになっているグループは，当日，雨が降って使用できなくなった時に，使用できる部屋を自分たちで探し，部屋の使用許可をもらった上で，みんなの合意を得て遊び内容を変更して活動している。

●なかよし学習

縦割りのなかよし班で同じ場所に集まり，学習する活動を通して，子供たちの自律性を育成する。木曜日の5時間目に，なかよし班ごとに集まって学習をする。子供は，それぞれに学年別のテキストを用いて，できるところからできる分だけ取り組む。分からない所は，なかよし班で教え合う。6年生の新太さんは，1年生の健治さんがなかなか学習に集中しないため，どうしたらよいか悩んでいた。声の掛け方や課題の出し方など，試行錯誤しながらかかわるうちに，健治さんは自分から課題に向かうようになって

いった。健治さんは，声を掛け続けてくれた新太さんを信頼して，話に耳を傾けるようになったのである。また，新太さん自身も，健治さんのことを常に気にかけることで，班長としてのリーダー性が高まっていった。なかよし班の友達のために自分にできることを追求していく中で，よりよい人間関係が育まれていく。

●なかよし遠足

年に一回，なかよし班で遠足に出かける。なかよし班で行うウォークラリーを通して，仲間と相談したり協力したりしながら，みんなで活動するよさを実感することをねらいとしている。子供は，遠足に向けてそれぞれの学年の役割（1年生：昼食会場決め　2，3年生：班のフラッグ作成　4年生：遊びの計画　5年生：ルート決め　6年生：全体調整，ミッションの考案など）を担う。3年生の香さんは，2年生の大和さんに「学年の愛称をイラストにして旗に描こう」と提案した。集団の中になかなか馴染めな

い大和さんだが，色塗りの仕事を任され，褒められたことで，班の旗を3年生と最後まで作り上げた。完成した旗を遠足前日に班のみんなに披露すると，「いいデザインだね」「作ってくれてありがとう」という言葉が返ってきた。

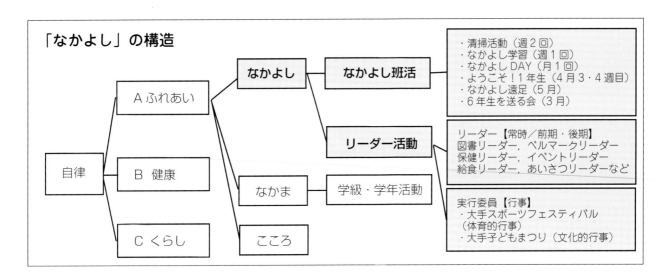

「なかよし」の構造

```
自律 ─┬─ A ふれあい ─┬─ なかよし ─┬─ なかよし班活 ─ ・清掃活動（週２回）
      │              │           │                ・なかよし学習（週１回）
      │              │           │                ・なかよしDAY（月１回）
      │              │           │                ・ようこそ！１年生（４月３・４週目）
      │              │           │                ・なかよし遠足（５月）
      │              │           │                ・６年生を送る会（３月）
      │              │           │
      │              │           └─ リーダー活動 ─ リーダー【常時／前期・後期】
      │              │                             図書リーダー，ベルマークリーダー
      │              │                             保健リーダー，イベントリーダー
      │              │                             給食リーダー，あいさつリーダーなど
      ├─ B 健康      │
      │              └─ なかま ─ 学級・学年活動 ─ 実行委員【行事】
      │                 こころ                    ・大手スポーツフェスティバル
      │                                          （体育的行事）
      └─ C くらし                                ・大手子どもまつり（文化的行事）
```

　大和さんは，遠足当日，得意そうに旗を持って歩き，最後まで班のみんなと活動を楽しんだ。自分の役割があり，その役割を果たし，周りの友達から認めてもらえることによって，自分の班への思いを強くもつようになっていく。

⚪ 大手スポーツフェスティバル

　実行委員を中心として準備を進める活動の一つに，「大手スポーツフェスティバル」がある。子供は，スポーツフェスティバルに向けて，「自分にはどんなことができるか」「こんな競技をつくりたい」など，願いや思いをもって準備に取り組む。競技内容を考える種目部では，「なかよし班で競い合う競技」「密にならない」「接触しない」など，新型ウイルス禍でも実施できる競技内容を，子供，教師が一緒になり，試行錯誤しながら考えていく。「縦に並んで電車リレーのような競技はどうだろう？」「縦に紐を持って

ば，一列に並べるよ」と，子供が競技をイメージしながら，考えを交流していく。考えがまとまっても，実際にやってみると上手くいかず，さらに話合いを重ね，四角形の隊形で，枠の中にあるボールを運ぶ「ジグザグリレー」をつくり上げた。一人一人が願いや思いをもち，それを共有することで，みんなの願いや思いがつくられ，相手を認めながら活動する態度が育まれていく。

⚪ 大手子どもまつり

　大手子どもまつりでは，なかよし班で活動する内容が盛り込まれている。例年，大手子どもまつり当日になかよし班で活動するイベントがあるが，新型コロナ禍においては，事前になかよし班で作品を作る活動を行った。その一つが紙コップアートである。7，8人のなかよし班で，紙コップ1000個を使って作品を作る。始めは，思い思いに紙コップを重ねる姿が多く見られたが，「これとこれと合体させよう！」「くっつくとすごく大きな作品になりそう」など，次第に一人一人の思いが，班みんなの思いに変わり，みんなで一つの作品を作っていく。途中，紙コップが崩れる

トラブルがあると，班の仲間がすぐに駆け付け，みんなで修復していく。みんなの思いが共有されることで，相手に寄り添ったり，完成した喜びや達成感をみんなで分かち合ったりする姿が見られた。「紙コップアートを作る」という目的を，班の全員が共有することで，自分の思いがみんなの思いに変わり，みんなで協力して作るという相手意識が育まれていく。

他者とのかかわりを重視する「保健」「食育」

　自律性とは，「他者との関係の中で，よりよさを追求し，自分で行動する力」である。

　「健康」の保健の学習，「くらし」の食育においても，他者とかかわりながら，心身の健康やよりよい家庭生活を目指す子供の姿を思い描くことが大切である。

　そのためには，養護教諭，栄養教諭と連携を図り，正しい知識・技能を獲得しながら問題を自分事として捉え，他者との関係をよりよくつくり変えていこうとする活動として単元を構想することが大切である。

● 保健「依存症から考える私たちの生き方」

　6年「依存症から考える私たちの生き方」では，子供の喫緊の課題であるネットやゲーム依存の危険性を学び，続けて喫煙，飲酒，薬物乱用を「依存症」という視点から関連付けて学ぶ単元設計を行った。薬物乱用をイメージできない子供が多い中で，シンナーを例にあげ，本来の目的とは違った別の使い方をした時に，歯がとける，手足が震える，幻覚や幻聴が起きる，一回の使用でも命を落とすことがある等，心身の健康に様々な悪影響

を与えることを説明した。なぜ乱用してしまうのか問うと，前時で学習した「喫煙・飲酒の害」での学習を想起し，「強い依存性」があることを理解した。また，薬物と出合うきっかけは，友達や繁華街等で勧められることが多いことを知った。

　しかし，たとえ薬物乱用の害を知っていたとしても，誘われたら断れなかったり，安易に雰囲気に流されてしまったりする集団心理によって，薬物に手を出してしまうかもしれない。集団心理の危険性を学ぶことで，よりよい人間関係の在り方を見つめながら，自他の健康を考えることができると考えた。

　そこで，授業の後半では，ロールプレイを通して誘い等に対する適切な対処法を学んだ。子供は，ワークシートの事例について，健康への害や法律で禁止されていることを理由に断ることができた。中には誘い役である教師を止めるよう説得したり，その場から離れる手法を上手に取り入れたりする子供もいた。一方で，「これ，もらったんだ。気持ちよくなるらしい。一緒に使ってみない？友達だろ？」という誘いを受け，「そんなの友達じゃない」と言う子供もいれば，「友達かぁ（友達だったら断れないよな）」と悩み，自分事と捉える子供の姿も見られた。また，教師が複数で誘う場面を演じた時や，ニュースで話題となった大学生等による集団での大麻使用の事例を

提示した時に，子供の表情が変わり，「みんなでいる時に勧められたら，断ることができるだろうか……」と戸惑いながら考える姿が見られた。しかし，子供は，「たとえ友達であってもしっかり断りたい」「相手も説得したい」「複数でもうろたえずに，しっかり断り，その人たちとかかわらないようにする」等と，感想を書いた。

このように，子供は，自立した人間として他者とともによりよく生きることを考える機会をもつことで，健康によい生活行動を実践していこうとする。そのために，正しい知識を得て，他者とかかわりながら，自分の生活の中に照らし合わせることで，改めて自分の生き方を考えることが大切なのである。

●食育「私のオリジナル弁当」

本校には「私のオリジナル弁当」という弁当の日が年に1回ある。これは，子供一人一人が栄養バランスを考えながら自分の弁当の献立を立て，家族の協力をもとに弁当を作って味わう取組である。食事を食べる側から作る側になることで，日頃の生活には家族の協力が必要なことに気付き，家族への思いが深まると考える。

「くらし」は5年生から始まるが，1年生からオリジナル弁当作りを経験したり，「探究」などで様々な食に関する体験を積み重ねたりすることで，自分の成長への気付きが段階的に深まり，よりよい家庭生活を実践する意欲が高まっていく。

「私のオリジナル弁当」を初めて体験する1年生は，栄養素の特徴による食品の3つのグループ分けを学習し，3つのグループの食材がすべてそろうように献立を考える。自分が主体的にかかわったオリジナル弁当では，苦手な食べ物にチャレンジする姿が多く見られる。子供は家族に「作ってくれてありがとう」と家族への感謝を伝え，毎日の食事も家族が心をこめて作ってくれていることに気付き，感謝の気持ちを高めていく。

2年生は「探究」で野菜とかかわり，学校で調理を体験していることから，オリジナル弁当作りでも調理に積極的に挑戦する姿が見られる。好美さんのお母さんは，次のように子供へメッセージを書いた。

> いっしょに弁当を作れて，うれしかったよ。包丁の使い方もじょうずになったね。ほかにもいろいろ作ろうね。たくさん野菜の話も聞けてうれしかったよ。
> （好美さん母）

子供も家族も一緒に調理することに喜びを感じたり，自分の成長を家族に認めてもらったりすることで，次に調理することへの意欲を高める姿が見られる。

6年生は，栄養バランスだけでなく，食材の選定や調理方法まで視点を広げている。また，片づけや弁当箱を洗うなど，調理以外の家庭生活に必要な仕事に積極的にかかわり，自分の生活に生かす姿が見られる。この過程を通して，家族とのコミュニケーションが充実し，家族への感謝の気持ちがさらに高まる姿が見られる。学級では，弁当を見せ合うと「おいしそう」「すごい」の言葉が飛び交い，相手を認めたり，自分のことも認めてもらったりすることで，自己肯定感を高めていく。

このように，栄養や調理に関する正しい知識を得た子供は，オリジナル弁当作りに主体的にかかわるようになる。そして，計画から実践，評価までの一連の活動を通して，家族とかかわっていくことで，今後のよりよい家庭生活を考えていくことにつながっていく。

2年 自律（ふれあい）

みんなにこにこ
「にじリンピック」

佐野 あさひ

●育成する資質・能力【自律性】

自律性			
・学年イベントである「にじリンピック」を企画したり，振り返ったりする活動を繰り返すことを通して，互いの思いに気付き，友達の思いを大切にしながら，自分にできることを考え，友達と協力して行動する。			
知識・技能	自分をつくる力	人とかかわる力	自分を見つめる力
・自分や友達の言動を振り返る方法 ・目標を具現化し目指す姿を共有する話合いの方法 ・思いや願い，要求を伝える適切な方法 ・イベントの運営や役割分担の方法 ・「にじリンピック」での，自分自身や仲間の成長を見つめ直す方法 ・「にじリンピック」のよさや価値	・学年目標の達成に向けて，課題を明確にする。 ・自分の課題を見付け，自分の役割や行動の仕方を考えて納得して活動に取り組む。 ・自分に対して「こうなりたい」という期待をもつ。	・学年目標の達成に向けて，みんなの「にこにこ」につながる要因や課題を人の言動から見付け出す。 ・学年目標の達成に向けて，みんなの「にこにこ」につながることを考え，実践する。 ・みんなのために自分が頑張ったことや友達が頑張ったことを伝え，相互のよさを認め合う，安心できる空間をつくる。	・目標や活動を振り返り，自分や友達の行動の変容（成長）に気付き，今後に生かそうとする。 ・なりたい自分の実現に向けて，今の課題，これからの課題を見付け出す。

▶本質に迫る問いが生まれる活動の構想

　本単元は，みんなが「にこにこ」になる学年イベント「にじリンピック」の企画・運営を通して，学年目標にある「にこにこ」の概念を更新していく活動である。学期に2回ずつ，学級ごとにイベントを計画し，企画者と参加者の立場に交互に立ちながら，年間を通じてイベントの計画・実行，振り返り，活動の修正という過程を繰り返す。

　「にじリンピック」が，「みんなが『にこにこ』になる時間」となるように，計画段階では，どんな遊びを取り入れるか，どんなルールが必要かなどの視点からイベント内容を検討する。また，振り返り段階では，自分や友達は何故「にこにこ」になることができた（できなかった）のか，考えを伝え合う。友達の考えを聞くことで，「にこにこ」の要素が多

様にあることに気付き，改めて「私の『にこにこ』とは？」と子供は自問し始める。「にこにこ」になる理由を，周りの友達との対話を通して振り返りながら，自分自身の「にこにこ」の概念を更新していくのである。

　また，子供が自分自身の「にこにこ」の概念を更新する上で欠かせないのが，企画者と参加者の相互の思いを知り，感謝し合い，認め合う経験である。対話の中で他者から認められる喜びが自信となり，安心して次時における自らの課題や目標を見付けようとする。

　これらの経験を通して，なりたい自分の実現に向け，行動を決定しようとする自律性が発揮・育成されるのである。

私の「にこにこ」って何だろう？

　3回目のイベントを振り返り，学級全体に「『にこにこ』になれたのはなぜ？」と問うと，子供は次のように述べた。

- ・イベントの感想を伝えてくれたことが嬉しかった。
- ・みんなが整列をして待ってくれたおかげで話しやすかった。
- ・やったことのない遊びを考えてくれて嬉しかった。

　美加さんは，1，2回目の「にじリンピック」を振り返る中で，「遊びが楽しかった」と遊びの楽しさの視点から自分が「にこにこ」になった理由を考えていた。話合いでは，「にこにこ」になるのは，自分が遊びを楽しめたか否かという視点以外にも，参加する友達の行動や交友関係の広がりも要素になることが全体で確認された。

　美加さんは，この話合いを経て，自分が大事にしたい「にこにこ」を考え始め，4回目のイベントに向けて次のように決意を述べた。

　私が大事にしたいのは，いつも遊んでいる人じゃなくて，いろんな人と友達をつくって「にこにこ」になることです。これまでいろいろな遊びを考えた人から，いいアドバイスをもらって「にこにこ」になれるにじリンピックをつくりたいです。これまでのにじリンピックでいろいろあったから，それを工夫しながら，どうなるか想像してつくればいいです。
（美加）

　美加さんは，イベント後の友達との対話を通して，「にこにこ」を多様な視点から見つめ，自分にとっての「にこにこ」を捉え直した。そして，「にじリンピック」の意味を自分なりに考え始め，「イベントを通して，いろんな友達をつくることで『にこにこ』」になりたい」という思いを確かなものにしていった。

友達の「にこにこ」は，私の「にこにこ」

　美加さんは，4回目のイベントで初めて企画する立場に立った。遊びを考える際，過去のイベントの課題「疲労度を考えたほうがよい」という点を取り上げ，活動内容を検討し，動的・静的な活動を取り入れた2つの遊びを計画した。

　実際にイベントを運営した後，企画者として次のように振り返った。

　走らない遊びと走る遊びを入れて，みんなのことを考えた楽しい遊びになりました。少し失敗したけれど，成功したから，私はにこにこになれました。私は，企画者だったけれど，自分がにこにことしゃべったり，分からない人に教えたり，そんな感じにしたらみんなもにこにこになりました。友達は，助け合いができていていいなと思いました。困っていることがあったら教えたいです。
（美加）

　美加さんは，参加者から企画者へと立場を変えて「にこにこ」を考えたことで，友達の「にこにこ」にも目を向けた。そして，友達のために頑張り，友達が「にこにこ」している姿を見ることで，自分も「にこにこ」することに気付いたのである。また，自分たちの企画を友達が認めてくれたことで，役割を果たした自分に自信をもつことができ，次の活動でも友達のために協力していこうとする意欲も高めたのである。

友達の思いを知り，自分を振り返ることで，次の目標が決まり自ら動く

　子供は，友達の「にこにこ」を聞いたり，立場を変えて「にこにこ」を考えたりすることによって「にこにこ」を多様な視点から捉えられるようになる。また，イベントを通して，楽しかった思いを伝え合ったり，頑張りを認め合ったりして友達の存在を実感できる過程が必要となる。友達から認めてもらう安心感が土台にあることで，自分の「にこにこ」の概念を更新し，自分の目標表や行動を決めて自ら動こうとする姿を見せるのである。

3年 自律（健康）

つないでアタック！
キャッチソフトバレーボール

牛膓 敏久

キャッチソフトバレーボールのルール

●育成する資質・能力【自律性】

自律性			
・キャッチソフトバレーボールのゲームを通して，チームのめあてや課題を明確にし，パスをつないだり，得点したりする方法を仲間と考えながら，協力して活動する。			
知識・技能	自分をつくる力	人とかかわる力	自分を見つめる力
・バレーボールの基本的なルール ・ボールの捕り方・打ち方 ・飛んできたボールやワンバウンドしたボールをキャッチするための動き	・ソフトバレーボールの技能を高めようと進んで活動する。 ・得点する方法を考え，ボールの打ち方を工夫する。 ・パスをつなぐために，仲間に捕りやすいボールを投げる。	・チームの課題を進んで見付けようとする。 ・課題を解決するために，話し合ったり，お互い励まし合ったりする。 ・パスをつなぐための自分の役割を理解し，プレーする。	・チームで活動するよさに気付き，自分の行動について考える。 ・チーム仲間と教え合ったり，話し合ったりすることを通して，新たなめあてを考える。

▶本質に迫る問いが生まれる活動の構想　　　　　　　●

　本単元では，飛んできたボールをキャッチして味方につなぎ，効果的に相手コートにアタックする「キャッチソフトバレーボール」に取り組む。ネット型ゲームは，ネットで区切られたコートの中で攻防を組み立て，自陣から相手コートにボールを返して得点を競い合うという運動特性がある。ボールを捕ったり打ったりするだけでなく，ボールをつなぐこと，得点することなど，チームの仲間とどう連携していくかが重要となる。本来，自陣にあるボールは，レシーブやトスなどでつなぐルールであるが，キャッチしてボールをつなぐルールに変更する。すると，ボールの保持が可能になり，次に誰にボールをつなげばよいのか，どんなボールを投げればよいのかなどを考える時間が確保される。3年生の発達段階において，ボールの操作のしやすさと時間の確保は，ボールをつなぐ局面で，有効な手立てである

と考える。

　単元の始めの段階でチームに分かれ，チームの仲間と交流しながら技能習得を目指す。ゲームを中心に行っていく中で，子供の「得点を決めたい」という気持ちを大切にし，「どうやったら得点できるか」を，単元を貫く課題として設定する。その中で，「どのようなパスをしたらよいのか」「自分がどのような動きをしたらよいのか」などを，チームの仲間と話し合い，考えていく活動を構想する。

　また，互いのプレーを生かし合いながら，チームプレーが実現できるようにするために，仲間のプレーのよさを見付け，伝え合う活動を設定する。そうすることで，協力するよさを実感したり，自分のプレーに対する自信を高めたりしながら，チームとしてのよりよい動きを追求するような自律性が発揮されると考える。

友達のがんばり，見つけたよ！

　毎時間の活動後，個人の振り返りと友達のがんばっている姿を記述した。晴斗さんは，運動が苦手な美雪さんに対して，「美雪さんは，今日は自信をもってプレーしていた」と記述するなど，苦手な友達に寄り添い，それをチームとしてどう支えるかを意識して振り返る姿が見られた。他の子供にも次のような記述が見られた。

・今日は，アタックをして得点を決めることができてうれしかった。友達のパスが打ちやすかった。
・声をかけてくれて，どこに動けばよいか分かった。
・落ちそうなボールをとった時，「ナイス！すごいじゃん！」と言ってもらえてうれしかった。

　授業の終末に，個人の振り返りをチーム内で交流する活動を行った。美雪さんは，「自信をもってプレーしていた」と言われることで，自分のプレーが間違っていないのだと確信し，次時の活動への意欲を高めた。次時には，ボールを進んで捕りにいったり，得点を決めたりして，積極的に活動する姿が見られた。

チームのためにどう動く？

　ゲーム中，晴斗さんはポジションに関係なく，ボールが来ると必ずと言っていいほどアタックをしていた。しかし，なかなか得点することができずにいた。そんな時，ボールがまたコート前方の晴斗さんの所に来ると，アタックの姿勢をとったが，咄嗟にボー

ルをキャッチしたのである。キャッチすると，すぐ脇にいた美雪さんに，ボールを投げ，美雪さんがアタックをして得点することができた。この時の気持ちを晴斗さんは次のように振り返った。

　美雪さんはアタックが上手だったので，ぼくが打つより，美雪さんが打った方が得点できると思って，美雪さんにパスしました。得点が決まってすごくうれしかったです。次のゲームでも，友達にうまくパスをしたいです。
（晴斗）

　晴斗さんは，前時の振り返りの際，「パスが上手だった」と，チームの友達からよさを見付けてもらっていた。晴斗さんは，「ボールを打ちたい」という気持ちを抑え，得点するために自分がどのように動いたらよいかを考えてプレーしたのである。さらには，「美雪さんのアタックが上手い」という友達のよさを把握した上での判断であった。

　個人の振り返りと友達のがんばりをチーム内で交流することで，子供は自分に自信をもったり，友達のよさを認めたりしながら，ゲームへの意欲をどんどん高めていった。また，子供はお互いのよさをチームの中で共有し，チームプレーとして，よりよい動きへつなげていく姿が見られた。

友達から認められることで，自信をもち，よりよい動きにつながる

　チーム内での振り返りを通して，「○○さんのこういうプレーがよかったね」「○○さんがこう動いていて得点できたよ」など，相手のよかった所を見付けていった。お互いのよかった所を交流し，友達から言われたことを励みにすることで，自分のプレーに自信をもち，友達と協力してチームとしての動きを追求していく姿につながる。

6年自律（くらし）

家族が喜ぶ「ありがとう弁当」
〜弁当で感謝を伝えよう〜

中野 裕美

●育成する資質・能力【自律性】

自律性			
・家族へ感謝の思いを伝えるために，家族が喜ぶ姿を思い浮かべ，栄養や好みに配慮した弁当を作ることを通して，自分の成長を感じたり，家族とのかかわりを深めたりする。			
知識・技能	自分をつくる力	人とかかわる力	自分を見つめる力
・栄養バランスを考えた1食分の献立作成の方法 ・弁当の安全でおいしい調理の仕方 ・弁当に対する見方，考え方	・家族への感謝の思いが伝わる弁当を作るために，どんな工夫が必要か明確にする。 ・栄養バランスを整えて，弁当の献立を考える。	・家族の好みや生活のことを考えて，弁当の構想を練る。 ・仲間が考えた献立の工夫を知り，自分の献立に生かす。	・日頃の生活を想起し，自分の生活には家族の協力が大切であることに気付く。 ・感謝の思いを込めて作った弁当が，家族の喜びにつながることを実感する。 ・自分と家族のかかわりを見つめ直す。

▶本質に迫る問いが生まれる活動の構想 ●

　弁当作りは，1食分の献立として栄養バランスや分量，料理の組み合わせなど総合的に考える必要がある。また食べる人の笑顔を思い浮かべ，思いやりやアイデアを組み込むことができる。本単元では，日頃の感謝を伝えるために家族に「ありがとう弁当」を作る活動を通して，自分と家族のかかわりを見つめ直すことにつなげていく。

　子供はこれまでの「私のオリジナル弁当」の活動を通して自分が食べる弁当を作ってきたが，本単元では，初めて家族のために弁当を作る。これまで家族が自分のために作ってくれた弁当への感謝の気持ちを想起し，「ありがとう弁当」の条件を整理することで，家族への理解を深め，食べる相手のことを考えて弁当を作ることにつなげていく。

　子供は，家族が喜ぶ弁当として相手の好みだけで

なく，「健康でいて欲しいから，栄養満点の弁当にしたい」という願いをもっている。そこで，自分が考えた弁当が「本当に家族が喜ぶ弁当になっているのか」ということを栄養の視点で見直す活動を設定する。五大栄養素の知識をもとに，具体的に食材を工夫し，食経験や仲間との対話を通して，様々な視点から献立を考える。そして，自分の思いや願いをこめた「ありがとう弁当」を作り上げていく。

　子供は弁当作りを通して，毎日の食事作りの大変さを感じ，家族への感謝の気持ちをさらに高めていく。また，家族が喜んでくれたり，自分の成長を認めてもらったりすることで，次の食事作りへの意欲が高まっていく。このような過程の中で，今後の家庭生活をよりよくしていこうとする自律性が発揮・育成される。

おじいちゃんの大根をつかいたい

　亜衣さんは祖母が喜ぶ弁当として，祖父が作った野菜を入れたいという思いがあった。そして，祖母が好きな料理で，かつ祖母から教わったレシピとして大根のみそ汁を考えた。また，祖父が作っている他の野菜も使えるように献立を立てた。亜衣さんにとって祖父の野菜を食べることは嬉しいことであり，祖母にも同じように喜んで欲しいという願いがこめられている。食べる人にとって何が重要か，様々な視点で「ありがとう弁当」を捉えている姿が見られた。

無機質（青いシール）が足りない

　「ありがとう弁当」の食材に5色のシールを貼って，五大栄養素の観点で栄養バランスを整えた。祖母が喜ぶ弁当を考えた亜衣さんは，20枚以上のシールを貼り，多様な食材を使用していることが分かった。しかし，栄養素別にみると無機質（青いシール）

が1枚しかないことに気付き，献立をよりよく工夫するためのポイントが明確になった。そして，無機質を多く含む食材で祖母が好きなものを考え，煮干しを使った料理を1品増やすことにした。栄養の視点と相手の好みを組み合わせて，よりよい献立を考える姿が見られた。

　また，恭平さんも，弁当に無機質がないことに気付き，肉巻きにチーズを入れることを思いついた。しかし，仲間との対話の中で「弁当に入れるとチーズが冷めて固くなってしまう」と聞き，チーズではなく，海苔を足すことにした。仲間との対話をもとに，自分の食経験から相手が食べるときの気持ちを考えて，献立を工夫する姿が見られた。

次はたまごやきを一人で作りたい！

　祖母が喜ぶ弁当を作った亜衣さんは，次のように振り返った。

> いつもママ，パパはご飯を作ってくれていて，弁当を作る大変さが分かりました。おいしくなるように火かげんを工夫するのが大変でした。次は，たまごやきを一人できれいにつくりたいです。
> （亜衣）

　亜衣さんは，母親から「できることが増えた」と成長を認めてもらったり，祖母から「ありがとう」と喜んでもらったりしたことで，次は一人で作ろうという意欲を高めていた。また，食べる人のことを考えて弁当を作るのは大変なことであると改めて実感し，家族への感謝の気持ちが高まった。

自分の思いや願いがこもった弁当作りを通して，家族への思いが深まる

　亜衣さんは，祖父が大切に育てた野菜を食べる喜びを祖母にも感じてほしいという思いをこめて，「ありがとう弁当」を考えた。そして本当に祖母が喜ぶ弁当となるように，栄養の視点を踏まえて弁当を作ることで，家族が自分のために食事を作る大変さに改めて気付いた。この過程の中で，家族の自分への理解や愛情に改めて気付き，家族への感謝の思いをさらに深める姿につながった。

道徳的価値と自律

上越教育大学学長

林 泰成

1 道徳科の中核にあるもの

「自律」について考えるにあたって，まず「道徳科」授業の特色を取り上げてみたい。道徳科は，平成29年度から小学校において，平成30年度から中学校において教科となった。しかし，教科化後も，道徳的価値（徳あるいは徳目とよばれることもある）を教えるということは変わっていない。

道徳的価値とは，正義とか，正直とか，友情とか，家族愛などである。教科書に掲載されている教材を使って，そうした道徳的価値についての理解を促すのが道徳科授業である。

こうしたやり方はとらえようによっては，価値の押し付けになるようにも思われる。従来の「道徳の時間」に対しても徳目主義的だという批判があったが，それをも引き継いでいるかのようにも思われる。しかし，一方で，教科化後は「考え，議論する」道徳というスローガンが用いられていることからもわかるように，単純な教え込みとは少し違う。考え，議論しながら，その価値が望ましいものであるかどうかを吟味するプロセスがあるからである。

道徳的価値や徳目には，いろいろなレベルのものが含まれているので，なぜこれらの価値が取り上げられ，他の価値が取り上げられていないのかは，なかなか説明しにくい。徳の重要性を説く倫理学者であっても，人によって重要だとみなす徳目は異なっている。

「自律」も，小学校および中学校の学習指導要領に掲載されている道徳的価値の一つである。しかし，それは，他の徳目とは相当に性質の異なるもののように思われる。「自律」は，言葉の成り立ちから考えると，自らが自らを律するということである。そ

Yasunari Hayashi

の対義語は，他のものによって律せられるという意味の「他律」である。現代の道徳教育では，自律することが重要視される。それは，正義であれ，正直であれ，他のどのような道徳的価値であれ，それを身につけたと言えるためには，自らの意志でそれを実践できなければならないからである。

　しかし，残念なことに，学習指導要領では，「自律」は道徳的価値としてしか記されていない。道徳的価値を学ぶことも重要なことではある。さまざまな道徳的価値の概念を知らなければ，それを実行することなどできないと思われるからである。けれども，教えられるままに知識として身につけたとしても意味がない。「自律」的に実践可能な形にまで発展させなければならない。

2 「自律」と社会的かかわり

　「自律」を先に述べたような意味でとらえると，他者との関係や社会的なかかわりからは疎外されることになってしまう。自らが自由に自らを律してよいなら，何をしても許されるというような事態に陥ることになろう。

　実際，「自律」は，道徳的な意味合いで用いられる以外に，そうした状態を指して使用されることもある。たとえば，エリクソンの用いる「自律」の概念は，道徳性の発達を研究したピアジェやコールバーグらには受け入れられないであろう。道徳的な自律の概念は，その一部に社会的規範の内面化という一面を持っていると言える。

　経済開発協力機構（OECD）は，「OECD 学びの羅針盤2030」の中で，エージェンシーという概念を提案している。この概念は主体性を意味するが，しかし，それだけにとどまらず社会参加をも包含してい

る。「自律」という概念も，エージェンシーのような意味を持たねばならないように思う。

　「学びの羅針盤」は，学習全般に関わる問題を扱っているのであって，道徳教育のことを述べているのではない。しかし，資質・能力の育成を目指すそうした指針は，必然的に，社会とのかかわりを前提にせざるをえない。知そのものが，すでに個人の殻を破って，人と人とのつながりの中にその姿を現すようになっているからである。

　企業や地域社会の中で，私たちはどのようにして問題解決を行うのであろうか。集団で議論するのではないのか。OECDが行っているPISAのテストで試された協働的問題解決能力のことも思い出してほしい。一人の天才が生み出しているかのように見える科学的な発見や発明も，多くの先行研究や，学会での議論の上に成り立っているのではないか。

　ましてや，道徳教育のような極めて人間的な領域では，その学びがまったく社会から切り離された個人のレベルで完結するなどとは考えられない。

　ここで「自律」を，「自らが決めたルールにしたがって行為できるということ」だととらえ直してみよう。そうすると，なぜそのようにルールを決めるのかが問題になろう。また，どういう場面でどのように行為するのかも問題になろう。それは，自分が生活している集団や社会の在り様に影響される。たとえば，現代社会では，勇気ある行為を行う場合，戦国時代のように刀を持って戦うような勇気ではなく，自らの命を賭して人を救うような勇気が求められる。

　社会環境は変化しても，常に社会的かかわりと関連した「自律」が，人間と社会の存続には求められると言えよう。

　　　　　　　　　　　　　　　　　　（運営指導委員）

地域の環境（まち）

　本校は，江戸時代に築城された高田城の城下町として歴史ある地域にあります。伝統を守り続けている人も多くいます。子供が歴史や文化にふれ，学びを広げ深めることができる場所があります。

創業100年以上の歴史，伝統を守り，新しいものを生み出す　～高田本町商店街～

　江戸時代に商人のまちとして栄えた高田本町商店街。当時からの伝統を守り続けているお店が多く残っています。天候に関係なく買い物ができるようにと作られたアーケードは，昔の雁木をイメージしています。子供は，商店街で，取材活動をしたり，買い物を楽しんだりしています。お店，商品や人の思いから，昔からの伝統を守る大切さや難しさ，今の時代に合わせ新しいものを生み出している本町商店街の魅力を感じることができます。

高田城の防壁として誕生　人々の暮らしを見守り続ける　～寺町～

　学校の西側には，高田城築城の際に，城の防衛のために造られた寺町があります。現在も，67のお寺が南北に並んでいる光景は，全国的にも珍しいそうです。城下町の歴史を学ぶ上では，欠かせない場所になっています。寺町，裏寺町通りを歩くだけでも，それぞれのお寺に残る，歴史的な建造物に子供は魅了され，当時にタイムスリップしたような感覚になります。座禅体験ができるお寺もあります。子供は，寺町で時代を越えて人々が守り続けてきたものや寺町を後世に伝えようとする人々の思いにふれることができるのです。

旬のもの，生産者の思いを感じる　～朝市～

　学校から高田本町商店街に向かう通りの間に，朝市通りがあります。そこでは，二七の市，四九の市が開かれます。収穫されたばかりの野菜，人々の暮らしに欠かせない生活用品などがあり，その時期の旬を感じ，生産者と直接語り合える場となっています。人々の生活に密着している朝市では，地域の様子にふれることができます。子供は，朝市に行くと，特産品を知るだけでなく，生産者の方やお客さんの笑顔にふれ，地域の暮らしを感じることができます。

学びの時間

他領域で発揮・育成された資質・能力を自覚し，これをもとに自分自身の在り方を追求する

●内省的思考

自分の考えや行動を振り返り，対象の意味や学びの文脈を自覚しながら，これからの自分の在り方を考え，行為を創り出そうとする力

学びの時間固有の活動のプロセス

○過去の自分の思考や行動そのものを対象化して認識する過程
○自分自身の状態の的確な把握をもとに，理想の実現に向かおうとする過程

学びの時間固有の活動のプロセスは，他領域で発揮・育成された資質・能力を自覚し，これを基に更なる課題や自分自身の在り方を追求しようとする子供の姿として思い描くことができる。

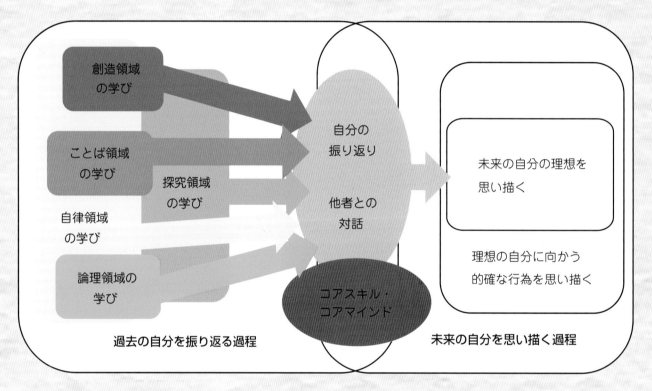

本校には，「子供は本来的に学びたい，できるようになりたいと願う存在である」という子供観がある。子供一人一人が思いや願いをもち，なりたい自分を思い描きながら，他者と共に，理想の実現に向かう。このような子供は，他者との協働的な問題解決を通して自分自身の特性を理解し，他者との関係の中に適切に自分の存在を位置付け，関係を調整していく。

子供は対象とのかかわりを振り返ることで，どのような活動がどのような学びにつながっているかといった学びの文脈を意味付ける。それは，各領域の対象とのかかわりを通して発揮した各領域の資質・能力や「コアスキル」「コアマインド」のはたらきを自覚することに他ならない。

子供が自分自身の資質・能力を自覚するためには，5つの領域での学びの重要性や有効性について，実感と納得をもって理解している必要がある。また，他者との対話によって，自分の学びについての意味付けを確かにしたり，更新したりする活動が重要である。

子供は5つの領域における学びの文脈を意味付ける活動を定期的に繰り返していく。1 〜 3年生は連絡帳による毎日の日記を蓄積する。4 〜 6年生は，各単元の終末などの各領域の節目において「学びのシート」に自分の学びの履歴と発揮した力の意味付けを記述し蓄積する。このような学びの蓄積を2カ月に一回見返

して，学年の発達特性に応じて再構成する活動に取り組む（1年生「私の思い出かるた」，2年生「私の思い出すごろく」，3年生「私の学びランキング」：p140，141参照，4～6年生「学びのネットワークシート」：p142，143参照）。子供は，様々な学びの文脈で学んだことのつながりや，ある領域の学びが別の領域の学びに生かされていたりすることなど，学びのつながりを自覚する。このような活動を通して，子供は，自分自身の思考や行動そのものを客観的に整理・分析しながら，メタ認知的知識を構成していく。そして，客観的に捉えた自分の強みや弱みをもとに，理想と現実を照らし合わせることで，これから向かう課題に対して前向きに取り組もうとしたり，的確な方略を生み出したりするようなメタ認知的技能を身に付けていくのである。

このように過去の自分の思考や行動そのものを対象化して認識する過程と，自分自身の状態の的確な把握をもとに，理想の実現に向かおうとする過程が，「学びの時間」固有の活動のプロセスである。これらを「過去の自分を振り返る力」「未来の自分を思い描く力」として単元設計に位置付けることで，内省的思考を発揮・育成する子供の姿を具現することができるのである。

●子供のカリキュラム・マネジメント

「学びの時間」において子供は，自らの学びの文脈を振り返り，意味付ける。そして，「次は〜したい」「もっと〜になりたい」といった思いや願いをふくらませ，これに至るまでの過程を思い描く。例えば，水泳の活動で，「次は床をタッチできるまで潜れるようになりたい」と目標を定めたり，「探究」の活動で，「朝市に来るお客さんを笑顔にしたいから，高田の四季の絵葉書をつくろう」と具体的な活動を思い描いたりする。これは，子供が新たに自分自身の学びの文脈をつくり出そうとする姿に他ならない。このように，子供は，「学びの時間」を通して，「目標の設定，実践，評価・改善」のサイクルを回す，自分自身のカリキュラム・マネジメントに取り組んでいるのである。

★「内省的思考」の構成要素

内省的思考		
自分の考えや行動を振り返り，対象の意味や学びの文脈を自覚しながら，これからの自分の在り方を考え，行為を創り出そうとする		
知識・技能	過去の自分を振り返る力	未来の自分を思い描く力
●自分自身の特性についての知識 ●自分を知るための思考の方法（「比べる」「分類する」「関係付ける」「多角的にみる」等） ●理想の実現に向けての的確な行為	●対象とかかわった自分を振り返る。 ●対象とかかわる自分を振り返り，自分の学びの文脈を意味付ける。 ●他者との対話を通して，自らの学びの文脈についての捉えをひろげる。 ●自分の学びを再構成し，学びのつながりを自覚する。	●未来の自分の理想の姿を思い描く。 ●理想と現実とを照らし合わせ，今の自分を自覚する。 ●理想の実現に向けて成長しようとする。

毎日の連絡帳から学びを振り返る
～1，2，3年生の「学びの時間」～

　1．2．3年生は，連絡帳を書く時間に，毎日の活動を振り返りながら日記を書いている。「学びの時間」では，日記を蓄積し，学年に応じた方法による定期的な振り返りを連続させることによって，子供が自分自身の学びを意味付ける姿を具現している。

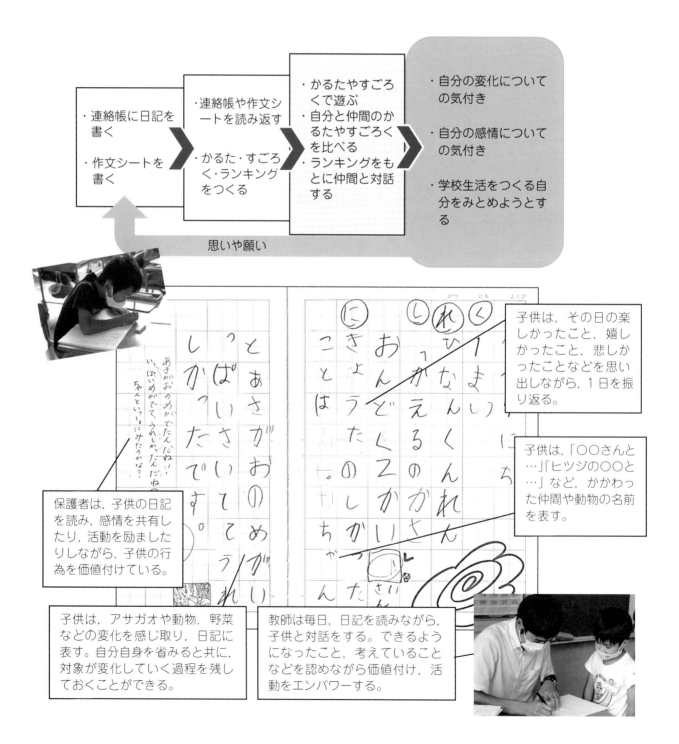

・連絡帳に日記を書く

・作文シートを書く

↓

・連絡帳や作文シートを読み返す

・かるた・すごろく・ランキングをつくる

↓

・かるたやすごろくで遊ぶ

・自分と仲間のかるたやすごろくを比べる

・ランキングをもとに仲間と対話する

↓

・自分の変化についての気付き

・自分の感情についての気付き

・学校生活をつくる自分をみとめようとする

思いや願い

子供は，その日の楽しかったこと，嬉しかったこと，悲しかったことなどを思い出しながら，1日を振り返る。

子供は，「○○さんと…」「ヒツジの○○と…」など，かかわった仲間や動物の名前を表す。

保護者は，子供の日記を読み，感情を共有したり，活動を励ましたりしながら，子供の行為を価値付けている。

子供は，アサガオや動物，野菜などの変化を感じ取り，日記に表す。自分自身を省みると共に，対象が変化していく過程を残しておくことができる。

教師は毎日，日記を読みながら，子供と対話をする。できるようになったこと，考えていることなどを認めながら価値付け，活動をエンパワーする。

学びのかるた（１年生）

　１年生は，オリジナルのかるたをつくり，遊ぶことを軸に「学びの時間」を構成している。読み札の文や取り札の絵に，その時々の子供の気持ちが表れる。仲間とかるた遊びをすることを通して，自分と似ているところ，違うところに着目する。対話を通して気付きを共有することで，自分が学びをつくってきた過程や，自分の変化・成長を実感する。

（詳しくはP146，147へ）

学びのすごろく（２年生）

　２年生は，オリジナルのすごろくをつくり，遊ぶことを軸に「学びの時間」を構成している。１つ１つのマス目には，子供が心に残ったことや，成長を感じたことなどが表される。振り返った事実と，「１マス進む」や「２マス戻る」といった指示とが組み合わされることによって，そのことが自分にとってどんな意味があったのかを見つめ直すことにつながる。

学びのランキング（３年生）

　３年生は，自分の学びのランキングをつくることを軸に「学びの時間」を構成している。「がんばったわたし」や「楽しかったわたし」のように，自分の学びを分類すると共に，ランキングにすることで，どの学びが自分にとって価値があったのかを考えることにつながる。さらに，ランキングをもとに仲間と対話することで，自分だけの学びの過程があることに気付くのである。

（詳しくはP148，149へ）

「学びのネットワークシート」で学びを構造化
〜 4, 5, 6年生の「学びの時間」〜

　4．5．6年生は，各領域の授業の単元の終末など，それぞれの活動の節目に，「学びのシート」を書いている。活動を通して自分が発揮したり身に付けたりした力を，「〇〇力」として表している。定期的に，これらのシートをもとに振り返り，「学びのネットワークシート」にまとめている。自分の「力」を構造化してまとめることによって，自分自身の学びを見つめ直し，次の活動を充実させるための過程を的確に思い描きながら，新たな行為をつくり出し続けるのである。

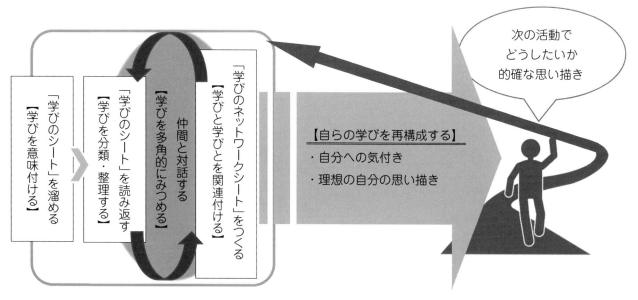

次の活動で
どうしたいか
的確な思い描き

【自らの学びを再構成する】
・自分への気付き
・理想の自分の思い描き

● **学びのシート**

4年論理（自然のしくみ）において，仮説をもとに実験し，結果を比べることを通して発見に至った過程を意味付けている。

> 5/21(金) ろん理(理)雨水の流れ
> 　理科で、水だまりのことをみんなで言周べました。グラウンドの水だまりのことを見ました。はんの子といっしょに「カタムキチェッカー」を使って、実けんしました。水だまりの場所と水だまりができていない所においてやりました。でも、こんでいるのに、なぜか水が入ってなくて、水たまりにはなっていない所がありました。発見することで、ちがいやどちらようが分かりました。
>
> **発見する力**

> ことば(コミュ)
> 8/26 よりよい対話に近には
> 今日は、言葉を使いながら よりよい対話は、どういうものか 考えました。対話は「どうしてそう思ったの?」と理由などを聞く反応をすると相手の意見がよくわかることがわかりました。次からの話し合いでも使えそうです。
>
> **反応する力**

5年ことば（コミュニケーション）において，相手の意見に対して質問することで，より相手の考えを理解できることに気付いた。さらに反応することを次の話合いに生かそうとしている。

6年自律（ふれあい）「なかよし遠足」の打ち合わせの際の事実をもとに，自分ができるとよかったことに気付いている。さらに自分の理想の姿に，「昨年の6年生」というより明確な目標を重ねている。

> なかよしかいぎ
> なかよしかいぎではとちゅうまでみんながまとまってくれてたすかったけど地図がくばられたら地図のほうに行ってしまい自分の家をさがしていたりしていましたでも前の6年生みたいはとめていませんできでも前の6年生みたいはまとめていました まだ遠けないことに気づきましたあらためて前の6年生のすごさに気づきました。
>
> **気づく　力**

●学びのネットワークシート

子供・保護者・教師とで，学びを共有している。

子供は，各領域で発揮し，身に付けたと感じている「力」を関連付ける。中央にある「探究力」がどのような資質・能力の関連によって発揮されているのかを構造化する。

子供は，学年目標と関連させながら「力」を見直す。自分自身が活動を楽しむことが，周囲の楽しみにつながり，これによって，集団の中で信頼される自分自身の姿につながっていることを，振り返り，意味付けている。

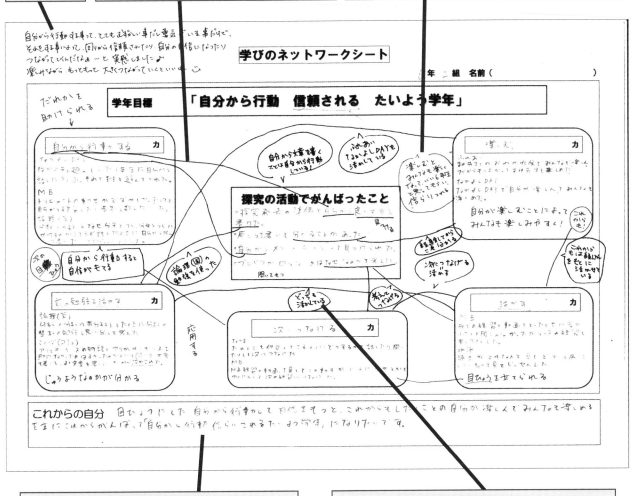

子供は，以前に目標にしていた自分の理想に，振り返りを通して気付いた方法（自分が楽しむことで，周囲も楽しめるようにする）を関連させることで，より明確に「これからの自分」を思い描いている。

子供は，自分が発揮し，身に付けた「力」の相互関係を見つめる。論理（数のしくみ）で既習内容を活かしたことと，マーチングバンドで音量が足りていないことに気付き，次の練習で改善したことを関連付けている。

「学びのネットワークシート」で自らの学びを構造化する4，5，6年生の「学びの時間」では，仲間や教師との対話を通して自分を見つめる時間を大切にしている。「学びのネットワークシート」をもとに対話することを通して，自らが学びをつくってきた過程について記述したり，語ったりする。さらに対話をする中で子供は，自分の行為を様々な他者の視点から見つめ直すことができる。そして自分の学びの理解を深めることは，理想に向かう道筋をより的確に思い描くことにつながっていく。

このように，「学びのシート」を書き溜め，「学びのネットワークシート」や他者との対話によって学びを構造化する過程において子供は，自らの学びを様々な視点から意味付け，理想とする自分の姿を的確に思い描く内省的思考を繰り返すのである。

「学びの時間マニュアル」を使って学びを見つめる

●子供のカリキュラム・マネジメント

　「自分がつけた力を表すいい言葉が見つからない」…このような子供の姿を目の当たりにした私達は，子供が自らの学びを意味付ける時のヒントになるように「学びの時間マニュアル」を作成した。各領域の固有のプロセスやコアスキル・コアマインドなどを勘案して，子供の思考の拠り所となるような内容を織り込んだものである。

単元の終末などの節目に書く「学びのシート」には，自分の行為やその時の思考の流れを具体的に記述し，そこでどんな力を付けたのかを考え，記録する。例やプロセスをもとに，自分の学びを振り返ることができる。

【比べる】【伝える】といった認知的なものから【寄りそう】【つらぬく】といった非認知的なものまで，多様かつ具体的な行為が示されている。これらの言葉が，子供が内省的に思考する際の拠り所となる。

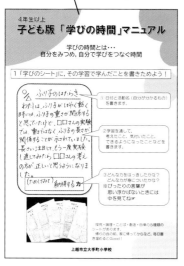

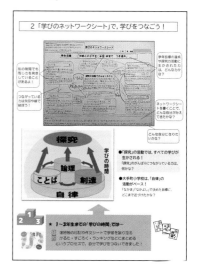

　「学びの時間」は，子供自身が自分の学びを振り返り，意味付ける過程そのものが重要である。「学びの時間マニュアル」のキーワードに当てはめて学びを振り返ることは，瑞々しい子供の意味付けを奪う危険性もある。そこで，学びの意味付けが更新されるような教師や仲間との対話を大切にする。例えば，「仲間と相談する力」を発揮したと振り返る子供が，「なぜその力を発揮できたか」といった対話を通して「仲間と相談できたのは，仲間を認めたり，自分の意見をしっかりもったりしたから」と考えるようになるなど，自分

がその力を発揮した背景等を意味付けることができるからである。「学びの時間マニュアル」は，「自分らしい学びの意味付けを促す他者との対話の重視」といった基本方針に則った上で，子供の発達特性や言語能力に応じて，適切に活用する必要がある。

●教師のカリキュラム・マネジメント

子供に「学びの時間マニュアル」を示し，「学びの時間」を中心に実践を積み重ねてきた私たちは，このマニュアルの内容が，職員共通の視点として機能していることに気付いた。特に，**授業評価** **活動構想・振り返り** **対象の設定** を行う際に有効にはたらいている。

授業評価

授業研究後のワークショップには，各自が「学びの時間マニュアル」を持参して臨んでいる。

6年論理（数のしくみ）の授業で「分類する力」が話題になった際に，荻島教諭は「そもそも『分類する力』を発揮する子供の姿とは？」という疑問を投げかけた。コアスキルの「分類する」は，「新しい見方を得る」ことに本質があり，マニュアルにはその定義が示されている。マニュアルで改めてコアスキルの定義を見直し，授業をみる視点を明確にすることで，共通の子供観，教育観で，目の前の子供を評価できるのである。

活動構想・振り返り

具体的な子供の姿を思い描く活動構想と，目の前の子供の姿をもとにした振り返りが大切である。私たちは，1単位時間の授業や1つの領域の学びを振り返るだけでなく，領域横断的な子供の学びにも目を向けていく必要がある。そこで，期毎の振り返りでは，領域相互の関連を探る視点としてマニュアルを参照し，次の構想につなげている。

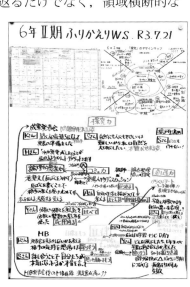

対象設定

1年「探究」で，子供が動物と共に在る場をつくる活動を構想した担任は，マニュアルを1つの手がかりとして，対象をヒツジ（コリデール・サフォーク）とヤギの多種の動物に設定した。多種の動物を子供が【比べる】【多面的にみる】姿を思い描いたり，自分たちの立場，それぞれの動物の立場から場を見つめる過程で【寄りそう】【折り合いをつける】姿を思い描いたりしたのである。このように，マニュアルは，資質・能力の発揮を促す対象を思い描く際の手掛かりとなるのである。

1年　学びの時間

そらかるた
〜あらわしたいきもちは？〜

風間　寛之

●育成する資質・能力【内省的思考】

内省的思考		
・かるたに表した自分の楽しみを振り返り，学校生活をつくり変えてきた過程やその理由を思い起こしながら，これからの自分について考え，よりよくつくり変えようとする。		
知識・技能	過去の自分を振り返る力	未来の自分を思い描く力
・学校生活を送る自分がつくってきた楽しみ ・自分と仲間や動物とのかかわり ・5月と6月のかるたや，自分と仲間のかるたとを比べる視点 ・学校生活を送る自分を楽しむ自分や成長する自分など，分類して見ようとする視点	・学校生活をつくってきた自分を振り返る。 ・学校生活をつくり変えてきた自分を振り返り，なぜそうしてきたのかを考える。 ・仲間とかるた遊びをすることを通して，自分のつくったかるたを見つめ直す。 ・新しいかるたをつくり，変化している自分に気付く。	・学校生活を楽しみ，成長している自分の姿を思い描く。 ・これまでの学校生活を楽しんできた自分を認めようとする。 ・もっと楽しく，成長できる活動をつくりたいと願う。

▶本質に迫る問いが生まれる活動の構想

　本活動は，子供が書き溜めている作文シートや連絡帳の日記などを基に，自分自身の楽しみや悲しみといった感情や，成長や変化について振り返りながら「そらかるた」をかき，仲間とかるた遊びをすることで，自分や仲間の過去や未来の姿を見つめる活動である。

　1年生は毎日，連絡帳を書く際に，その日の出来事や感情の動きなどを振り返り，日記を書く活動を続けている。この日記に書かれているものは，子供が日々感じていることであり，一人一人の変化や成長の記録である。また，様々な活動の前後に作文シートを書く時間を設定している。絵と文で，その時に考えていることを書いたり，活動のことを想像しながら遊びをし直したりしているのである。1年生の学びの時間では，書き溜めた作文シートや日記を定期的に読み返してみて，特に感情が動いた瞬間や，自分自身の成長を捉えたことなどを「そらかるた」

にまとめ，仲間とかるた遊びを楽しむ。他者のつくったかるたにふれることによって，自分との事実の捉えの同異点に気付くのである。探究で，初めて動物と出会った子供は「かわいい」「触りたい」と思いを膨らませることもあれば，「怖い」「近付けない」といった不安を抱くこともある。事実に対しての一人一人の捉えについて対話することを通して，子供は「どうしてそう思ったのだろう」と考え，他者の気持ちや自分の気持ちに思いを巡らせる。そして，気持ちを抱くまでの過程を思い起こすことで，自分の感情の変化や，行為の変化に気付くことができるのである。

　自分と仲間が「そらかるた」に込めた思いの違いを見つめることが，自分が何に楽しみを見いだしてきたのか，どんなことにこだわって活動をしてきたのかという，自分自身の内面を深く見つめ直すことにつながるのである。

日記が本当になった！

　子供がかいた「そらかるた」が溜まってきた7月，学校のプールでの初めての水遊び活動のことをかるたに表す子供が多いことを捉え，数枚のかるたを子供に紹介した。

　プールに入ったという事実のみが書かれたかるたを目にした子供は「友達と入れたことが楽しかったんだ」「水が気持ちよかったんだ」と，その時の気持ちを話し始めた。そんな中，怜那さんは次のように発言した。

> 　私は，初めはすごく怖かったんだけど，友達と遊んでいるうちに少しずつ，怖くなくなっていったんだ。そしたら，プールに潜れて床に座れる位になったんだよ。すっごくうれしかったんだ。前の日に，日記に書いたことが本当になったんだよ。　　　　　（怜那）

　怜那さんは，水に顔を付けたり潜ったりすることができなかったが，自分の怖さが薄れていることを感じ，「あしたのプールではもぐれるといいな」と前日に日記を書いていた。学級で，プールでの楽しみや不安などを共有していく中で，この時の自分の感情の動きを思い起こし，話すことができたのである。その後，新たに「そらかるた」をかく時に怜那さんは，次のようなかるたを作った。

　学級での対話を通して，自分が嬉しさを感じた瞬間を，より明確に思い起こし，かるたに表した姿である。

4回目で床を触れたんだよ

　怜那さんの発言にじっと耳を傾けた竜星さんは，続けて自分の思いを語った。「1回目のプールではね，水に入るのがすごく嫌でね…」「2回目では，いきなり鼻に水が入って嫌だったんだ」「4回目の時にやっと，床を触れたんだよ」と，これまでの活動の過程を時間をかけて，丁寧に語ったのである。1回1回の活動の時に，どんなことが起こったのか，またその時に自分はどんな気持ちだったのかを思い起こしていたのである。

　怜那さんや竜星さんは，同じ体験をした学級の仲間の発言から，自分自身の行為や感情をより深く振り返っている。瞬間を見つめるのではなく，そこに至るまでの過程，そして感情の変化を辿っているのである。子供が学校生活を送る意義の一つに，仲間と共に学びをつくることがあると考える。「学びの時間」の対話を通して，子供は，自分をみとめるだけではなく，他者をもみとめ，学ぶことの意味をつくっているのである。

対話を通して，自分の成長をみとめる

　怜那さんは，「プールの楽しみ」を語る仲間の姿から自分の気持ちを省み，「プールでの不安」や「プールでの成長」を語った。これに触発された竜星さんは，自らの行為や気持ちが変化してきた過程を語った。他者との対話を通して，内省的に思考することにより，より深く自分自身を見つめる子供の姿につながるのである。

3年　学びの時間

私の学びランキング
〜私の1位は何だろう〜

金子 恵太

●育成する資質・能力【内省的思考】

内省的思考		
・活動を振り返り，自身の学びを表したランキングを共有することで，同じ出来事でも様々な気持ちがあることや仲間と順位が異なることに気付き，一人一人が自分らしい学びに気付く。		
知識・技能	過去の自分を振り返る力	未来の自分を思い描く力
・活動を通して心に残った「私」の姿 ・学びを振り返り，構成したランキング ・自分と仲間のランキングを比べる視点 ・仲間との比較を通して，自分の体験から自分らしい学びを捉える技能 ・学びのランキングにおける順位を決める基準	・自らの学びを振り返り，ランキングをつくる。 ・どうしてその学びがその順位に位置付くかを考える。 ・仲間とランキングを見合うことを通して，自分の作ったランキングを見つめ直す。 ・仲間の学びを認めると共に，自分が学んできたことを実感する。	・これからの活動でさらに頑張りたいことや協力したいことなどを考える。 ・次の「私の学びランキング」を思い描く。 ・自分が活動を通して感じたり，考えたりしたことを認め，よりよい自分をつくろうとする。

▶本質に迫る問いが生まれる活動の構想

　本活動は，連絡帳に書き溜めた日々の出来事や気持ちを，「〜な私」として月ごとに振り返り，その記述をもとに，「私の学びランキング」をつくることで，自身の学びを捉える活動である。

　3年生では，毎日，連絡帳に日記を書き，その日の出来事や気持ちを書き表している。日記には「うれしかった私日記」「朝市に行ったよ日記」といったように，自分なりにタイトルを付けることで，その日に感じたことや考えたことをより具体的に記述している。

　また，様々な活動の前後に作文シートで自分の気持ちを書き表している。「学びの時間」では，毎月「○月の学びを振り返ろう」という活動を行い，日記や作文シートの記述をもとに，「うれしかった私」

や「がんばった私」などの「〜な私」として，月ごとに振り返りシートに整理している。2か月に1度，今まで書き溜めてきた学びの振り返りを見返しながら，「私の学びランキング」を作成することで，様々な活動を通して自分がつくってきた学びをみつめ直す。

　同じ活動をしていても，子供によって，その時々の気持ちは異なり，気持ちが揺れ動く瞬間もそれぞれが異なると考える。「どうして私はこの出来事が1位なんだろう」という問いが生まれ，自らの行為や気持ちを，仲間と比べる過程で，自分の成長をより実感している出来事に気付くことができる。そのことが，自分自身の学びを見つめることにつながるのである。

どうして1位？

　一人一人が「私の学びランキング」を作成した後，美希さんのランキングをクラスで共有した。美希さんは，「探究」で朝市に出店したことを1位とし，次のように書き表した。

> たんきゅうで，二七の市で出店しました。絵ハガキを買ってくれる人がいてとってもうれしい気もちになりました。
> （美希）

　このランキングを提示し，「美希さんはどんな私だったと思う？」と問うと，子供たちからは，「うれしい気持ちになったから"うれしかった私"だと思う」という意見が多く挙げられた。

　しかし，実際には美希さんは「がんばった私」としてランキングに位置付けた。すると「どうしてうれしい私じゃなくて，がんばった私が1位なの？」と考え始めた。「商品作りをがんばったから」「自分が作った商品が売れてうれしいから」といった発言があり，同じ朝市での出店を経験している仲間だからこそ，自らの経験から美希さんの気持ちに寄りそい，朝市に出店した美希さんになりきって語る姿があった。

　また，話し合う中で，同じ朝市の出店について，「うれしかった私」と表し，「商品が全部売り切れたことがうれしかった」ことや，「協力した私」と表し，「チームで協力して全部売り切った」ことをランキングに位置付けた仲間がいることにも気付くことができた。

　美希さんのランキングを共有することで，同じ朝市での出店でも様々な「私」があることに気付き，一人一人が，自分のランキングをみつめ直すことにつながった。

もっとうれしくなった！

　グループごとに，自分の学びランキングについて，「どうしてこの出来事が1位なのか」を紹介し合い，その後，学びのランキングを再構成する時間を設けた。快さんは，「うれしかった私」に「いちばんうれて」という言葉を書き足し，1位と2位の順位を入れ替えた（下図）。

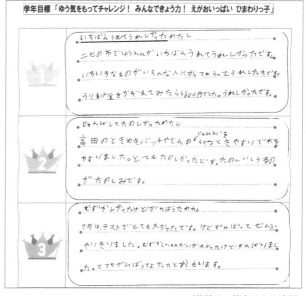

（傍線は，筆者による追記）

　その理由を尋ねると，「一番売れたって書いたらもっと嬉しくなったから」と答えた。また，「題名を変えると順位が変わるということが分かりました。うれしいことを題名に入れるともっと嬉しくなりました」とランキングを再構成したことを振り返った。快さんは自分のチームが出店したお店の売上金が最も多かったことを思い起こしたのである。快さんは，仲間にランキングを紹介することで，自身の嬉しさの理由に気付き，いろんな人に買ってもらえたことだけでなく，「出店したお店の中で1番売れた」ことの価値を実感することで，その嬉しさや達成感を高めたのである。

学びの価値を自ら見いだす

　子供によって，活動から生まれる感情や気付き，そこから得る学びはそれぞれ異なっている。快さんは，仲間との共有や学びのランキングの再構成をすることで自分の体験を振り返り，その過程を思い返す中で自らの学びを価値付けていった。これは，仲間と対話することを通して，自らの体験の中にある学びの価値を見いだす子供の姿である。

6年　学びの時間

学びのネットワークシート
～学びを見付けて，
　　成長につなげよう～

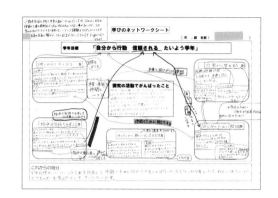

横澤 玲奈

●育成する資質・能力【内省的思考】

内省的思考		
・自分の考えや行為を振り返り，対象の意味や学びの文脈を自覚しながら，これからの自分の在り方を考え，よりよい行為をつくり出そうとする。		
知識・技能	過去の自分を振り返る力	未来の自分を思い描く力
・「学びのシート」に蓄積した自身の学び ・思考ツールを活用する技能 ・学びに向かう態度と心のはたらきの関係性の理解 ・理想の実現に向けての的確な行為の選択	・これまでの活動を振り返り，「学びのシート」に記述する。 ・自分の学びを「＿＿＿力」として意味付ける。 ・他者の考えと自分の考えを比べ，自らの学びについての捉えをひろげる。 ・ネットワークシートで学びを関係付けることで，学びのつながりを自覚したり，学びを再構成したりする。	・未来の自分の理想の姿を思い描く。 ・これからの自分への思いや願いをもち，成長しようとする。 ・理想と現実とを照らし合わせ，今後どのような行為をしていくべきかを考える。

▶本質に迫る問いが生まれる活動の構想

　6年「学びの時間」では，各領域で発揮・育成された資質・能力を自覚し，更なる課題や自分自身の在り方を追求しようとする子供の姿を想定し，活動を設定する。子供は日頃から「学びのシート」に自分の学びの履歴と発揮した力の意味付けを記述し，蓄積している。そしてその学びを2か月ごとに「学びのネットワークシート」で分析する。

　6年生では，「学びのネットワークシート」の前段階として，何が自分にとって大切な「力」なのか，吟味・検討する時間を設けている。その際，振り返る視点は「学年目標や探究の活動につながった力」「身に付いた実感が強い力」「様々な場面で生かされる（生かされそうな）力」としている。このような視点をもとに，思考ツールなどで分類・整理することで，似た意味の「力」を集約したり，学年目標や「探究」につながった「力」を抽出したりする。そ

して，ここで価値付けられたものをもとに，「学びのネットワークシート」で関係付けることで，自分のよさや頑張りを認め，理想とする姿の実現に向けてどう行動したらよいのかを考えていく。

　学びについての捉えをひろげるには，他者と対話し，共有することが有効である。「『探究』の成果発表会で，チームの課題がたくさん見つかった」といった内容の「学びのシート」では，「失敗を生かす力」と意味付ける子供もいれば，「デメリットを受け止める力」「改善方法を考える力」などと意味付ける子供もいて，同じ場面のことを書いていても意味付け方は異なると考える。学級で対話することで，「自分はどんな力を発揮しているのだろうか」という問いが生まれ，自らの学びについて多面的に捉えたり，互いの学びを分かち合ったりすることができる。

「力」が色々な場面でつかわれている！

　心美さんは，「探究」の「学びのシート」に，「探究の成果発表会に向けて，聞き手のことを考えて発表の準備をした」と記述した。そして「相手の気持ちになる力」と意味付けた。

　「学びのネットワークシート」を書く前に，心美さんが考えた「相手の気持ちになる力」がどんな場面で発揮されたのかを学級全体で話し合った。すると，「社会の授業のときに聖武天皇がどんな気持ちで大仏をつくったのか想像した」「教育実習生とのお別れ会に向けて，どうしたら実習生に喜んでもらえるか考えて計画した」「家族へのお弁当づくりで，どうしたら感謝が伝わるか，家族の気持ちになって献立を考えた」など，様々な領域の活動で発揮されていることに気付くような意見が挙げられた。その後，心美さんは，「相手の気持ちになる力」について，ネットワークシートに次のように記述した。

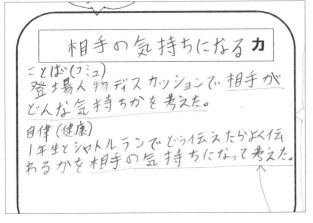

　「探究」で発揮された「力」が，「ことば」や「自律」など，別の領域でも発揮されていることに気付いたのである。対話を通して，一つの「力」が様々な場面で発揮されることや，意味付け方によって「力」のつながりや活動との関係性が変わってくることを子供自身が実感したのである。

自分の行動がみんなのためになる

　湊さんは，ネットワークシートに，「みんなのために努力する力」と書き出した。そして，努力することには，自分の成長のために努力することと，みんなのために努力することの2つがあり，それらが連関していると捉えた。

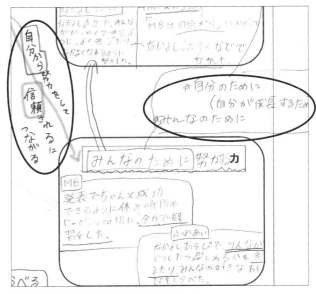

　また，「自分から努力をして信頼されるにつながる」と意味付け，学年目標の「信頼される」の部分と矢印でつなげた。ネットワークシートを作成しながら様々な「力」を関係付けたことで，普段意識していない場面で学年目標につながる「力」が身に付いていたことを自覚した。そして次のように作文シートに記述した。

> 　みんなのために何かをすることで，学年目標やマーチングバンドの合言葉につながりました。たとえば自分から努力をしたら，学年目標の「信頼される」につながります。そして仲間のために努力をすると，仲間の中でも信頼が深まったり，仲が深まったりします。仲間のために自分ができることはないか考えてすごしたいです。
> 　　　　　　　　　　　　　　　　　　　　　　（湊）

　「学びのネットワークシート」で自分自身の思考や行為そのものを客観的に分析する活動を通して，子供は，なりたい自分を思い描き，理想の実現に向かう行為を思い描いたのである。

学びの捉えをひろげることで，未来の自分を思い描く

　心美さんは，他者との対話によって，自分の学びについての新たな価値を見いだした。湊さんは，学年目標と照らし合わせて関連付けたことで，自分の学びを意味付け直した。自分の学びの捉えをひろげる子供は，次の活動に対して自分がどう向かうべきか，方向性を確かにするのである。

子供を育む「学びの時間」
これからの時代を生き抜く

上越市教育委員会
学校教育課指導主事

加納雅義

1　非認知能力を育む環境づくり

　大手町小学校の「学びの時間」は，子供が取組の事実を振り返り，自分が頑張ったことを自覚したり，新たな気付きや学びを発見したりすることを繰り返しながら，自ら非認知能力をはたらかせる時間になっている。そして，各領域間での学びをつなぎ，統合し，考えを深め，自己形成の実現を図っている。

　大手町小学校の6年生の「学びの時間」を参観したとき，子供たちは学習の振り返りが書かれた「学びのシート」（タブレットに写真として保存してある）を何度も見返していた。この単元でどんな力を発揮していたのか，それは他の力と関連があるのか，課題をどう解決したのか，友達とのかかわりを含めて振り返り，自分の姿を「○○力」と分類しながら意味付け，次に目指すべき姿を追究する時間となっていた。

　振り返りの際は，1〜3年生では「かるた」や「すごろく」「ランキング」，4年生以上では「学びのネットワークシート」を活用し，発達段階を考慮して意欲的に取り組めるように工夫している。

　子供が振り返っている時間，教師は「子供は本来的に学びたい，できるようになりたいと願う存在である」という大手町小学校の子供観の下，肯定的に見守っている。見守られている子供は，安心してこれまでの活動を振り返りながら自分を探究している。一人一人の子供に委ねられた「学びの時間」を通して，個別に「学びに向かう力や姿勢」などの非認知能力を自ら発揮していると考える。

　子供の貧困と教育政策を専門に多数の著書があるポール・タフは，「私たちは子どもに何ができるのか」[1]の中で，学校における非認知能力の育成につ

152

いての実証的研究を紹介している。

タフは，「非認知能力の育成は環境によるところが大きい」ことから，「自律性」「有能性」「関係性」を子供に感じさせるような環境づくりが，学ぶ意欲，好奇心等の非認知能力を育てるとし，教師の環境づくりについて提起した。「自律性」を感じるには，子供が自分で選んで自分の意思でやっているのだという実感を最大限にもたせること。「有能性」を感じるには，やり遂げることはできるが簡単すぎるわけではない課題を与えること。「関係性」を感じるのは，教師に好感をもたれ価値を認められ，尊重されていると感じることができるようにすること。さらにこの３点を実感できる教室環境では，外発的動機付けを上回る内発的動機付けを育て，粘り強さをも身に付けることになると紹介している。非認知能力の育成は，読み書き，計算のように教えて育てるものではなく，「環境」が育むものなのである。

大手町小学校における，教育活動の実感は，前述の「自律性」「有能性」「関係性」を促進することはもとより，「学びの時間」を通して，非認知能力のはたらきを自覚し，充実感や満足感を実感することから，「〜したい」という主体性を子供自らが生み出し，前向きに取り組もうとする意欲につながっているのである。このことから，大手町小学校のカリキュラムはすでに非認知能力を育む環境になっているものと考えられる。

2 「コアマインド」を活用したカリキュラム・マネジメントの実現

これまでの研究開発における実践を通して，大手町小学校では，子供の学ぶ姿や振り返りから，「自立」と「共生」に向かう非認知能力を「コアマインド」として示した。これは，子供の中にある"見えないもの"を見ようと努めた成果だと捉える。"見えないもの"とは，子供の言動を支えている「思いや願いをもつ」「分かち合う」のような心の動きである。

国立教育政策研究所の報告では，「高い非認知的スキルを備えている個人は，その後にも高い認知的スキルを持つことが予想される。」[2]と，認知スキルの向上にとって非認知能力が効果をもち得ることについて触れている。

このことから，「コアマインド」を指標として子供を観察し，現時点における子供の学びに向かう状態を把握することは，課題解決に向けて主体的に学ぼうとする学びのプロセスを構想・改善し，思考力・判断力・表現力等を育成・発揮する適切な教育環境を構成することにつながるとも考えられる。

さらに，「コアマインド」の活用は，教師の単元や授業におけるカリキュラム・マネジメントにおける重要なポイントとなり，「分かった」「できた」といった子供の学ぶ喜びを実現する。これらのことは，教師の子供を見取る力の向上や単元構想力を高めることにもつながり，子供の主体性と教師による教育環境づくりは互いに助長しながら，子供のカリキュラム・マネジメントを実現させる可能性が高い。

大手町小学校が取り組む「学びのシート」や「連絡帳」「学びの時間」における振り返りは，非認知能力のはたらき・育成に深く結び付く重要なカリキュラムになっている。　　　　　（運営指導委員）

1　ポール・タフ「私たちは子どもに何ができるのか－非認知能力を育み，格差に挑む」（第1版第5刷）英治出版，2019年
2　国立教育政策研究所「非認知的（社会情緒的）能力の発達と科学的検討手法についての研究に関する報告書」（第2版）令和3年1月

作文シート

　本校では，子供が自分の思いや考えを書き表す活動を大切にしています。子供が，体験と振り返りを連続させることによって，自らの学びを確かにしていくと考えるからです。だからこそ，作文シートは，子供の学びの文脈そのものなのです。

子供が作文シートを書きたいと思った時にすぐに取り組める

　作文シートは，各担任が印刷を行い，教室前方に設置された棚の中に常に置かれています。子供がすぐに手に取れる場所に作文シートが置かれていることで，子供の書きたいという思いを逃さずに，表現する活動に向かうことができます。作文シートが子供にとって身近なものであり，教室の環境を構成する一部となっています。

子供が自分自身で作文シートを選択して記述する

　低学年と中学年では，「絵入りの作文シート」と「絵なしの作文シート」という2種類の作文シートを使用しています。子供は，2種類の中から，その時々で自分が書き表したい作文シートを選択します。例えば，低学年の「絵入りの作文シート」には，文章とともに，動物や野菜などの対象とかかわる自分，友達と一緒に協力して活動する自分など様々な絵も描かれていきます。子供が自分自身で作文シートを選択することで，子供が表現する文章や絵の中には，どのように対象や他者とかかわっているのか，その子なりの思いが反映されることになります。

低学年「絵入りの作文シート」

中学年「絵なしの作文シート」

1年間書きためた作文シートは
製本して自分だけの1冊となる

SINCE 2018

内容厳選に向けた提言

　様々な社会的要請を受けて，学習内容が肥大化し，教師がゆとりをもって授業できなくなるという，「カリキュラムオーバーロード」が問題となっている。本校では，「自立」と「共生」を支える6つの資質・能力を発揮・育成するという観点から，既存の教科等を再構成し，領域を設定している。各領域固有の活動のプロセスを生み出す単元開発に取り組む中で，領域固有の活動のプロセスを生み出しやすい内容とそうでない内容があることが見えてきた。また，複数のコンテンツを組み合わせて単元開発しても，資質・能力の発揮・育成が可能な内容があることが見えてきた。

＜論理領域＞

「発見・証明」のプロセスを経るためには，子供が立てた仮説について，情報収集したり，実験・観察したり，表現したりしながら，仮説を検証する学習過程が必要である。したがって，その学年の子供が知識や情報を活用して「しくみ」や「きまり」の正しさを証明することができない内容は軽減できる。ただし，2年生の「分数」のように，その学年で「発見・証明」のプロセスが成立しにくい学習対象でも，コンテンツの系統性から鑑み，削除できない内容もある。また，複数のコンテンツを組み合わせて単元設計した方が，「発見・証明」のプロセスを構想しやすい場合もある。

算数科	・「そろばん」は，子供が仮説を立てることや，学んだ「しくみ」や「きまり」を活用する問題解決的学習が，発展的に組織することが難しいため削減できる。 ・1年の「加法」「減法」は，問題と式，図や絵を一致させながら，物語として式の意味を実感できる単元として統合し，内容のスリム化を図ることができる。
理科	・3年の「植物，昆虫の栽培・飼育」，4年の「季節と生き物の様子」は，観察中心になり，時間がかかる上に，仮説を証明するプロセスを生み出しにくいため軽減する。 ・5年の「雲と天気の変化」は，仮説を設定することはできても，証明するための知識として気圧等の高度な知識が必要となるため軽減できる。ただし，同学年の社会科「地形と人々のくらし」と関連を図ることで，教科横断的な問題解決学習を組織することができる。 ・4年「人の体のつくりと運動」6年「人や動物の体」は，知識の習得が中心になり，仮説を検証する問題解決学習を組織しにくいことから，軽減できる。 ・4年「星や月」は，4年生の発達特性から，「しくみ」や「きまり」を推論しにくいことから，6年「月の形と太陽」の学習に統合し，スリム化する。
社会科	・3年の「市の様子の移り変わり」は，市や人々の様子が，時間の経過に伴い移り変わることを調べたり，理解したりすることはできるが，仮説を立てて検証する学習を成立させるためには，産業や政治の変化といった歴史的知識が必要であり，3年生には困難であるため軽減できる。 ・4年の「県内の伝統や文化，先人の働き」は，調べてまとめる活動はできるが，仮説を立てて検証する学習を成立させるためには，当時の社会の状況や人々の暮らしといった歴史的知識が必要であり，4年生には困難であるため軽減できる。

	・5年の「自動車生産にはげむ人々」は，創造（企画創造）「あったらいいなこんな自動車」で，未来の自動車を発想する過程において，国民の需要や社会の変化に対応して生産しようとする様々な工夫を，より実践的に学べるため軽減する。 ・6年の「優れた文化遺産」に関する内容は，調べてまとめる活動は設定できるが，仮説検証が発展的に繰り返される学習が起こりにくいため軽減できる。ただし，古墳や法隆寺，茶の湯など，政治の問題解決と文化が関連付く内容に関しては，推論の過程で個別に扱うことが効果的なものもある。 ・6年の「地球規模の課題の解決」に関する内容は，同学年の理科，および探究の問題解決で扱うため軽減できる。
国語科	・説明文の構造を発見し，意見文を書くことでそのよさを証明する一連の学習活動を組織することで，読むことと書くことを統合しスリム化することができる。

＜創造領域＞

	「発想・表現」のプロセスを経るためには，独立した鑑賞活動は削減する。音楽表現，造形表現，文学表現，身体表現のいくつかを組み合わせて単元開発し，創造力を発揮・育成できることから，時数の削減を図ることができる。
図画工作科 音楽科	・表現活動につながらない独立した鑑賞活動は軽減する。対話型鑑賞につながるコンテンツは「ことば」のコミュニケーションタイムで扱う。
国語科	・物語文は，「発想・表現」の過程における鑑賞と捉え，詳細な読解は軽減する。

＜自律領域＞

	生活経験や探究領域の活動を通して，必然的に身に付く学習内容は削減する。
家庭科	・調理活動は，探究の活動で必然的に取り組むため軽減する。
道徳科	・実際の生活場面や具体的な問題解決を通して，必然的かつ多面的に道徳的価値を学ぶため，読み物教材を用いて，内容項目に応じた道徳的価値を理解する学習は，部落問題学習を除き軽減できる。

＜令和3年度　大手町小学校年間時数配当表＞

領域等	内容	1年	2年	3年	4年	5年	6年
探　究	環境と自分	136.0	140.0				
	社会と自分			140.0	140.0	140.0	140.0
論　理	数のしくみ	136.0	175.0	157.5	157.5	157.5	157.5
	自然のしくみ			61.3	70.0	70.0	70.0
	社会のしくみ			52.5	70.0	70.0	70.0
	文章のしくみ	93.5	122.5	122.5	122.5	70.0	70.0
	思考ツール	8.5	8.8	8.8	17.5	17.5	17.5
ことば	日本語	204.0	148.8	105.0	87.5	78.8	78.8
	外国語	17.0	17.5	35.0	35.0	70.0	70.0
創　造	創造表現	102.0	105.0	87.5	87.5	87.5	87.5
	企画創造	17.0	17.5	17.5	17.5	17.5	17.5
自　律	ふれあい	85.0	87.5	87.5	105.0	113.8	113.8
	健康	85.0	87.5	70.0	70.0	70.0	70.0
	くらし					17.5	17.5
学びの時間		34.0	35.0	35.0	35.0	35.0	35.0
	合計	918.0	945.0	980.0	1015.0	1015.0	1015.0

各領域で発揮される探究力

　本研究では，各領域固有の活動のプロセスを重視して単元設計を行い，評価，改善に取り組んできた。例えば，論理領域の学習活動を評価する際，仮説を立て，その確かさを論理的に検証していくような推論のプロセスが成立したかどうかが重要な視点となる。一方で，余計なフィルターを通さず，ありのままの子供の姿を捉え，その子供の学びを評価する眼も必要である。

　このような2つの視点から子供の学びを捉えようとするとき，「子供が仮説を検証し得る展開にならなかったから，論理的思考力を発揮しているとはいえない」と評価された授業にもかかわらず，参観した多くの教師が直感的に「いい授業だった」「子供が育っている」と感じた授業が生まれた。対象の吟味は不十分だったものの，問題を前向きに解決しようとする集団の雰囲気の中で，「本当はどうなんだろう？」といった真理の探究が行われていたからである。つまり，「論理」の学習活動において発揮されていた探究力を，私たちは感じ取ったのである。

●「論理」で発揮される探究力

2年論理（数のしくみ）「分数って形？大きさ？」の実践から

　折り紙を折って1/2，1/4を作り出してきた2年生。本時は，4×4のマス目付きの折り紙を使って様々な1/4を作った。教師は，合同な形に等分していない場合の1/4を検討する過程で，具体物や図などを用いて考えたり，マスの数と分数の意味を関係付けて考えたりする学習活動を思い描いた。これは，発見のプロセス（1/2や1/4とは，もとの大きさを同じ数に分けることといった考えの気付き）と証明のプロセス（同じ形に分けられていない場合も数量の関係が成り立つことの確かめ）といった論理領域固有の活動のプロセスに沿った活動展開といえる。

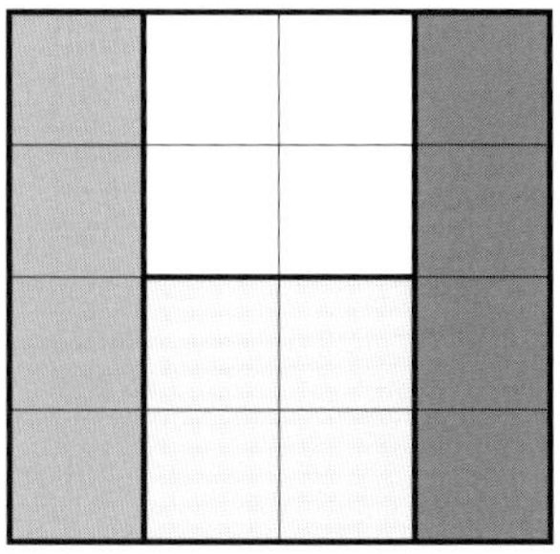

　多くの子供は，マス目付きの折り紙をもらっても，2回折ることによって1/4を作り出していた。そこで，教師は，右図のように1/4を作った子供の考えを取り上げ，これは1/4といえるかと問うた。

　「折って作れないから分数といえない」「違う形だから分数とはいえない」「形は違うけど，大きさが同じだから分数といえる」といった考えの違いが表出した。

　教師は，構想通り，これまで折って作ってきた1/4も，この図形の1/4も，すべて4マスになることを確認した。「形が違っても大きさが同じであれば，もとの大きさの1/4と考えてよい」という説明に多くの子供が納得すると思われた。しかし，「マスの数が同じことは分かってるんだよ！でも，折って作れないなら分数って言えないんじゃないかな」と発言する子供。「大きさと形が両方とも同じことが大事なんだよ」と主張する子供も。このような子供の考えは，最後まで変わることはなかった。

　大きさと形の概念が未分化の2年生の子供が，分数の概念を発見・証明のプロセスを通して，更新していくことは困難だということが見えてきた。事後検討会では，「もし折り紙ではなくパンやピザだったら，同じ大きさでもよいという分数の概念を，実感をもって捉えることができたのではないか」といった意見も出された。論理領域の単元設計としては課題が残る授業と言わざるを得ないだろう。

　しかし，最後まで自分たちで考え続け，自分の論理で語る子供の姿が，多くの参観者の心を惹き付けたことも事実だった。「先生，答えは何ですか？」と尋ねる子供は一人もいなかった。教師は，答えを知ってい

るにもかかわらず，あくまでも子供と共に考える探究者として，一緒に悩んでいたからだろう。まさに，教師のスタンスが，解のない問いと真剣に向き合う「探究モード」だったといえる。

このような探究する教室文化の中で，子供は確かに分数の概念的知識を更新していった。

真美さんは，両サイドの長方形を変形させて，正方形にすることを思い付き，ノートに図をかいた。そして，次のように記述した。

> 私は1/4といえると思います。はじの細長い形を半分に分けて，よこに合わせたら，同じ形になるからです。 （真美）

形が違うことに違和感を覚えながらも，変形させれば同じ形になることを根拠に，分数と言えると考えたのである。しかし，分数は大きさが大事なのか，形が大事なのかを議論する過程で，少しずつ分数に対する見方が変わっていった。授業後のノートには次のように記述した。

> この図形は，1/4といえるかを考えました。私はいえると思いました。理由は，形を半分に分けて，合わせたら，同じ形や大きさになったからです。この図形は本当に1/4なのか知りたいです。 （真美）

「同じ形になるから」という記述が，「同じ形や大きさになったから」に変化している。「大きさが大事」という友達の考えを受け止めながら，自分の考えに取り入れようとする真美さんの意識をみることができる。「この図形は本当に1/4なのか知りたいです」の言葉は，答えを教師から教えてもらいたいという受け身の欲求ではないだろう。知識は暫定的な仮説であり，自分たちの問題解決を通して，より確かな知識にできるという手応え，あるいは，そうしていきたいという意志の表れだと考える。

このような授業実践を通して，私たちは，他領域の授業においても，「本当にそうかな？」と対象を多面的に捉えようとする「本質に迫る問い」を意識することが大切だと考えた。とりわけ論理領域においては，問題解決の中で，自分たちで課題を設定し，これまでの知識を活用して思考し，本質に迫る問いに向かいながら，概念的知識を構成する学習過程を思い描くことが大切である。そのために，私たちは，「問題」「課題」「発問」「問い」の違いを整理し，意識して単元設計に取り組むようになった。

問題：目標があるがうまくいくかどうか分からない状況
「マス目のある折り紙で1/4を作れるかな」

課題：解決に向けて前向きに合意された協働的な問題
「これは，この折り紙の1/4といってもいいのかな？」

問い：矛盾や対立をもたらす対話の主題
「分数は形が大事？それとも大きさが大事？」

発問：子供の思考を促す教師の意図的な投げ掛け
「マスの数は本当に全部同じなのかな？」

「探究」では，他領域で育成された資質・能力が統合的にはたらくことで，「人・自然・文化」についての深い知識を得る。一方で，探究領域で育成された探究力が各領域で発揮されることで，子供が自ら問い，考え，判断しながら，深い知識を構成しようとする。

「探究」が中核の教育課程とは，すべての領域において，対象の本質を自ら問い，協働的な問題解決を通して深い知識を構成していくプロセスを重視することなのである。

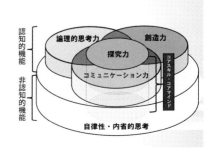

矛盾・対立を乗り越える探究型授業デザイン

　本質に迫る問いは，対象が内包する矛盾・対立を顕在化させ，協働的に探究しようとする対話をもたらす。対話によって矛盾・対立を乗り越えることで，子供は，対象に対する認識をひろげ，深い知識を構成する。このような学習展開を可能にするためには，教師は教材研究を通して，子供が向き合う矛盾・対立を設計する必要がある。それと共に，どのような道筋でその矛盾・対立を乗り越えていくかを思い描く必要がある。

●矛盾・対立の設計

　矛盾・対立を設計する際は，どんな常識や自明とされている考えを疑うのか，何と何が対立しているか等を明確に思い描く必要がある。「探究」において，「本質に迫る問い」と向き合いながら，葛藤する子供の姿の集積から，いくつかのケースが見えてきた。

▶理想と現実の間で葛藤するケース

　自分たちで育てた野菜でレストランを開きたいと願った2年生。しかし，多くのお客さんが食べる分の野菜を確保することができない現実。「**買った野菜を使ってもよいか**」という問いと向き合った子供は，自分たちの力でレストランを実現させたいという理想と，自分たちの畑の野菜だけでは実現できない現実の間で揺れ動きながら，レストランを開く意義をはっきりさせていった。

▶理性と欲求の間で葛藤するケース

　里山の生活にふれ，世界の環境問題を解決する手段の一つとして完全食（人間に必要な栄養素が全て入った食品）での暮らしについて考えた5年生。「**完全食での暮らしは，地球も人間も豊かな暮らしか**」という問いと向き合った子供は，完全食が世界の食料問題や環境問題の多くを解決する可能性と，日頃味わっている美味しい食べ物，愛情たっぷりの食べ物を食べたいという欲求の間で揺れ動きながら，人間と自然との調和的な在り方について考えを深めた。

▶目的と方法の不一致に葛藤するケース

　本町商店街のオリジナルエコバッグのデザインを依頼され，エコバックで本町商店街の魅力を発信したいと願った3年生。創業100年を超える老舗が取り組む「百年看板」は，本町商店街の魅力の一つである。「**百年看板をエコバッグのデザインに入れるのはどうか**」という問いと向き合った子供は，「歴史ある本町商店街の魅力を伝えられる」という考えと，「百年看板を出していないお店にも魅力はある」という考えの中で揺れ動きながら，何を大切にしてエコバッグを作るのか，活動の目的と方法を見つめた。

▶意味のズレに葛藤するケース

　羊を飼育しながら，自分たちの「わくわ～く」をつくり出してきた1年生。羊の毛刈りの際，押さえつけ

られて血を流す羊を見て目を覆う子供。その後，「羊の毛刈りは『わくわ〜く』といえるか」という問いと向き合った。初めは「羊がかわいそうで見ていられなかったから，わくわ〜くではない」と考えていた子供も，対話を通して「夏，涼しく過ごせる羊にとってはわくわ〜くだと思うし，私もうれしい」と考えるようになるなど，他者の喜びを自分の喜びとするような「わくわ〜く」の意味をつくり変えた。

▶異なる倫理観の間で葛藤するケース

青田川の自然を学びたいと願い，川で捕まえた魚を飼育した4年生。「水槽で死んでしまった魚をどうするか」という問いと向き合った。「お墓をつくり丁寧に弔いたい。土に還すことが自然である」という意見が出される一方，「他の水槽の魚のエサにしたい。別の魚に命をたくすことが自然である」という意見も出された。このような議論を通して，「本当の自然とは何か」を深く探究することにつながった。

●矛盾・対立を乗り越える道筋の思い描き

矛盾・対立への認識が対話を生み，対話を通して対象についての深い知識を構成する。解のない問いと真剣に向き合うとき，ある程度の時間を要する。そのため，教師は，子供がどのように矛盾・対立を乗り越えるかイメージし，どのように議論を終えるかをコーディネートする必要がある。これまでの子供の姿の集積から，矛盾・対立を乗り越える4つの道筋がみえてきた。

▶合理的判断（AorB）

複数の根拠や仮説・検証をもとに，より多くの人が納得する解を選択する方法である。子供は，異なる価値の対立について認識し，既存の知識や新たに収集した情報をもとに，より論理にかなっている方を選択する。全員一致によって合意形成されることもあれば，多数決によって決まることもある。

これは，主に論理領域で，知識や情報を活用して「しくみ」や「きまり」の確かさを吟味していく学習を通して身に付く。

▶弁証法的発想（A＋B→C）

物事の矛盾・対立を統一するための，新しいアイデアを生み出す方法である。子供は，異なる価値の両者を切り捨てることなく，両者の価値を含むよりよい解決策や高次の考え方を生み出す。

これは，主に創造領域で，2つ以上のアイデアを組み合わせて発想したり，別の場面で得たアイデアを応用したりするなど，問題解決のために既存の内容や方法にとらわれず新しいアイデアを生み出す学習を通して身に付く。

▶中庸（A∩B）

両極端の考え方や行動を避け，両者のバランスを取りながら判断する方法である。子供は，異なる価値の両方の意見のよいところをできるだけ取り入れたり，共通点を探ったりしながら，納得を得る。

これは，主に自律領域で，集団の在り方について少数派の考えも大切にして議論したり，道徳的な価値を多面的に捉えたりする学習を通して身に付く。

▶問題解消（AorBではない）

問題解決の方法ではなく，問題そのものを深く思考することで，問題を問題として認識しなくなる状態である。子供は，異なる価値の対立の根本にある問題を見つめたり，問いそのものを問うたりすることで，問題の本質が価値の選択ではないことに気付く。

探究領域における「問題」とは，子供がつくり出したり，表現したりすることで解決し得る問題と，容易に解決できない人間の生き方に関する問題の2種類がある。後者の問題と向き合うとき，安易に問題解決を目指すのではなく，問題の本質と向き合い続けることが大切である。

「探究」の構想で大切にしたい3つの密

新型ウイルスの感染拡大に伴う全国一斉休校や分散登校。3密を防ぐ新たな生活様式の徹底，学校行事の見直し……。

そんな激動の時代において，「探究」の構想・展開は困難を極めた。しかし，このような時代だからこそ「探究力」が求められるとも感じた。これまでの当たり前を問い直し，協働的に新たな戦略を創造し，今できることに注力する教師の「探究力」なくして子供が「探究力」を発揮することは難しい。また，子供も，様々な制限がある中で，自分の思いや願いを実現させるために最善の解を仲間と共に探る「探究力」が学校生活全般で求められる。

人間社会を新たなフェーズに突入させた新型ウイルス。その混沌の直中において，探究領域の在り方もまた，新たなフェーズに突入していくだろう。ICTや思考ツールの活用が新しい時代の「当たり前」になる。その一方で，変わらないもの，変えてはいけないものもあるだろう。それは，人と人との直接的な対話や，他者（人・もの・こと）と深くかかわる直接体験である。どれだけ人工知能や仮想空間が進化したとしても，実世界におけるリアルな協働こそが，人間社会の在るべき姿だと，私たちは信じている。

●大手の「3密」

3つの密は，2020年の新型ウイルス感染症拡大期に国が掲げた標語であり，集団感染防止のために避けるべきとされる「密閉」「密集」「密接」を指す。3密を防ぐ新たな学校生活への転換を図りつつ，私たちは，「探究」の構想で大切にしたい「密」を「緻密」「綿密」「親密」の3つに整理した。

1　活動の構想は「緻密」に

　「探究力」の年間構想表，視覚的カリキュラム，「探究」のデザインマップ，そして指導案。「探究」の活動を充実させるためには，段階を踏んで様々な資料を作成する。（P14参照）これらの資料を作成するには，時間がかかる。しかし，作業的に文章を当てはめ，効率的に資料を作成することにさほど意味はない。「いつ，何と出会わせるか」「その時の子供の思考はどのように揺さぶられるか」「この対象の価値は何か」など，対象とかかわりながら探究を連続・発展させていく子供の姿を緻密に思い描くことが何より大切だからである。資料は，一人の教師がつくるのではなく，学年部，探究部，研究推進部が対話を重ね，協働的につくり上げる。その対話の過程で，教師は，子供を有能な存在とみる子供観や子供を中心に据えた教育観が更新されていく。結果として一人一人が「大手の教師」になっていくのである。

　「大手の教師」が目指す緻密さとは，子供の選択の幅を狭めて教師が見通しをもつことではない。子供の思いや願いを推察し，あらゆる可能性に気を配って教材を吟味し，多様な問題解決の方法を子供自身が見付けて，探究できるようにすることである。それは，子供の学びの文脈に寄り添う緻密さといえる。

2　事前の相談は「綿密」に

　当校の「探究」は学年で同じテーマに取り組む。「探究」の話合い活動は学年全体で行うことが多い。そのため，日々，学年部（学年2学級担任と担当級外職員）で子供の姿を共有したり，次の活動に向けて作戦を練ったりする。構想に迷いが生じたり，発想がひろがらなかったりする場合は，研究主任に相談する。イベント活動，校外学習，宿泊体験活動等を実施する際は，感染症を始めとする様々なリスクを想定し適切に対処するため，必ず管理職と事前に相談する。また，外部講師を招く際は，事前に活動の趣旨を丁寧に説明し，話してほしい具体的な内容や協力してほしいことなどを詳細に伝えておく。

　よりよい「探究」の活動を生み出すためには，このような事前の綿密な打ち合わせが欠かせない。担任一人だけでは「探究」の活動はつくれないからである。事前の綿密な打ち合わせは，緻密な構想につながるだけでなく，探究する子供を取り巻く様々な人的な環境を整えることにもなるのである。

3　心の距離は「親密」に

　感染症対策のため2m以上の対人距離を呼びかける「ソーシャル・ディスタンス」という言葉が定着しつつある。たとえ，身体的・物理的な距離は離れても，子供と対象，子供と子供，子供と教師，互いの心の距離は離れてはならないと考える。他者との深いかかわりは，協働的な問題解決に取り組む「探究」の根幹である。安易に大切なものを手放すのではなく，制限がある中でできることは何かを考えることが大切である。「イベントで人を集めなくても高田の魅力を発信する方法はないか」と「探究課題」を設定し，PR動画の制作に取り組んだ6年探究「歴史探訪 高田のまち かがやきフォーカス」の実践もその一例である（詳しい実践はP58）。

　新型ウイルス禍において，対象とのかかわりを親密にする手立ては，新たな指導方法の提案にもなる。また，このような新しい実践のチャレンジを支える教師同士，子供同士，子供と教師の心のつながりも大切である。

**「緻密な構想」「綿密な相談」「親密な心の距離」，
3つの条件がそろった時，「探究」は充実する。**

大手流！マネジメントサイクル
〜OOTED（オーテッド）サイクル〜

　カリキュラムをデザインするだけでなく，運用したカリキュラムを評価・改善していくことが大切である。いわゆるPDCAサイクル（Plan；計画→Do；実行→Check；評価→Action；改善）を回すことが，カリキュラム・マネジメントにおいて重要とされている。

　PDCAサイクルを意識することで，明確な目標設定に基づき，実践を行い，子供の姿を分析し，改善点を見いだしながら，次の構想を練り直すなど，教育活動を充実させることができる。しかし，PDCAサイクルを効果的に回すには，精度の高い目標設定が重要であり，計画の立案に膨大な時間がかかるというデメリットがある。それゆえ，目の前の子供の状態に応じた臨機応変な対応や，前例に囚われない自由な発想が生まれにくいこともある。

　他方で，新しいマネジメントサイクルとしてOODA（ウーダ）ループ（Observe；観察→Orient；方針決定→Decide；意思決定→Action；行動）が注目されている。PDCAサイクルは，計画を立てて，計画に沿って丁寧に実行するのに対し，OODAループは，現状理解を起点とし，すばやく行動に移すという特徴の違いがある。しかし，OODAループは，情報の収集と分析が不十分になる危険性や，個人が自由に考えて動くことを促すあまり，集団としての意思統一が生まれにくいというデメリットがある。

　大手町小学校では，これらのマネジメントサイクルの長所と短所をふまえつつ，これまでの共同研究の方法や協働的な問題解決に取り組む子供の姿から，独自のマネジメントサイクルとして，OOTED（オーテッド）サイクル（Observe；みとり→Organize；整理→Talk；対話→Envision；思い描き→Do；行動）を意識している。目の前の子供の状況をみとることを起点とすることはOODAループと同じであるが，より協働的な問題解決のプロセスを重視したマネジメントサイクルがOOTEDである。

	メリット	デメリット
PDCAサイクル	○目標が明確になり，モチベーションが維持されやすい。 ○問題解決の方法が明確になる。 ○目標と照らした確実な改善が行われる。	▲精度の高い計画を立案するまでに時間がかかる。 ▲過去の実践を模倣して計画を立てることが増え，新しい発想が生まれにくい。 ▲目の前の状況に基づく素早い改善が生まれにくい。
OODAループ	○短時間で判断・意思決定がなされ，臨機応変な問題解決ができる。 ○リーダーからの指示を待つことなく，個人や小集団が，それぞれの責任で判断できる。	▲情報の収集と分析が不十分になる危険性がある。 ▲集団としての意思統一が生まれにくい。 ▲長期的な問題解決には適用しにくい。

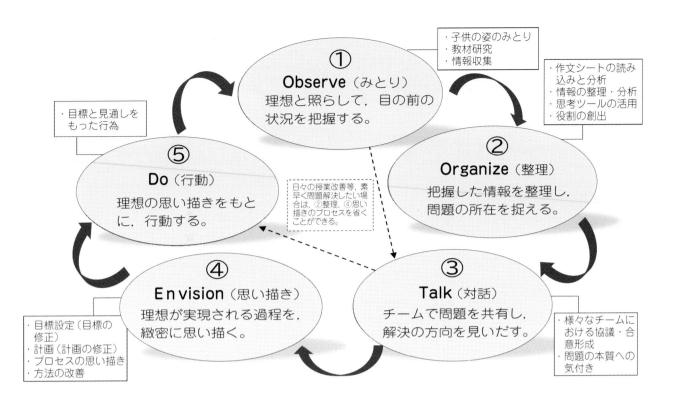

OOTEDサイクル（Observe；みとり→Organize；整理→Talk；対話→Envision；思い描き→Do；行動）は，チームで教育活動の充実を目指す際の，大手町小学校独自のマネジメントサイクルである。例えば，教師による教育活動の改善は，目の前の子供の姿を的確に捉えることを起点とする（①Observe）。そして，みとった子供の姿を，その領域で育成を目指す資質・能力の視点で整理することで，解決すべき問題がみえてくる（②Organize）。その問題を学年部，領域部，研究推進部等のチームで共有し，解決の方向を見いだす（③Talk）。チームでの議論で見いだした方向性をもとに，個々の教師が具体的な子供の姿を思い描きながら単元設計を修正する（④Envision）。修正した単元設計をもとに，見通しをもって実践に臨む（⑤Do）。このような一連のサイクルは，年間の構想レベルで回すこともあれば，2ヵ月の教育期ごとに回すこともある。あるいは，日々の授業改善等，素早い問題解決の際も意識することもある。（その際は，②，④を省くこともある）

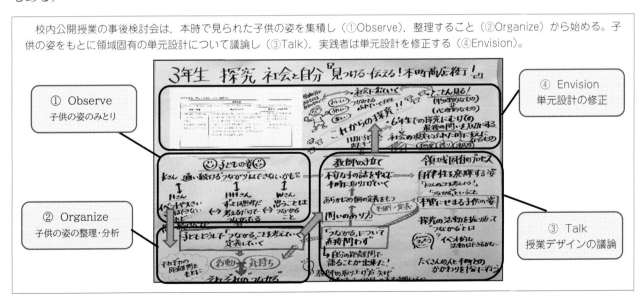

OOTEDは，子供が協働的な問題解決をよりよく展開していく方法でもある。子供は，目の前の対象とのかかわりから情報を収集し（①），思考ツール等で情報を整理し（②），仲間との対話（③）を通して，自分たちの理想の実現に見通しをもち（④），よりよい行為を生み出す（⑤）からである。教師がOOTEDを回すよさを体得することは，子供のよりよい問題解決のプロセスを，実感をもってイメージすることにつながるのである。

大手フォトグランプリ
～子供を見つめる教師の眼～

「大手フォトグランプリ」と称して，学校生活の中でとらえた「子供が輝く瞬間」を写真で切り取り，共有する取組を行っている。撮影者によってエントリーされた写真の中から，毎月グランプリが選ばれる。グランプリ写真は額に収められ，職員室前の廊下に 1 ヵ月間展示されるのである。

珠玉の写真心得　四箇条
一，子供の表情や動きから感情を写し取るべし
一，背景や構図を工夫して，子供の活動を写し取るべし
一，目線や仕草から子供同士のかかわりを表すべし
一，対象の魅力と子供とのかかわりを表すべし

このような視点を共有しながら，多くの活動写真を撮り溜めている。本書のような研究書籍を執筆・編集する際はもちろん，保護者・地域を含めた学校外の方に当校の活動を伝える際に，これらの写真を示すことにより，子供の姿を通して活動の意義を伝えることができる。

倉井教諭が撮影した 4 月のグランプリ写真。「青田川のいのち」を探究する 4 年生の，今年度初めての青田川での活動である。冷たい雪解け水の感触に驚きつつも，「どんな生き物がいるかな」と期待を膨らませていることが表情に表れている。撮影者の教師は，真っ先に川に入り，川の中から子供を見つめている。青田川とかかわる子供と教師のいのちの輝きを感じる 1 枚である。

金子教諭が撮影した5月のグランプリ写真。中ノ俣地域の水田で田植えをする5年生の姿である。ビビラで苗を植える目印をつける4人の眼は真剣そのものである。中ノ俣の豊かな自然の中，地域の方や学年の仲間と力を合わせて作業をする子供の姿が印象的である。

渡辺教諭が撮影した6月のグランプリ写真。3年生が季節ごとの高田の魅力を伝える「高田のときめきやさん」を朝市に出店した際の1枚である。「ときめき本やさんです！」「いらっしゃい」と一生懸命に呼びかけている声が聴こえてきそうである。背景には，たくさんのお客さんが集まり，にぎわっている様子が伺える。

　「大手フォトグランプリ」の取組を続ける中で，私たち教師が「子供が輝く瞬間」を写し取ろうとすることによって，子供が生き生きと活動する場面を構想すること，子供と同じ目線に立って対象を見つめようとすること，子供の行為の背景にあるものをとらえようとすることなど，子供を中心とした活動をつくり出す上で重要な視点を自然と意識するようになっていることに気付いた。また，複数の職員が1枚の写真をもとに，被写体となった子供のストーリーや対象の価値について語り合うことは，当校が大切にしてきた「子供は本来的に学びたい，できるようになりたいと願う存在である」という子供観を確かめ，一人一人のとらえをつくり変えていくことにも繋がった。

　「珠玉の一枚」には，子供と共によりよい教育活動をつくり続けようとする教師の思いが込められているのである。その思いこそが，カリキュラム・マネジメントの最も重要な原動力なのである。

大手流！ 働き方改革の推進
～１分１秒を削り出せ～

今回の研究開発学校指定を受ける前年度（平成29年度）の学校便りです。大手流働き方改革は，ここから始まりました。

> さて，昨今，様々な業種の勤務の在り方が社会的な話題として挙がっています。また，学校における教職員の勤務実態が新聞やニュースに取り上げられているものご承知のとおりです。現在，学校現場では，文部科学省や県教育委員会から「教職員の働き方改革」に対する提言がなされ，各校で「実態に即した改善」に取り組む流れとなっています。この大手町小学校においても，例年の保護者アンケートや地域の皆様から教育活動への好意的な評価をいただきながらも，「そこまでしなくてもと思うところまでするのが大手のよさですが，夜遅くまで学校の電気がついているのを見ると，先生方が大変そう」等の声も多く頂戴しています。
>
> 一方，学校における子供たちの様子を見ていると「朝のさわやかタイム～昼休み～放課後」と休みなしで活動している様子も見られます。「リーダー活動」「実行委員」「ゆめ空間」「課外活動」「マーチング」「動物の飼育当番」「学年の活動」等々，何にでも意欲的に頑張るのが大手っ子のよさですが，活動に追われてゆとりや余裕がない場面があることも事実です。……（以下省略）

このような課題を受け，以下の点から教育活動を見直し，検討を重ね，新たな教育活動の提案や改善を図っていきました。

◆子供たちがゆったりできる日をつくろう。

◆行事やその他教育活動について，これまでの取組の成果を踏まえながらも簡略化・縮小・削減が可能か検討し，できるところから試みてみよう。

◆上記のことを通して，職員の勤務時間の改善も図っていこう。

平成30年度の取組（実績）

◆週時程の変更
　→５限前の15分の学習時間（モジュールタイム）の設定による時数確保，清掃時間週３日
◆月２回の「ゆったり・デー」（５限放課で，休み時間や放課後の活動なし）
　→子供は，休み時間をゆったり過ごす。職員も時間を有効に使い，仕事の効率化を図る。
◆５・６年生が所属する「体育部（陸上）」「音楽部（器楽）」「エコ部（科学）」の課外活動廃止
　→対外的な大会や発表等については，学年対応とし，「体育」や「音楽」の授業時間に指導した成果を発揮する場とする。
◆各種行事等の見直し
　→住居確認と挨拶のみの家庭訪問，希望制の個別懇談，大手子どもまつり（文化祭）の内容精選
　　オーダーメイドの夏休み課題，学年便りの回数減　等

令和３年度　大手町小学校の１日，１週間，１年

「すてきな笑顔で子供たちの前に立とう！」これは，令和３年度　大手町小学校働き方改革委員会が推奨する「働き方改革キャッチフレーズ」です。当校には，定期的に職員の勤務状況を確認しながら，業務改善の可能性を探っていく「働き方改革委員会」という分掌があります。メンバーは，主任・校長・教頭・教務

主任・研究主任・事務主任・職員代表2名で構成され，2ヶ月に1回程度会議をもち，大手流働き方改革を推進しています。

「超過勤務月45時間以内，年間360時間」の達成を目指して，4年前から進められてきた「業務改善」は，職員の声を取り入れながら進化し，よりフレキシブルな職場環境を目指しています。

●大手の1日

職員は，毎朝出勤すると，職員室内にある「退勤ボード」に向かいます。会議の状況や仕事の見通しをもちながら，その日の退勤時間をボードに示します。校内の目標「週2回5時30分退勤（1日は金曜日，あと1日は自分で決める自己決定制）」があるため，1週間の仕事のスケジューリングや調整能力も養われます。上越市では，「校務支援システム」を導入しているため，日々の連絡事項を自分でチェックした後，教室に向かいます。

●大手の1週間

大手町小学校の校時表です。月・木曜は全校5限14:45下校，月2回の金曜は，全校5限放課の「ゆったりデー」が設定されています。木曜の放課後は，翌週の週予定を立てる時間として活用されています。月・金曜の放課後は，会議が入る日もありますが，学級担任が教材研究や学級事務にあてる時間として活用しています。また，研究開発学校としての使命も果たさなければならない実情から，毎週水曜の放課後は，「研究推進委員会」と「生活指導委員会」を開催し，時間にとらわれることなく，子供たちのための未来の教育課程の開発に努めています。

その際，当校で大切にされているのが，「チーム大手町」の意識です。当校は，学級担任2名＋級外職員1名で，学年部を編成しています。学年のカリキュラムの創造や振り返りの機会，探究の活動構想や実際の準備等においても，そのチームが基盤となります。時に，各学年の動きを見ながら，手が足りない状況や困っている様子等を察知すると，みんなで助け合い，支え合う風土が築かれており，このような「チーム大手町」の精神が，働き方改革の「意識改革」につながっているとも言えます。

❀ 校　時　表					
	月	火	水	木	金
さわやかタイム　あさのかい	8:15〜8:35				
フッかぶつせんこう(8:30〜)			○		
1　げん	8:35〜 9:20				
2　げん	9:25〜10:10				
20ふんやすみ	10:10〜10:30				
3　げん	10:30〜11:15				
4　げん	11:20〜12:05				
きゅうしょく	12:05〜12:45				
ひるやすみ	12:45〜13:30				
かつどん・せいそう（13:30〜13:45）	☆	せいそう	☆	☆	せいそう
5げん（月・火・木）	13:45〜14:30				
6げん（水・金）	14:35〜15:20				
まなびのノートタイム　かえりのかい	14:30〜14:45（下校14:45）15:20〜15:35（下校15:35）				
しょくいんしゅうかい（16:35〜16:45）					○

●大手の1年

- ◆V期における教育課程の重点化
- ◆軽重をつけた月別の超過勤務時間の目標設定
- ◆高速印刷機の導入による印刷業務軽減
- ◆職員会議は年4回のみ
- ◆Web回答システムによる学校評価アンケートに実施

これらは，現在実施している「働き方改革」にかかわる取組の一部であり，日々進化しています。私たちがつくる

> ＜5期の教育期＞
> Ⅰ期（4月〜 5月末）ふれあい充実期
> Ⅱ期（6月〜 7月末）探究充実期
> Ⅲ期（9月〜10月末）ふれあい・健康充実期
> Ⅳ期（11月〜12月末）創造・ことば・論理充実期
> Ⅴ期（1月〜 3月末）学びの時間充実期

教育課程は，これからの次代を生きる子供たちの笑顔のためのものです。それと同時に，私たちが壊し，築き上げている業務改善もまた，次代の子供たちの笑顔をはぐくむ職員の笑顔のためなのです。

あ と が き

　『「自立」と「共生」を目指す教育課程の創造』をテーマにした研究開発学校としての４年間のまとめができました。新学習指導要領が順次完全実施され，令和の日本型学校教育の実現に向けた方向性が示されるなか，社会は人類の生命や心をも脅かしている新型ウィルスの感染拡大で，未だに大きく揺れ動いています。

　まさしく予測困難な次代を生き抜く力が求められている現在，大手町小学校は，「子供は本来的に学びたい，できるようになりたい存在」であるという揺るぎない子供観のもと，子供がもてる力を最大限に引き出す教育活動を粛々とつくってきました。そこには，自分の実感と納得をもとに自らよりよい行動・判断をつくる「自立」した子供の姿，他者と協働しながらよりよい生活，環境，社会を創っていく「共生」する子供の姿を，確かに確認することができました。そして，何よりも自ら問いを立ててその解決を目指し，他者と協働しながら新たな価値を生み出すための原動力となる「探究力」の発揮こそが，子供たち一人一人の個性的でしなやかな大手の子供らしい学びを支えていることを実感しました。このような子供の姿は，情熱を傾けてきた私たち職員にとっても，何事にも代えがたい大きな手ごたえとなっています。

　今日も，大手町小学校の子供たちは，異学年の友達が手を繋ぎながら元気に登校し，朝からさっそく各学年の「探究」領域のフィールドに飛び出していきます。今日も，大手町小学校の職員は，制限あるなかでも学びを止めないという気概をもち，日々の教育活動や校内研修・授業公開に全力投球しています。これからも，大手町小学校は，日々の豊かな生活を通して，未来を創造していく学校であり続けます。

　今回の研究開発学校指定研究に当たり，多くの方々からご指導ご支援をいただきました。本校５回目の研究開発学校の指定以来，４年間に渡って研究の方向性についてご指導くださった運営指導委員の皆様，文部科学省，新潟県教育委員会，上越市教育委員会の関係各位，上越教育大学の皆様に厚く御礼申し上げます。さらに，本研究紀要をまとめるに当たり，研究の根幹を理解し，精力的に編集の作業を担ってくださいました萩原和夫様をはじめとした（株）ぎょうせい様，本当にありがとうございました。また，「同軸化」の理念の基，学校を支え，見守り，時に力や知恵を惜しみなく注いでくださる保護者の皆様，地域の皆様にも，改めて感謝申し上げます。

　これからも大手町小学校は，未来をしっかりと歩み続ける子供をはぐくむために研究を推進していきます。今後とも代わらぬご指導とご支援をお願い申し上げます。

教頭　松岡　貴徳

2021　新潟県上越市立大手町小学校

『探究力～本質に迫る問いを生み出すカリキュラム・マネジメント～』

令和４年２月９日発行
著者　新潟県上越市立大手町小学校　代表：校長　塚田　賢
〒943-0838　新潟県上越市大手町２番20号　新潟県上越市立大手町小学校
Tel 025-524-6160　　Fax 025-524-6169
E-mail　otemachi@jorne.or.jp
URL　http://www.ohtemachi.jorne.ed.jp/

研究同人

校　長	塚田　　賢	
教　頭	松岡　貴徳	
教務主任	飯野　浩枝	
	原山　和久	
	炭谷　倫子	
	丸山　悦子	
	西條　京子	
	佐野あさひ	
	倉井　華子	
研究主任	黒岩　昭伸	
	山口　　愛	
	牛膓　敏久	
	金子　善則	
編集主任	風間　寛之	
	掛　　健二	
	横澤　玲奈	
	渡辺　知佳	
	荻島　潤基	
	西條　智夏	
	金子　恵太	
	甫仮　直樹	
	櫻井　麻子	
	中野　裕美	
	相浦ゆかり	
	丸山　理美	
	横山　宏子	
	佐藤　美樹	
	内藤　　愛	
	中野　洋子	
	川住かよ子	
	江村　奈美	
	江添　博実	
	岩﨑　和義	
	大久保千恵子	

令和2年度　研究同人

山田亜矢子
内藤　寿一
金子　　愛
本間　康子
鳥越　　恵
古澤　　光
滝本千恵子
室橋　美加

令和元年度　研究同人

教　頭	田中枝利子	
研究主任	磯野　正人	
	羽賀　　望	
	風間　亜古	
	中田さやか	
	佐藤真理子	
	田上　敏美	
	横山　央美	
	村松　潤一	

平成30年度　研究同人

校　長	大野　雅人	
教務主任	朝井　宜人	
	髙波　英里	
	竹内　　淳	
	中川　知己	
	滝澤　　悟	
	渡邊　慶子	
	関口　千春	

文部科学大臣指定研究開発学校運営指導委員

國學院大學教授	田村　　学	（H30〜R3）
関西大学教授	黒上　晴夫	（H30〜R3）
上越教育大学教授・学長	林　　泰成	（H30〜R3）
慶應義塾大学教授	鹿毛　雅治	（H30/R2〜R3）
上越教育大学教授	岩﨑　　浩	（R元）
上越教育大学准教授	河野麻沙美	（H30）
上越市教育委員会指導主事	石黒　和仁	（H30）
上越市教育委員会指導主事	加納　雅義	（R元〜R3）

＜研究協力者＞

上越教育大学教授	松本　健義	（R3）
上越市立有田小学校校長	中野　博史	（R2〜R3）
糸魚川市立ひすいの里総合学校教頭	安井　　淳	（R2〜R3）
上越市立国府小学校教頭	朝井　宜人	（R2〜R3）
上越市立高志小学校教頭	長野　哲也	（R2〜R3）
上越市立和田小学校教頭	石口　　昇	（R2〜R3）
糸魚川市立田沢小学校教頭	磯野　正人	（R2〜R3）

探究力
本質に迫る問いを生み出すカリキュラム・マネジメント

令和4年1月10日　第1刷発行

著　者　**新潟県上越市立大手町小学校**

発　行　**株式会社ぎょうせい**

〒136-8575　東京都江東区新木場1-18-11
URL：https://gyosei.jp

フリーコール　0120-953 431

ぎょうせい　お問い合わせ　検索　https://gyosei.jp/inquiry/

〈検印省略〉

印刷　ぎょうせいデジタル株式会社　　　　　　　　©2022　Printed in Japan
※乱丁・落丁本はお取り替えいたします。

ISBN978-4-324-11063-8

(5108759-00-000)

〔略号：探究力〕